Marga Spiegel

# Retter in der Nacht

# Geschichte und Leben der Juden in Westfalen

herausgegeben von

Diethard Aschoff

Institutum Judaicum Delitzschianum, Münster

Band 3

LIT

Marga Spiegel

# Retter in der Nacht

Wie eine jüdische Familie
in einem münsterländischen Versteck
überlebte

Herausgegeben und kommentiert
von Diethard Aschoff

*Sechste Auflage*

LIT

**Bibliografische Information der Deutschen Nationalbibliothek**
Die Deutsche Nationalbibliothek verzeichnet diese Publikation in der
Deutschen Nationalbibliografie; detaillierte bibliografische Daten sind
im Internet über http://dnb.d-nb.de abrufbar.

6. Auflage 2009

ISBN 978-3-8258-3595-8

©LIT VERLAG Dr. W. Hopf  Berlin  2009
Verlagskontakt:
Fresnostr. 2   D-48159 Münster
Tel. +49 (0) 2 51-620 32 22   Fax +49 (0) 2 51-922 60 99
e-Mail: lit@lit-verlag.de   http://www.lit-verlag.de

**Auslieferung:**
Deutschland: LIT Verlag Fresnostr. 2, D-48159 Münster
Tel. +49 (0) 2 51-620 32 22, Fax +49 (0) 2 51-922 60 99, e-Mail: vertrieb@lit-verlag.de

Österreich: Medienlogistik Pichler-ÖBZ GmbH & Co KG
IZ-NÖ, Süd, Straße 1, Objekt 34, A-2355 Wiener Neudorf
Tel. +43 (0) 22 36-63 53 52 90, Fax +43 (0) 22 36-63 53 52 43, e-Mail: mlo@medien-logistik.at

Schweiz: B + M Buch- und Medienvertriebs AG
Hochstr. 357, CH-8200 Schaffhausen
Tel. +41 (0) 52-643 54 30, Fax +41 (0) 52-643 54 35, e-Mail: order@buch-medien.ch

*Den Nachgeborenen zur Erinnerung*

*im Gedenken*
*an meine Mutter, deren Herz den*
*Aufregungen der Verfolgungszeit*
*nicht standhielt,*

*an meinen Vater, der im KZ Oranienburg,*
*ich weiß nicht wie, ums Leben kam,*

*an meine einzige Schwester, die im KZ*
*Auschwitz-Birkenau ermordet wurde,*

*gewidmet meiner Tochter,*
*deren Vater das unmöglich Scheinende*
*versucht hat, sein Kind und seine Frau*
*vor dem sicheren Tod zu retten.*

*Meinem Mann zu seinem 100. Geburtstag*
*am 18. Mai 1999*

*Marga Spiegel, geb. Rothschild*

# Inhaltsverzeichnis

mehr" • Auf ins Ungewisse • Nervenprobe • In Sicherheit • Sie behielten klaren Kopf • "Frau und Kind geschnappt!" • Keine weiteren Nachfragen • Vor der vollständigen Vernichtung? • Wieder ein Szenenwechsel • Bombennächte • Rache Gottes? • Einquartierung • Menschen zweiten Grades • Sie munkelten von Gaskammern • In fünf Minuten vergast • Um den Schlaf gebracht • Es geht dem Ende zu • Mehr Mut als mancher Soldat • Bis zum letzten zu verteidigen • Menschenleben waren Nebensache • Durchgelogen • Rettende Fälschung • Das Schicksal scherzt • Es • eht dem Ende zu • Karwoche 1945 • Stern der Freiheit • Wiedersehen • Komischer Irrtum • Ist damit alles zu Ende?

# Gegen das Vergessen...

"... viel haben wir von dem grausamen Leiden der unzähligen Jüdinnen und Juden, der Alten und Jungen, der Frauen und Männer, der Kranken und Schwachen, der Säuglinge und der Kinder, von denen in der Schule schon mal die Rede war, nicht behalten. Warum auch? Wir interessieren uns nicht für die Vergangenheit, wir sind auf die Zukunft fixiert. Was geht uns heute noch das Schicksal der jüdischen Familien von damals an? Haben wir nicht genug mit uns zu tun? Gegen brennende Synagogen sind wir natürlich. Aber – wann passiert das heute schon mal? Lübeck, zweimal Lübeck – und richtig gebrannt hat die doch gar nicht... "

Gegen das Vergessen...
... kämpfen wenige fast vergebens: Sie sind Einzelkämpfer, oft belächelt, verspottet, isoliert, ausgegrenzt. An bestimmten Tagen dürfen sie auftreten, demonstrieren und gedenken – für die Zeitungen. Die Öffentlichkeit ist nicht vertreten und andere Medien interessieren sich nicht. – Nicht mehr – höchstens an besonderen Jahresgedenktagen.

Gegen das Vergessen...
... müssen wir uns sträuben, wehren, stemmen, demonstrieren. Nicht nur einige, wenige – wir alle!

Gegen das Vergessen...
... setzen wir ein Zeichen an jedem 9. November – dem Gedenken an die Pogromnacht 1938 – und an jedem 27. Januar – dem Gedenken an die Befreiung von Auschwitz im Jahre 1945, dem Gedenktag der Shoah in Deutschland .

Auch ein Gedenktag, aber eine andere Art des Gedenkens ist der Volkstrauertag im November jeden Jahres, der an die Opfer aller Kriege erinnert.

Gegen das Vergessen...

... stellen wir uns, wenn wir uns um die Überlebenden kümmern, wenn wir die Jüdischen Gemeinden nicht vergessen, wenn wir an der Integration der neuen Zuwanderer mitwirken.

Gegen das Vergessen...

... ist diese Geschichte – leider keine Geschichte, nur die bittere Wahrheit – erneut für die Öffentlichkeit aufgezeichnet und ergänzt worden.

Unter quälender Erinnerung wurden die Texte formuliert. Sie erinnern an grausame Ereignisse in den Jahren des Regimes. Sie zeigen aber auch, daß manches möglich wurde, wenn der Mut nicht verloren gegangen war. Auch diese Helden, die keine Helden, nur Menschen sein wollten, sind es wert, nicht vergessen zu werden.

Gegen das Vergessen...

... soll das Zeugnis der Zeitzeugin Marga Spiegel beitragen. Es ist ihr Mut, sich noch einmal der Angst von damals ausgesetzt zu haben.

Sie tat es, weil sie weiß, daß die Erinnerung eine Voraussetzung ist, um die Wiederholung der grausamen Ereignisse zu verhindern.

Karl-Heinz Volkert,
Mitglied des Präsidiums der Deutsch-Israelischen-Gesellschaft.

# I
## "Vorgeschichte" (1912–1938/43)

*Stimmen der Erinnerung*

Immer wieder kommen sie, diese Stimmen. Sie sagen mir: "Du mußt es schreiben, alles, was geschehen ist." Und sie vermehren sich. Sie kommen immer wieder. Seltsam, es ist nicht so, wie das Sprichwort sagt: "Die Zeit heilt." Es ist entgegengesetzt: Je weiter die Ereignisse zurückreichen – es sind jetzt mehr als 50 Jahre, desto mehr drängt mich das Geschehene, desto mehr fühle ich mich verpflichtet, darüber zu berichten. Vielleicht sind es die kleinen Ereignisse, die das Geschehene deutlich machen, seine Entsetzlichkeit. Meine Kinder drängen mich, aber auch viele andere Menschen, ältere Menschen von früher, christliche Menschen sagen mir, daß ich fast der einzige Zeitzeuge bin, der noch lebt. Aber auch die Toten rufen danach, meine 37 gemordeten Familienmitglieder, von denen ich nicht einmal weiß, wo sie begraben liegen. Ich fühle mich hinein ins Geschehene. Es kehrt zurück, kommt immer wieder, auch bei Nacht, meistens bei Nacht. Mein Mann hat noch im Alter von 80 Jahren oft nachts geschrien. Wenn ich ihn weckte, sagte er: "Ich mußte mich wieder verstecken, sie verfolgten mich, sie wollten mich töten."

*Kindheit*

Ich muß ganz weit zurückgehen. Ich versuche es, so weit meine Erinnerungen reichen. Ich war ein kleines Kind.

Ich wohnte in Oberaula, einem hessischen Dorf, das etwa 500 Einwohner hatte.

# Umgebungskarte von Oberaula

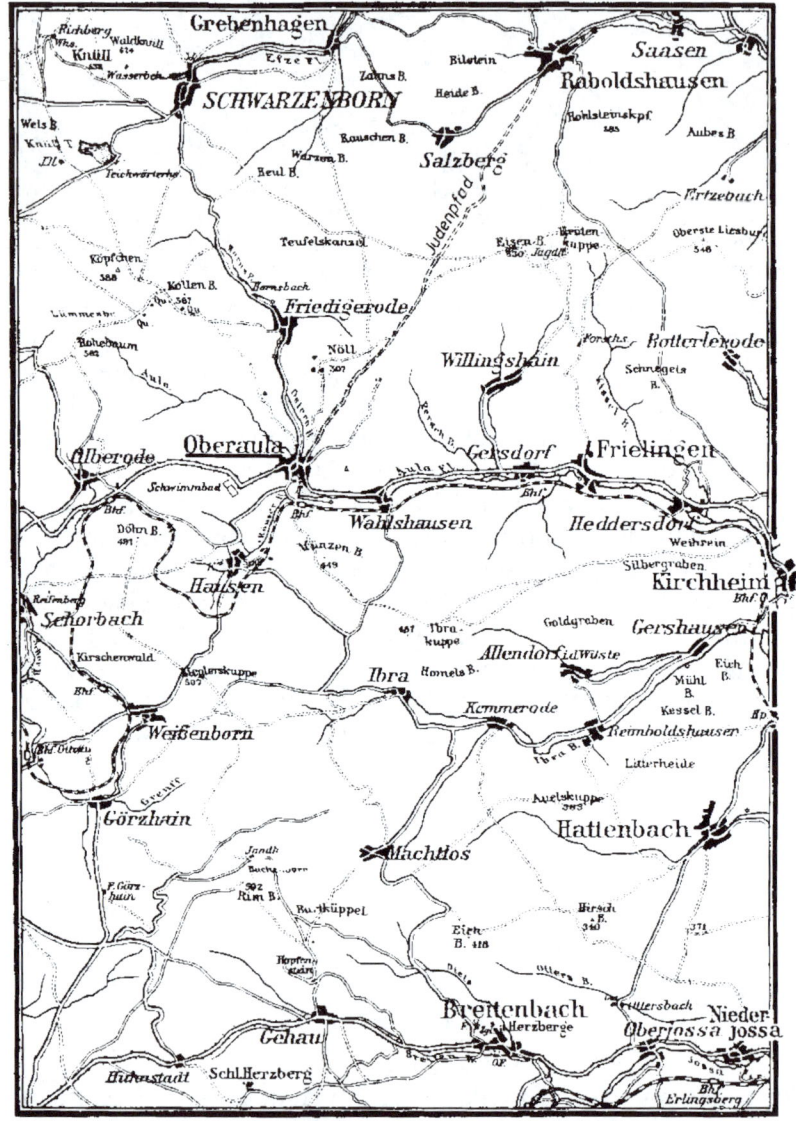

*Abbildung 1: Die dörfliche Heimatlandschaft Marga Rothschilds*

Davon waren etwa 40 jüdische Familien. [1] Wir lebten friedlich-freundlich mit unseren Nachbarn. Drei oder vier jüdische Familien wohnten neben uns, uns gegenüber.[2]

Unsere christlichen Nachbarn fragten uns oft, wann die jüdischen Feiertage wären, im Sommer das Laubhüttenfest oder im Herbst Rosch-Haschana und Yom Kippur.[3] Sie fragten, wenn sie die Ernte einbringen wollten, weil man sagte:

Ist der Jonteff[4] noch so klein,

die Juden haben Sonnenschein.

Das war so eine Redensart.

## Mein Großvater

Mein Großvater[5] war bekannt für seine Körperkraft. Man erzählte sich, daß er einmal einen Pferdewagen fahrender Leute, die im Dorf nicht willkommen waren, weil sie angeblich Bürger bestohlen hatten, am Eingang des Dorfes in Richtung Wahlshausen am jüdischen Friedhof umdrehte und die Leute zum Wegfahren zwang. Ich will damit nur sagen, daß er in meiner Erinnerung als wunderbarer Mann lebt, der sich, als ich Kind war, viel mit mir beschäftigt hat.

Er erzählte mir, er habe studieren wollen, aber dann die Färberei meines Urgroßvaters[6] übernehmen müssen.

---

[1] Heinz Herget, Harald Heynmöller, Rainer Knoth: Was uns an die letzten jüdischen Bürger Oberaulas erinnert, in: Heimatvertriebene Nachbarn, Band 2: Beiträge zur Geschichte der Juden im Kreis Ziegenhain, hrsg. von Hartwig Bambey, Adolf Böskamp, Bernd Lindenthal, Schwalmstadt-Treysa 1993, S. 664, beziffern die Einwohnerzahl von Oberaula zu Anfang der dreißiger Jahre auf 1200 Seelen, darunter 70 Juden in 21 Haushalten, Barbara Greve: " ... er wäre sogar in den Dschungel gegangen, um aus Deutschland zu kommen." Ein Bericht von zerbrochenen Lebenskreisen in einem nordhessischen Marktflecken und seiner Umgebung 1920-1942, in: Zeitschrift für Hessische Geschichte 104, 1999, S. 209-236, S. 209 f, auf 1500 etwa im Jahre 1920, die Zahl der jüdischen Familien auf 22.

[2] Es handelte sich um die Familien Traub und Rosenberg , vgl. auch Foto in Barbara Greve: Bruchstücke – Versuch einer Rekonstruktion der jüdischen Gemeinde Oberaula bis zur Mitte des 19. Jahrhunderts, in: Nachbarn, wie Anm. 1, S. 586.

[3] Zu den jüdischen Feiertagen, vgl. die verschiedenen jüdischen Lexika. Vielerorts greifbar Johann Maier: Das Judentum, München 1973 S. 540-559, Lit. S. 931 f.

[4] Jonteff, volkstümlich für Jom tov = "guter Tag": Feiertag.

[5] Juda Rothschild lebte vom 12. November 1855 bis 5. Juni 1932.

[6] Süßmann Rothschild lebte vom 12. November 1797? bis 9. Oktober 1865. Sein Grabstein auf dem Friedhof Oberaula ist erhalten und bei Greve, wie Anm. 2, S. 580, abgebildet. "Es scheint, als hätte Süßmann Rothschild sein Gewerbe als Fär-

*Abbildung 2: Die Lage der von Juden bewohnten Häuser in Oberaula in: Nachbarn, wie Anm. 1, S. 665*

1. Synagoge; 2. Wallach, Manus; 3. Plaut Adolf; 4. Brandes, Rosa; 5. Rosenberg, Meyer; 6. Traub, Elias; 7. Rothschild, Siegmund; 8. Heilbrunn II, Coppel: Gasthaus "Zur Stadt Kassel"; 9. Wallach II, David, 10 Isaak, Max; Jüdische Elementarschule; 11. Wallach, David; 12. Goldschmidt, Julius; 13. Wallach, Siegmund; 14. Isaak, Moriz; 15. Wallach, Theodor; 16. Löwenstein, Nathan; 17. Hirsch, Jakob; 18. Wallach, Siegmund; 19. Wallach II, David; 20. Traub, Adelheid; Familie Strauß wohnte bei Johannes Losekamm in der Niederrheinischen Sraße zur Miete.

Wir besaßen die Färberei. In ihr wurden Buntdrucke, die hessischen Buntdrucke, gefärbt. Ich weiß, daß es einen großen Trichter gab, den ich als Kind immer staunend ansah. Und ich besitze heute noch zwei dieser Blaudrucke, die auch als Tracht getragen wurden.

Im Hessischen war es üblich, daß man Menschen zuerst nach dem Berufsnamen nannte. So heiße ich heute noch, wenn mich jemand sieht, der mich von früher her kennt, Färbers Marga. Es hieß nicht Rothschild. Es wurde immer der Beruf des Vaters oder Großvaters genannt.

Dann starb mein Großvater.[7] Ich trug schwer daran, wie jedes Kind, das sein Leben mit den Großeltern zusammengelebt hat.

## Schulzeit in Bad Hersfeld

1920 bis 1922 besuchte ich in Oberaula die Privatschule von Adele Dippel, die auf die Höhere Schule vorbereitete.[8] Dann ging ich auf das Lyzeum in Bad Hersfeld, etwa 20 km von Oberaula entfernt. Ich fuhr täglich mit der Bahn.

Daran, daß damals schon jüdische Kinder degradiert wurden, erinnere ich mich gut. Wir hatten einen sehr deutschnationalen Direktor[9], bei dem wir auch in Deutsch unterrichtet wurden. Er kam auf die Idee, für uns 16jährige Mädchen die Sütterlinschrift einzuführen.[10] Ich habe damals schon gespürt, daß ich immer besser

---

ber als Teil seines Namens angenommen, wie (die Grabinschrift und) weitere Dokumente zeigen.", ebd.

[7]    Dies war der 5. Juni 1932.

[8]    Marga Rothschild wurde am 9.4.1918 in Oberaula eingeschult, vgl. Herget u. a., wie Anm. 1, S. 679. Nach eigenen Angaben besuchte Marga Spiegel nicht die jüdische Volksschule, sondern von 1920 bis 1922 die Privatschule von Adele Dippel. Diese Schule habe einen guten Ruf gehabt und Kinder für die Höhere Schule vorbereitet. Sonntags besuchte sie den jüdischen Unterricht von Lehrer Heilbrunn, der 1933 von den Nationalsozialisten in den Ruhestand versetzt wurde, vgl. Herget u. a., wie Anm. 1, S. 661.
Das Städtische Lyzeum (Luisenschule) in Hersfeld hat sie nach eigener Erinnerung von 1922 bis 1928 besucht. Das Abitur legte sie in Frankfurt ab.
Frau Barbara Händler-Lachmann stellte mir freundlicherweise die Jahresberichte über das Städtische Lyzeum für die Schuljahre 1926/27 und 1929/30 in Teilkopien zur Verfügung.

[9]    Direktor Dr. Wilhelm Schoof war Leiter der Luisenschule von 1909 bis 1937. Er vertrat die Fächer Latein, Französisch und Deutsch. Wegen seiner nationalsozialistischen Haltung hat Marga Spiegel keine gute Erinnerung an ihn.

[10]    Die von dem Berliner Graphiker L. Sütterlin (1865-1917) geschaffene Schreibschrift wurde zunächst in einigen deutschen Ländern mit Erfolg erprobt und 1935-

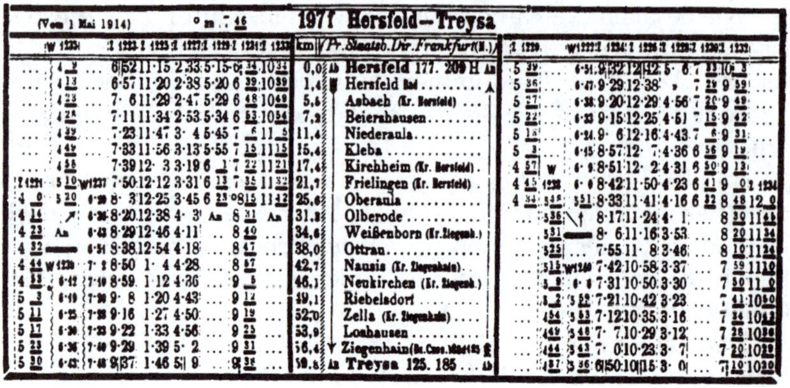

(Vom 1 Mai 1914) — 1971 Hersfeld–Treysa — (Pr. Staatsb. Dir. Frankfurt (M.))

| km | Station | 1223 | 1225 | 1227 | 1229 | 1231 | 1233 |
|---|---|---|---|---|---|---|---|
| 0,0 | Ab Hersfeld 177. 209 H | 6.52 | 11.15 | 2.33 | 5.15 | 6.34 | 10.34 |
| 1,4 | Hersfeld Bad | 6.57 | 11.20 | 2.38 | 5.20 | 6.39 | 10.39 |
| 5,6 | Asbach (Kr. Hersfeld) | 7.6 | 11.29 | 2.47 | 5.29 | 6.48 | 10.49 |
| 7,2 | Beiershausen | 7.11 | 11.34 | 2.53 | 5.34 | 6.53 | 10.54 |
| 11,4 | Niederaula | 7.23 | 11.47 | 3.4 | 5.45 | 7.6 | 11.5 |
| 15,4 | Kleba | 7.33 | 11.56 | 3.13 | 5.55 | 7.15 | 11.15 |
| 17,4 | Kirchheim (Kr. Hersfeld) | 7.39 | 12.3 | 3.19 | 6.1 | 7.22 | 11.21 |
| 21,7 | Frielingen (Kr. Hersfeld) | 7.50 | 12.12 | 3.31 | 6.13 | 7.35 | 11.32 |
| 25,6 | Oberaula | 8.3 | 12.25 | 3.45 | 6.23 | 8.15 | 11.42 |
| 31,3 | Olberode | 8.20 | 12.38 | 4.3 | An | 8.31 | An |
| 34,6 | Weißenborn (Kr. Ziegenh.) | 8.29 | 12.46 | 4.11 | .. | 8.40 | ... |
| 38,0 | Ottrau | 8.38 | 12.54 | 4.18 | ... | 8.47 | ... |
| 42,7 | Nausis (Kr. Ziegenhain) | 8.50 | 1.4 | 4.28 | ... | 8.57 | ... |
| 46,1 | Neukirchen (Kr. Ziegenh.) | 8.59 | 1.12 | 4.36 | ... | 9.5 | ... |
| 49,1 | Riebelsdorf | 9.8 | 1.20 | 4.43 | ... | 9.12 | ... |
| 52,0 | Zella (Kr. Ziegenhain) | 9.16 | 1.27 | 4.50 | ... | 9.19 | ... |
| 53,9 | Loshausen | 9.22 | 1.33 | 4.56 | ... | 9.25 | ... |
| 56,4 | Ziegenhain | 9.29 | 1.39 | 5.2 | ... | 9.31 | ... |
| 59,8 | An Treysa 125. 185 | 9.37 | 1.46 | 5.9 | ... | 9.38 | ... |

*Abbildung 3: Fahrplan Hersfeld–Treysa*

sein mußte als andere, um die gleichen Noten zu erhalten. Viele seiner Äußerungen erschienen mir schon in jener Zeit voreingenommen gehässig, so z. B., wenn er sagte: "Judenkinder können doch nun einmal besser rechnen. Darum sind Juden ja auch alle reich."

Dies stimmte mit den Verhältnissen bei uns im Dorf überhaupt nicht überein. Wir hatten ja einige Geschäftsleute, aber noch mehr jüdische Menschen, die auf der unteren Einkommensstufe standen. Sie lebten meist vom Viehhandel, oft von der Hand in den Mund.

Sie hatten keine Berufe lernen können, weder die Kinder noch die Eltern. Sie waren laut Gesetz von den Handwerkskammern ausgeschlossen, auch schon die Eltern.[11] Und was blieb ihnen dann anderes übrig, als etwas mit Stoffen, mit Kurzwaren oder

---

41 allgemein als Grundschrift in den Schulen eingeführt. Offenbar wurde die Schrift auch in der Luisenschule erprobt.

11 Ein solcher Ausschluß wäre gegen die Bestimmung des Gesetzes vom 3. Juli 1869 gewesen. Richtig ist, daß die Masse der kurhessischen, ab 1866 preußischen Juden in ärmlichen Verhältnissen lebte, vgl. Wolf-Arno Kropat: Die Emanzipation der Juden in Kurhessen und in Nassau im 19. Jahrhundert, in: Neunhundert Jahre Geschichte der Juden in Hessen, Wiesbaden 1983, S. 325-349, S. 325. Zur Berufsstatistik der kurhessischen Juden 1842 ebenda S. 342. Zu den Handelszweigen im einzelnen S. 342. Hier erinnert sich Marga Spiegel durchaus korrekt. Daß die Juden Oberaulas ihr Auskommen hatten, ohne jedoch Reichtümer anhäufen zu können, bestätigt B. Greve, wie Anm. 1, S. 210. Einzig zwei Familien seien finanziell besser gestellt gewesen, darunter Marga Spiegels Vater.

*Abbildung 4: Die Eltern Marga Spiegels*
*Siegmund Rothschild (1882-1938) und seine Frau Cilly geb. Rosenstock (1888-1937) um 1927*

*Abbildung 5: Marga Rothschild mit Schwester Hannchen und Mutter Cilly um 1925.*

| Name | Gewerbe |
|---|---|
| Heilbrunn II. | Gasthof u. Hotel |
| Rosenberg, Meyer | Baumaterialienhandlung |
| | ebenso aufgeführt bei: |
| | Eisenwaren |
| Rothschild, Sigmund | Baumaterialienhandlung |
| | ebenso aufgeführt bei: |
| | Eisenwaren |
| Plaut, Adolf | Fleischer |
| Goldschmidt, I | Manufakturwaren |
| Heilbrunn, II. Koppel | Manufakturwaren |
| Rothschild, Juda | Manufakturwaren |
| Strauß, S. (?) | Manufakturwaren |
| Traub, Elias | Manufakturwaren |
| Wallach II, David | Manufakturwaren |
| Rosenberg | Tabakwaren |
| Adler, Max (?) | Viehhandlung |
| Jakob, Hirsch Sohn | Viehhandlung |
| Isaak, Max | Viehhandlung |
| Isaak, Moritz | Viehhandlung |
| Löwenstein, Nathan | Viehhandlung |
| Plaut, Adolf | Viehhandlung |
| Wallach, II. David | Viehhandlung |
| Wallach, I. David | Viehhandlung |
| Wallach, II. Sigmund | Viehhandlung |
| Wallach, I. Theodor | Viehhandlung |
| Wallach, Jakob | Viehhandlung |
| Wallach, I. Siegmund | Viehhandlung |

*Abbildung 6: Die jüdischen Berufstätigen von Oberaula 1930*

mit Taschentüchern zu handeln, die sie – zu einem Bündel ver-
schnürt – versuchten, in den umliegenden Dörfern oder bei den
Kleinbauern mit ein paar Pfennigen Verdienst umzusetzen.

Also man spürte auch damals auf der Schule schon deutlich,
wie die Kinder, unsere Schulkameraden und -innen im Lyzeum,
sich von uns absonderten. Es gab nur zwei oder drei Mädchen, die
mal in den Pausen mit uns zusammenstanden. Sonst spürte man
schon den erniedrigenden Abstand, den uns viele Kinder merken
ließen. Wir standen in den Pausen oft alleine.[12] Eine wunderbare Freundin war die Tochter einer Lehrerfamilie aus Heddersdorf,
die auch mit mir Fahrschülerin war: Elisabeth Hildebrand. Leider
haben wir uns nicht wiedergesehen, aber sie wird als guter Geist
aus dieser schrecklichen Jugendzeit in meinem Erinnern bleiben.

Aber es gab auch ein oder zwei Lehrer mit Zivilcourage. Wir
hatten einen wunderbaren Mathematik- und Physiklehrer, den ich
sehr liebte.[13] Er war kriegsverletzt und mußte ein Holzbein tragen.
Ich saß allein im Klassenzimmer in der ersten Reihe, weil Physik
von meinen Mitschülern nicht sehr geliebt wurde. Wenn er beim
Aufschreiben von Formeln bei Versuchen an die Tafel schrieb, fiel
er manchmal hin. Daß ich hinlief, ihm helfen wollte, war für mich
selbstverständlich. Er ließ mich alle Versuche mit ihm ausführen,
und ich konnte auch spielend mathematische Gleichungen erläu-
tern. Daher stammt auch mein Vers in dem Klassenlied bei der
Abschiedsfeier:

---

[12]  Viele Parallelbeispiele bei: Gisela Möllenhoff/Rita Schlautmann-Overmeyer:
Jüdische Familien in Münster 1918 bis 1945, Teil 2: Abhandlungen und Dokumente
1918-1935, Münster 1998. Vgl. auch "Kampf dem Schulantisemitismus", in: C.V-
Zeitung Nr. 19, 6. Mai 1932, S. 186.
[13]  Der verehrte Lehrer hieß Dr. Robert Thomas. Hier reimte der Stadtrevisor Wilhelm Schulze, Vater einer Schülerin, der für den dichterischen Teil verantwortlich
war:
> Viel Arbeit hat uns stets gemacht
> Die schwierge mathematsche Stunde,
> Die uns Herr Dr. Thomas hielt,
> Und alle Mädels in der Runde
> Habn oftmals Dankbarkeit gefühlt,
> Wenn wir, den Lehrsatz längst vergessen,
> von ihm auf richtge Bahn gebracht.
> Und wenn voll Vorwitz wir vermessen
> Geulkt, dann hat er mitgelacht.

Da Marga Rothschild nach dem Abitur in Marburg ein Studium der Mathematik
und Physik aufnahm, dürfte sie für das Fach eine gute Begabung mitgebracht haben.

Marga Rothschild, schaut bloß her,
kämmt oft ihre Locken – kreuz und quer.
Sie will étudier Physik und Mathematik
und liebt den Motz
(Spottname für Dr. Thomas)
mit heißem Blick.

Daneben gab es noch eine Lehrerin in Geschichte[14], von der man merken konnte, auch bei Ausflügen, daß sie nicht versuchte, uns zu erniedrigen oder uns auszugrenzen. Aber die Kluft zwischen uns jüdischen Kindern und eben unseren christlichen Mitschülerinnen verschärfte sich.

Etwas, über das man heute vielleicht lachen könnte, war für mich von großer Bedeutung. Wir hatten einen Abschiedsball vor unserem Schulende in Hersfeld. Ich kann mich gut entsinnen, daß meine Mutter mir ein Kleid nähen ließ und ich auch sehr freudig mit zu diesem Abschiedsball ging. Ich weiß sicherlich, daß ich kein ganz "häßliches Entlein" war, und trotzdem erinnere ich mich ganz genau, daß nicht ein Junge mich zum Tanz aufforderte, auch meine anderen jüdischen Mitschülerinnen nicht. Es waren noch drei außer mir in meiner Klasse. Es war ganz schrecklich für mich.[15] Ich kann mich entsinnen, daß ich mich sogar schämte, es meinen Eltern zu sagen, als wir zurückkamen. Ich wollte sie, glaub ich, nicht bedrücken damit. Es war schon sehr niederschmetternd für ein junges Mädel, wenn sie, hübsch gemacht mit einem Extrakleid, als Aschenbrödel in der Ecke sitzen blieb.

*Reichstagswahl*

Damals war die Kommunikation durch Zeitungen, Radio usw. noch nicht so verbreitet wie heute, wo man von Ereignissen erfährt, die sich überall in der Welt und besonders im eigenen Land zutragen. Ich fragte jedenfalls meinen Vater, der mir natürlich ein Vorbild war, was ich wählen sollte, als ich zum ersten Mal wahlberechtigt war, und er antwortete mir ohne weitere Überlegung: Natürlich deutsch-national. Ich möchte damit nur deutlich machen, wie national auch die deutschen Juden eingestellt waren. Es war

---

[14]  Die Geschichtslehrerin war wohl Dr. Vera Focke, damals Studienassessorin.
[15]  Die niederschmetternde Erfahrung traf Marga Rothschild umso härter, als sie "auch heute noch" wie B. Greve, wie Anm. 1, S. 213 bemerkt, in Oberaula für ihre Eleganz und ihr gutes Aussehen bekannt ist.

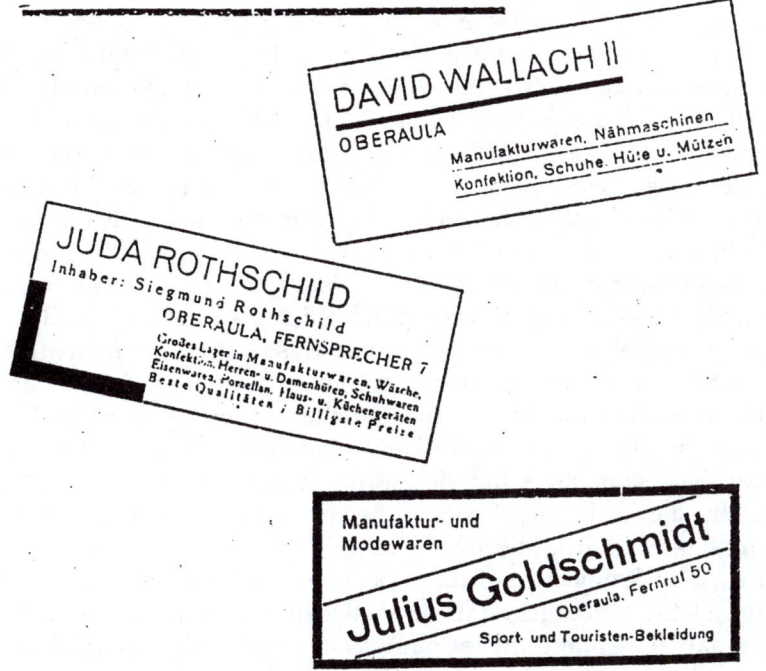
*Abbildung 7: Annoncen Oberaulaer Geschäftsleute in der Weimarer Republik (1919; 1930)*

die Partei von Hindenburg. Ich glaube, die meisten jüdischen Geschäftsleute oder die gehobenere Klasse hatten damals das gleiche Empfinden und wählten eben auch die deutsch-nationale Partei. Genau die, die sich dann bei der Wahl 1933 mit Hitler verbündete. Dann ist mir noch etwas sehr deutlich in Erinnerung. Meine Großeltern hatten schon ein Radio, was damals eine ganz seltene Sache war, daß jemand ein Radio besaß. Es gehörten Kopfhörer dazu. Ich sehe heute noch diesen großen Telefunkenapparat mit der abgeschrägten Vorderseite vor mir. Es war ein riesiger Kasten, und es war heute gar nicht mehr beschreibbares Erlebnis, wenn man dann plötzlich Geräusche hörte und Stimmen, die sprachen. Ich kann mich noch gut entsinnen, daß Anfang 1933 einige im Ort bekannte Kommunisten, deren Partei als etwas judenfreundlicher galt, zu uns kamen und meinen Vater baten, ob sie nicht etwas hören könnten über die Reichstagswahl. Selbstverständlich waren sie bei uns anwesend, und wir hörten gemeinsam. Sie schimpften laut darüber, daß die NSDAP so unwahrscheinlich viele Stimmen hatte und von da an an der Macht war, und auch darüber, daß die anderen Parteien ausgeschaltet wurden, wenn auch das Verbot der kommunistischen Partei erst später offiziell ausgeführt wurde.
Dann geschah zum ersten Mal etwas, was uns vollkommen unverständlich war. Am nächsten Morgen, als wir aufwachten, waren unsere Schaufensterscheiben eingeschlagen. Es waren Schmähparolen an die Wände geschmiert worden wie 'Juden raus', und Nachbarn sagten uns, daß sie gesehen hätten, wie gerade die Menschen, die noch am Abend vorher bei uns gewesen waren und uns ihre Solidarität bezeugt hatten, dazu fähig gewesen waren, uns diese Schmach und diese Schande und diesen Ärger anzutun. Heute denke ich, daß sie vielleicht den Nationalsozialisten, die damals schon dafür bekannt waren, sehr judenfeindlich und sehr hitlertreu zu sein, daß sie denen vielleicht beweisen wollten, daß auch sie nichts mit Juden zu tun haben wollten.

### Stimmungswechsel

Wir waren bis dahin Nachbarn unter Nachbarn. Wir sprachen mit ihnen. Wir tauschten ein paar Worte über das Wetter aus oder über die Ferien.

Und dann eines Tages grüßten sie nicht mehr. Etwas später noch trugen sie das Parteiabzeichen am Revers. Einige sahen wir

*Abbildung 8: Elternhaus Marga Spiegels in Oberaula (um 1914), oben die Großeltern, die Mutter rechts im Fenster*

mit braunen und schwarzen Hemden. Nun ja, es war ein wenig unbehaglich, aber eine wirkliche Gefahr schien uns nicht zu drohen davon. Es waren doch anständige Menschen, unsere Nachbarn, die Goethe und Schiller auch im Bücherschrank[16] stehen hatten, genau wie wir. Natürlich konnten wir nachts die Sturmtrupps hören, wenn sie im Gleichschritt durch die Straßen marschierten und laut ihre Lieder gröhlten, etwa: "Wenn das Judenblut vom Messer spritzt".[17] Aber solche Typen konnte man doch eigentlich gar nicht ernstnehmen. Unsere kultivierten Nachbarn würden doch dies pöbelhafte Treiben schon bald unterbinden. Mein Großvater war im Krieg 1870/71 Soldat gewesen[18], mein Vater hatte im Ersten Weltkrieg 1914-1918 vier Jahre für sein Vaterland gekämpft.[19]. Und er sagte: "Ach, dieses Pack. Die haben doch schon bald abgewirtschaftet!". Hätten wir damals schon Böses ahnen können?

---

[16]    Zu Goethe und Schiller im Bücherschrank, vgl. Hans W. Gummersbach: Der Weg nach Auschwitz begann auch in Ahlen, Ahlen 1988, S. 44; vgl. Greve, wie Anm. 1, S.217.

[17]    Die beiden letzten Strophen des "Sturmliedes der SA" lauten:
    Wenn der Sturmsoldat ins Feuer zieht,
    Dann hat er frohen Mut,
    Und wenn das Judenblut vom Messer spritzt,
    Dann gehts nochmal so gut.
    Die Juden und Marxisten,
    Die bringen uns kein Heil,
    Den Severing und Genossen
    Erschlagen wir mit dem Beil.
Und der Schlußrefrain lautet:
    Blut muß fließen knüppelhageldick
    Wir pfeifen auf die Freiheit
    der Judenrepublik.
Aus: Stenographische Berichte des Reichstags S. 2400 f vom 26. 2. 1932, zitiert nach Andreas Hillgruber: Die Auflösung der Weimarer Republik, in: Die Weimarer Republik, hrsg. v. Walter Tormin, 22. Aufl. 1982, S. 214.

[18]    Hier kann es sich nicht um ihren Oberaulaer Großvater handeln, der 1855 geboren wurde, sondern vielleicht um den Großvater mütterlicherseits, von dem mir keine Angaben vorliegen.

[19]    Zur Kriegsteilnahme jüdischer Soldaten im 1. Weltkrieg vgl. Heinrich Walle: Deutsche jüdische Soldaten 1914-1945, hrsg. vom Militärgeschichtlichen Forschungsamt, Freiburg 1982.
Vier Oberaulaer jüdischer Konfession sind im 1. Weltkrieg gefallen, vgl. Herget u. a., wie Anm. 1, S. 670, z. T. mit Bild. Ihre Namen finden sich in: Die jüdischen Gefallenen des deutschen Heeres, der deutschen Marine und der deutschen Schutztruppen 1914-1917. Ein Gedenkbuch, hrsg. vom Reichsbund jüdischer Frontsoldaten, Berlin 3. Aufl. 1933, S. 307.

Die erste Ausgrenzung ist mir noch gut in Erinnerung. Ich war ein junges Mädchen. Da hörte ich zum ersten Mal, daß die Schärpen für das Schützenfest im Manufakturenwarengeschäft meiner Eltern nicht mehr gekauft werden durften. Unser Geschäft wurde boykottiert, weil wir Juden waren. Ich spürte damals schon die Erniedrigung.

Da war noch etwas, was mich seltsam berührte, nur ein kleines Ereignis. Es gab einen Heimatverein, in dem meine Eltern auch Mitglieder waren, den Wander-Gebirgsverein, dem der Dorfapotheker Pistor vorstand.[20] Meine Mutter hatte eine Ader zum Dichten. Sie konnte sehr gut Couplets vortragen, Geschichten in Reime setzen oder auch Lieder. Ich weiß es noch ganz genau, weil ich bei dem Gespräch zugegen war: meine Mutter sagte zu meinem Vater, man hätte sie benachrichtigt, daß sie nicht mehr Mitglied dieses Vereins sein könnte. Ich sehe noch die Blicke, die sie miteinander tauschten. Es waren traurige Zeichen, die nichts Gutes ahnen ließen.

### Die Gewalt beginnt

Der Leidensweg der jüdischen Bürger in unserem kleinen Dorf fing schon sehr früh an.[21] Ich glaube sagen zu können, daß Hessen im Vergleich zu anderen Regionen wie Westfalen oder dem Rheinland eine Hochburg des Nationalsozialismus und der Judenfeindlichkeit war.[22]

---

[20] Ferdinand Pistor war 1920-1928 und 1936-1945 Vorsitzender des Knüllgebirgsvereins, Zweigverein Oberaula, vgl. "Chronik Oberaula". Marie M. Goletz: Oberaula Marktflecken – Amt – Großgemeinde und seine Geschichte, Band 2, Schwalmstadt 1995, S. 1025, hier auch S. 1023-1025 zum Verein selbst, zur Apotheke vgl. ebd. S. 585.

[21] Dies wird von anderer Seite bestätigt. "Schon zu Beginn der Nazi-Zeit war in Oberaula viel Antisemitismus zu spüren.", schrieb Jehu Apt am 18. 9. 1997, zitiert nach Greve, wie Anm. 1, S. 221.

[22] Hessen mit seinem relativ hohem Judenanteil war seit dem 19. Jahrhundert ohne Zweifel ein Zentrum des Antisemitismus, vgl. hierzu Rüdiger Mack: Otto Böckel und die antisemitische Bauernbewegung in Hessen 1887-1894, in: Neunhundert Jahre wie Anm. 11, Wiesbaden 1983, S. 377-410; für die Hitlerära vgl. Wolf-Arno Kropat: Die hessischen Juden im Alltag der NS-Diktatur 1933-1945, ebd. S. 411-446. Vgl. auch Thomas Weidemann: Politischer Antisemitismus im deutschen Kaiserreich, in: Nachbarn, wie Anm. 1, S. 113-183. Nach der Statistik, ebd. S. 182 f, hat der Antisemitismus in Oberaula zwischen 1893 und 1912 vergleichsweise wenig Erfolge erzielt. Freilich konnte "von 1887 bis 1911... der antisemitische Reichstagsabgeordnete Liebermann von Sonnenberg im Wahlkreis Fritzlar-Homberg-Ziegenhain wahre Triumphe feiern", bemerkt B. Greve, wie Anm. 1.

Noch im Jahre 1933 kam es zu einem Überfall auf einen armen jüdischen Händler, der sich mit Pferd und Wagen auf den Weg zu einem Nachbardorf gemacht hatte. Die Familie wohnte uns genau gegenüber.[23] Seine Frau kam abends zu uns und weinte, weil es dunkel wurde und der Mann noch nicht zurück war. Da machten sich ein paar von den jüngeren jüdischen Männern auf, um den Weg abzusuchen. Die Frau wußte, wo ihr Mann hausieren ging, wo er hingefahren war. Und sie fanden ihn blutüberströmt in einem Straßengraben. Das Pferd hat sich, seinem Herrn getreu, ruhig verhalten und ist an seiner Seite stundenlang mit dem Wagen stehen geblieben. Man hat ihn dann mit dem Pferdewagen zurückgebracht. Er war zerschlagen und krank.

Ein anderer Vorfall, der mir noch gut in Erinnerung ist, war der des jüdischen Gastwirts aus unserem Dorf.[24] Sein Lokal lag genau gegenüber dem Lindenplatz, auf dem Jahrmärkte, die Kirmes und Tanzveranstaltungen stattfanden, eine ganz zentrale Stelle also. Es war eine jüdische Gaststätte, in der auch Nichtjuden mit ihren Mitbürgern ihr Bier oder ihr Gläschen Schnaps tranken. Eines Tages wurde er verhaftet.[25] Man wußte und sprach damals schon von Konzentrationslagern. Er ist nie mehr zurückgekommen. Niemand hat jemals erfahren, warum er verhaftet und wohin er gebracht wurde. Es wurde ihm nie eine Schuld nachgewiesen.

Sein Sohn, der heute in Amerika lebt, war noch ein junger Bursche. Er stellte Anträge beim Ortsgruppenleiter.[26] Weiter kam er nicht. Der Ortsgruppenleiter sollte die Gesuche an den Kreisleiter weitergeben, aber es ist nie eine Antwort gekommen auf die Bittgesuche, nie eine Bestätigung der Schreiben. Der junge Mann kam später als Soldat nach Deutschland. Ich habe ihn gesprochen. Er forschte nach seinem Vater. Er hatte damit keinen Erfolg. War

---

S. 210. Sein Tod lag zu Beginn der NS-Zeit" erst 20 Jahre zurück. Und gar mancher konnte seine Gesinnung nahtlos wieder einbringen", ebd. S. 218.

[23] Nach der Beschreibung muß es sich um Elias Traub gehandelt haben, vgl. Herget u. a., wie Anm. 1, S. 675.

[24] Heilbrunn II Coppel genannt Reise Coppel – Marga Spiegel berichtigt: Coppel Reisz – führte das "Gasthaus zur Stadt Cassel", ebd. S. 671; 676: Am Marktplatz unter der Linde fand auch der gemeinsame Sportunterricht für jüdische und christliche Kinder statt, vgl. Herget u. a., Anm. 1, S. 661.

[25] Dies war Heilbrunns Schwiegersohn Siegfried Oppenheim aus Bebra, der schon vor 1938 in das KZ Dachau gebracht worden sein soll, vgl. ebd. S. 676.

[26] Ortsgruppenleiter war seit 1933 Konrad Wettlaufer. Zu ihm vgl. unter "Nachgedanken" S. 127 f. – Kreisleiter war seit 1934 Pg. Schuchardt.

das der erste Tote unter den jüdischen Menschen Oberaulas, der keines natürlichen Todes gestorben ist?

## Mein Vater kommt in Schutzhaft

Kurz darauf – es muß im Jahre 1934 gewesen sein[27] – wurde mein Vater, der als Geschäftsmann ein angesehener Mitbürger war, einfach in Schutzhaft genommen. Man nannte das damals Schutzhaft, um die Menschen, was natürlich paradox war, vor Übergriffen von Nationalsozialisten zu schützen. Er kam nach Marburg. Ich weiß, daß wir nach Monaten, nachdem meine Mutter, deren Herz damals schon sehr schwer geschädigt war, persönlich bei der zuständigen Stelle vorgesprochen hatte, eine Besuchserlaubnis bekamen. Ich fuhr mit meiner Mutter nach Marburg. Wir sprachen mit meinem Vater unter Aufsicht von Beamten. Es war fürchterlich. Er hatte Anstaltskleidung an, und man konnte sich nur über belanglose Sachen unterhalten. Man Vater hatte damals schon beträchtlich abgenommen. Er konnte im Beisein dieser Beamten nichts erzählen, aber die Blicke sagten mir und vor allen Dingen meiner Mutter genug. Damals gab es noch ein Gesetz, demzufolge man Personen nur bis zu sechs Monaten in "Schutzhaft" halten konnte. Ich weiß, daß er einige Tage, bevor dieses halbe Jahr um war, wieder zu uns kam. Er sprach sehr wenig über diese Zeit. Als ich meine Mutter einmal danach fragte, gab sie mir zur Antwort, daß es besser sei, wenn ich sie nicht fragte. Sie und mein Vater könnten nicht darüber sprechen. Es wäre am besten, wenn ich gar nichts wüßte.

Mein Vater war nur kurze Zeit bei uns. Dann geschah etwas, das ich niemals vergessen werde. Vier Männer in SA-Uniform, die ich bis dahin noch nie so zu viert in einer Gruppe gesehen hatte, kamen zu uns zusammen mit zwei anderen Männern, deren Namen ich nicht nennen möchte. Es waren Bauunternehmer, die immer bei uns Baumaterial gekauft hatten. Es war üblich, daß sie neue Sachen kauften und diese sich in Rechnung stellen ließen, noch bevor die vorhergehende Rechnung vollständig bezahlt war. Gerade

---

[27]    Dies war schon im Herbst 1933, vgl. Hans Gerstmann: Was Zeitungen gemeldet haben, in: Nachbarn, wie Anm. 1, S. 196. Die Lageberichte der Geheimen Staatspolizei über die Provinz Hessen-Nassau 1933-1936, hrsg. von Thomas Klein, Köln-Wien 1986, S. 66, zitiert nach Greve, wie Anm. 1, S. 220.

diese Männer gehörten zu den ersten Leuten, die sich um die NS-DAP geschart hatten. Sie kamen mit diesen SA-Männern zu uns und verlangten von meinem Vater unter Drohung, daß er ihnen die Rechnungen, die offenstanden, quittierte. Selbstverständlich tat das mein Vater, weil er gar keine andere Wahl hatte. Trotzdem wurde er einige Wochen später zum zweiten Mal in Schutzhaft genommen und kam wieder nach Marburg.

## Die Schatten werden länger

Die ganze Zeit zu Hause war schon sehr bedrückend. Meine Großeltern – an dieses Ereignis kann ich mich sehr gut erinnern – feierten goldene Hochzeit[28]

*Abbildung 9: Gäste bei der Goldenen Hochzeit der Großeltern Marga Spiegels 1931, Aufschlüsselung der Teilnehmer s. Anhang, S. 212 f.*

---

[28] Marga Rothschilds Großeltern väterlicherseits waren Juda Rothschild (22. 11. 1855 - 5. 6. 1932) und Fanni geb. Katz (1859-18. 3. 1935). Die Hochzeit hatte 1881 stattgefunden, die Goldene Hochzeit mithin 1931. Dies ist hier irrig in die NS-Zeit eingeordnet, also nach 1933. Zu den Zeitangaben Überlebender vgl. Kurt-Jakob Ball-Kaduri: Wert und Grenzen von Erinnerungen und Zeugenberichten als jüdische Quellen der Hitlerzeit, in: Zeitschrift für die Geschichte der Juden 2, 1965.

Normalerweise wäre dies damals in einem solchen Dorf wie Oberaula ein Fest für fast alle Einwohner gewesen. Ich kann mich entsinnen, daß die ganze große Verwandtschaft – Cousins, Vettern und die eigenen Geschwister, sieben Geschwister meines Vaters mit Familien und Kindern – daß wir ganz leise waren, daß wir das Fest so ruhig begingen, um niemanden wissen zu lassen, daß wir eine Feier machten, um niemandem einen Grund zur Beschwerde zu geben. Die Stimmung war einer goldenen Hochzeit nicht angemessen. Jeder wußte, daß nichts Gutes auf ihn zukam. Wir fühlten uns damals schon unfrei im eigenen Land.

Schon zuvor hatte mein ganz persönliches Leben eine für mich sehr bestimmende Wendung genommen. Ich durfte damals noch studieren. Ich wollte Physik und Mathematik an der Universität Marburg studieren. Zu dieser Zeit gab es noch die Erlaubnis, daß Kinder von jüdischen Kriegsteilnehmern studieren durften. Also wurde ich in Marburg immatrikuliert.[29] Aber schon nach meinem zweiten Semester wurde das Gesetz erlassen, das auch diesen jüdischen Vorzugskindern das Studium verbot.[30] Was dies für einen jungen Menschen bedeutet, bedarf eigentlich keiner weiteren Erklärung.

*Öffentliche Demütigung*

Wenig später wiederfuhr mir noch weit Schlimmeres. Ich fühle heute noch die Demütigung, die mir damals zuteil wurde. Ich war ohne Beschäftigung, weil ich ja nicht studieren konnte, und versuchte, mich ein bißchen nützlich zu machen. Ich half meinem Vater, so gut ich konnte, in unserem Geschäft. Ich half ein bißchen in der Buchhaltung.

Eines Tages hatte ich ein paar Rechnungen geschrieben. Ich dachte, die brauche ich doch nicht zu frankieren. Die kann ich

---

[29]   Laut Auskunft des Hessischen Staatsarchivs Marburg läßt sich nicht nachweisen, daß Frau Rothschild zwischen Sommersemester 1931 und Sommersemester 1934 als Studentin zur "Universität Marburg gehört hat. Die Matrikel für 1933 bis 1945 wurden ebenfalls mit negativen Ergebnis überprüft." Freundliche Mitteilung des Archivrats Dr. Hussong vom Stadtarchiv Marburg vom 9. Juli 1998.

[30]   Juden wurde das Studium nach dem Gesetz gegen die Überfüllung der Schulen und Hochschulen vom 25. 4. 1933 untersagt, ausgenommen Kinder u. a. von Frontkämpfern, vgl. Joseph Walk: Das Sonderrecht für die Juden im NS-Staat, Karlsruhe 1981, Nr. 77 f S. 17 f. Wann Kinder von Frontkämpfern ebenfalls ausgeschlossen wurde, ist bei Walk nicht aufgeführt, ebenso nicht in: Die Judengesetze Großdeutschlands, bearbeitet von Peter Deeg, Nürnberg 1939, S. 99-103.

doch hinbringen. Die Empfänger wohnten nur ein paar Häuser von uns entfernt. Ich gab die Rechnungen dann auch ab. Zu diesem Zeitpunkt kannte ich die politische Einstellung der einzelnen Leute noch nicht. Als ich eine kleine Rechnung bei einer Familie abgeben wollte, schrien sie mich an: "Mach, daß du vom Hof kommst, du verdammte Judensau!" Ich war so entsetzt und auch so verängstigt. Ich lief davon und rief im Weggehen: "Mein Gott, ich will doch gar nichts von euch, warum jagt ihr mich weg. Bezahlt eure Rechnung! Mehr will ich ja gar nicht."

Ich ging nach Hause, weinte mich in meinem Zimmer aus, sagte auch meinem Vater nichts von meiner Schmach. Vor allen Dingen wollte ich es vor meiner Mutter verheimlichen, weil sie sonst wieder vor lauter Aufregung einen Herzanfall erlitten hätte. Nach ein paar Stunden – ich war noch ganz erschüttert – kamen zwei SA-Leute zu uns mit dem alten, mir gut bekannten Wachtmeister Ruckert. Ich sehe ihn noch heute mit seinem großen Bart, seinem gutmütigen Äußeren. Ich sah den Blick, den er mit meinem Vater wechselte, und er sagte: "Wir müssen Marga verhaften. Es wird mir von den Männern aufgetragen." Ich konnte in seinen Augen sehen, daß es ihm ganz unangenehm war. Aber er fühlte sich auch verpflichtet, dieser braunen "Obrigkeit" zu gehorchen. Man zog mich aus dem Haus heraus. Draußen stand schon eine ganze Menge Leute. Sie hatten ein großes Holzkreuz errichtet. Auf dem Kreuz oben war ein großes Plakat angebracht. Auf dem Plakat stand: "Diese Judensau hat eine deutsche Familie beleidigt." Es waren drei Leute mit Musik dabei, mit Trompeten, mit einer Trommel. Sie führten mich dann durch unser Dorf die kleinen Sträßchen entlang. Von vielen Häusern gröhlten Bravo-Rufe. Ich konnte noch sehen, daß bei einigen Häusern die Fensterläden verschlossen waren, die Leute sich ängstlich verkrochen. Es mag sein, daß auch einige Mitleid mit mir hatten, einem jungen schmächtigen Mädchen, das da von einer Horde Pack durch das Dorf geführt wurde. Dieses Erlebnis werde ich nie vergessen.[31] Aber es gab noch Schlimmeres.

---

[31] Diese Demütigung wurde von der 1915 geborenen Zeitzeugin N. in einem Gespräch mit Barbara Greve am 13. 7. 1997 bestätigt, vgl. Greve, wie Anm. 1, S. 223.

Inzwischen häuften sich die Gerüchte, daß jüdische Menschen an anderen Orten verhaftet und ihre Geschäfte geplündert wurden. Sie sollten sich als wahr herausstellen. Auch unser Geschäft lag völlig darnieder. Zu dieser Zeit durften Juden überhaupt keine Geschäfte mehr führen. Man nannte den Zwangsverkauf "Arisieren". Wir "verkauften" unser Geschäft an einen Mann, der mir noch Böses zufügen sollte.[32] Wir hatten damals seinen Charakter noch nicht erkannt. Mein Vater war gut fünfzig Jahre alt, als er ihm das Geschäft übergeben mußte.[33] Wir mußten uns auf die obere Etage des Hauses beschränken.

Es war eine sehr bedrückende Zeit[34]. Ich weiß, daß wir keine Dienstboten mehr beschäftigen durften. Juden durften nur Personen über 45 Jahre beschäftigen. Christliche Frauen unterhalb dieses Alters durften weder im Haus noch im Geschäft eingestellt werden. Den "Nürnberger Gesetzen" zufolge sollte so verhindert werden, daß jüdische Männer diese jungen Mädchen schwängern könnten. Mir fehlen wirklich die Worte. All diese Sachen sind heute allgemein bekannt. Nur wenn man sie damals selbst erlebt hat, ist es wirklich unbeschreiblich, was jede neue Maßnahme für uns bedeutete, wie einschränkend sie auf uns wirkte, was sie an Lebensmut in einem vernichtete.

---

[32]  Marga Spiegels Elternhaus lag am Unteren Kirchweg, vgl. Ortsplan Nr. 7, in: Herget u. a., wie Anm. 1, S. 672 und S. 676. Der Käufer war Heinrich Leimbach, wegen dessen Aussagen sie später inhaftiert wurde. B. Greve erwähnt demgegenüber, Marga Spiegels Vater Siegmund Rothschild habe "sein Haus bereits 1934 mit großem Abschlag an einen Landmaschinenhändler" verkauft, "der ihm wohlgesonnen war", wie Anm. 1, S. 230.
[33]  Siegmund Rothschild ist am 23. August 1882 geboren. Er war damals mithin 52 Jahre alt.
[34]  Im folgenden sind verschiedene Erinnerungskomplexe z. T. nicht in richtiger zeitlicher Reihenfolge eingeordnet. Der Hausverkauf fand 1934 statt, das Verbot, nichtjüdische Dienstboten weiblichen Geschlechts unter 45 Jahren zu beschäftigen, wurde im Zusammenhang der sog. Nürnberger Gesetze vom 15. September 1935 ausgesprochen. Das Steinewerfen auf jüdische Kinder, die die Synagoge besuchen wollten, ordnet Marga Spiegel ihrer Kindheit zu, das heißt wohl den 20er Jahren. Das Verbot des Besitzes von Radios wurde für Juden im September 1939 erlassen. Die Sammlung für den Verein Deutscher im Ausland ordnet die Autorin den Jahren 1929/30 zu bzw. ihrer Lyzeumszeit in Hersfeld, die 1928 endete. Hier dürften Erinnerungszusammenhänge gleichsam isoliert gespeichert, atmosphärisch jedoch getroffen und so empfunden worden sein, vgl. auch Ball-Kaduri, wie Anm. 28.

Dann hängen heute noch die damaligen Besuche der Synagoge am Schabbat wie ein Damoklesschwert über mir. Wie fürchtete und haßte ich diesen Weg! Doch sich zu weigern – dazu fehlte damals noch Kindern der Mut. Ich mußte doch an dem Haus des Schneiders Jakob vorbei. Und er war so grausam, so fanatisch! Wie oft bewarf er mich und andere Kinder mit Steinen! Auch die Umwege, die ich benützte, hatte er sofort entdeckt. Was halfs, bei wem konnte ich mich beklagen? Die Löcher – Verletzungen – verband mir mein krankes Mütterlein. Dies hat sich bis heute als so grausam und bedrückend bei mir eingegraben.

Mir ist noch sehr bewußt, wie das Gesetz erlassen wurde, daß Juden keine Radios mehr besitzen durften. Mir war das unbegreiflich, warum man damit bestraft wurde. Ich kann mich noch gut erinnern, wie ich mir Gedanken machte, tagsüber und bei Nacht, wenn ich nicht schlafen konnte. Ich konnte dies gar nicht verstehen. Wir waren doch auch gute pflichtgetreue Deutsche, sogar deutsche Patrioten[35]. Man hätte uns genauso gut als Motto das spätere SS-Wort unterstellen können: "Meine Ehre ist Treue".[36]. Wir glaubten doch auch an die ewigen Werte des Lebens genau wie unsere Nachbarn. Wir hatten doch auch in unserem Poesiealbum stehen: "Edel sei der Mensch, hilfreich und gut". Wir waren doch Deutsche. Ich begriff alles überhaupt nicht.

Ich sah damals schon das Unrecht. Nur ein kleines Beispiel kommt mir dabei in den Sinn. Wir wurden von der Schule aus angehalten, für den Verein Deutscher im Ausland zu sammeln, den VDA. Ich war so eifrig. Ich ging im Dorf herum. Es muß etwa 1929/30 gewesen sein. Ich war vielleicht ein 17jähriges Mädchen. Ich weiß nur, daß ich von meiner Schule, von unserem Lyzeum, die größte Summe an Geld für den VDA zusammengetragen hatte. Das Geld kam dem Ausland zugute, das Hitler zuerst "befreite", das er zuerst annektierte und an Deutschland anschloß. Ich will damit eigentlich nur den Patriotismus aufzeigen, den wir hatten, auch deutsche Juden hatten. Ich weiß, daß mein Großva-

---

[35]  Dies drückt sich auch in der Wahl von Vornamen aus. Imo Moszkowicz, der einen ganz anderen Hintergrund hat, äußert sein Unverständnis gegenüber den Vornamen der Spiegels: "die meisten hießen germanisch Sigmund – wer verstehts", Imo Moszkowicz: Der grauende Morgen. Eine Autobiographie, Regensburg 1996, S. 80. Den altgermanischen Vornamen Siegmund trugen sowohl Marga Spiegels Ehemann wie auch ihr Vater, dazu der in der Pogromnacht in Ahlen ermordete, entfernt mit dem Ehemann verwandte Siegmund Spiegel.

[36]  Die SS-Devise lautete wörtlich: "Unsere Ehre heißt Treue".

ter im Kriege 1870/71 kämpfte[37] Es war ganz selbstverständlich, daß mein Vater von 1914 bis 1918 Soldat war. Ich weiß, ich sehe noch genau, wie in unserer Synagoge eine schwarze Marmortafel befestigt war, auf der die Namen der gefallenen und vermißten jüdischen Menschen standen, die für das Vaterland, für den Kaiser gekämpft hatten und mit Stolz gefallen waren.[38] Ich besitze noch Gebetbücher, in denen bei jedem Gottesdienst ein Gebet für Kaiser und Vaterland vorgeschrieben war und selbstverständlich gesprochen wurde. Ich weiß auch noch, wie meine Mutter einmal in jedem Jahr einen Tag des Gedenkens – wir nannten es Jahrzeit – für ihren im Krieg gefallenen Bruder Benno[39] abhielt.

Es war selbstverständlich, daß Juden die gleichen Bücher lasen wie ihre Nachbarn, daß sie dieselben politischen Interessen hatten wie ihre christlichen Mitbürger. Und warum sollte es auf einmal alles anders sein?

Mir persönlich stand noch Schlimmeres bevor, von dem ich aber, Gott sei Dank, damals noch nichts ahnte.


## Ich werde verhaftet

Ich war schon verlobt,[40] als ich eines Tages mit dem Auto nach Bad Hersfeld fuhr, wo der Bruder meines Vaters wohnte und auch eine seiner Schwestern. Angekommen wollte ich den Wagen auf dem Hof parken. Da wurde ich von zwei Polizisten aus dem Auto gezogen und in einen Polizeiwagen gesteckt. Mir wurde gesagt, ich sei verhaftet. Als ich nach dem Grund fragte, gab man mir ganz schlimme Antworten. Ich solle mein Maul halten, sonst geschähe noch etwas Schlimmeres. Ohne irgendwelche Rührung brachten mich die beiden Beamten in das kleine Gefängnis, das für unsere Region zuständig war. Keiner sagte ein Wort zur mir. Der Gefängniswärter schloß eine Zelle auf, in der eine Pritsche stand, und schloß dann hinter mir ab. Kann man sich die Gedanken eines Mädchens vorstellen, das sich keiner bösen Tat bewußt ist, die

---

[37]    Vgl. oben Anm. 18.
[38]    Vgl. oben Anm. 19.
[39]    Marga Spiegels Onkel Benno Rosenstock, geb. am 26. 3. 1882, war am 3. 9. 1914, also kurz nach Beginn des 1. Weltkriegs, gefallen, vgl. Gedenkbuch, wie Anm. 19, S. 359.
[40]    Marga Rothschild und Siegmund Spiegel verlobten sich am 9. August 1936 in Bad Kissingen, wo damals Marga Rothschilds kranke Mutter zur Kur weilte.

inhaftiert ist, ohne fragen zu können, ohne schreien zu können, einfach eingesperrt, ohne den Grund dafür zu kennen? Nach dem Tag wurde es Nacht. An Schlafen war natürlich nicht zu denken. Die Pritsche war hart. Aber das war nicht der Grund. Die Gedanken rasten in mir. Wußten meine Eltern, was mir zugestoßen war, oder dachten sie, ich sei bei meinen Verwandten geblieben? In der Nacht ging mir alles im Kopf herum, was ich immer schon über Judenverfolgungen und jüdische Demütigungen gehört hatte. Von einem "spanischen" Juden aus meinem Heimatdorf – einem Mann, dessen Vorfahren im 17. Jahrhundert vor der spanischen Inquisition nach Deutschland geflohen waren – wußte ich, daß Juden damals getötet wurden, wenn sie sich nicht taufen ließen.[41] Ich wußte auch, daß sie sich oft zum Schein taufen ließen, und in meinem Inneren war ich stolz darauf, daß sie trotzdem an ihrem Judentum festhielten oder sich zum Judentum bekannten. Ich hatte von diesen Menschen, von den "Maranen" gelesen. Ich wußte auch von dem Erfindungsreichtum und den Schändlichkeiten der Menschheit Juden gegenüber. Es war mir bekannt. Mir kamen die Kreuzzüge in den Sinn, aber ich konnte mir nicht vorstellen, daß sich in unserer Zeit wieder etwas Derartiges ereignen könnte. Ich wollte es, ich konnte es nicht glauben. Ich weiß genau, ich kannte ein paar jüdische Worte. Ich war keine sehr gläubige Jüdin, nur man war einfach Jüdin, und das war ja auch genug. Ich weiß, daß ich in dieser Nacht wirklich geschrien und gewimmert habe. Ich habe gesagt: "Eli, Eli, lama asaftani, mein Gott, mein Gott, warum hast du mich verlassen?"[42]

Als es am nächsten Morgen hell wurde, war mein Schutzengel bei mir. Ich habe ihn in meinem langen Leben oft gemerkt. Wir alle haben diesen Schutzengel. Manche sehen ihn nur nicht. Der Gefängniswärter machte die Türe auf und brachte mir etwas

---

[41]  Die Inquisition wütete gegen die spanischen Juden von 1481 bis 1492, dem Jahr, in dem diese aus Spanien vertrieben wurden. Näheres vgl. Léon Poliakov: Die Marranen im Schatten der Inquisition, in: ders.: Geschichte des Antisemitismus, Band 4, Worms 1981; Horst Pietschmann: Die Vertreibung der Juden aus Spanien im Jahre 1492, in: Vorurteil und Völkermord. Entwicklungslinien des Antisemitismus, hrsg. v. Wolfgang Benz und Werner Bergmann, Freiburg 1997, S. 61-90.
Die Behauptung, von sephardischen Juden aus Spanien abzustammen, kommt bei ahnenbewußten Juden gelegentlich vor, läßt sich aber wohl nur selten nachweisen. Gegen die Richtigkeit der Herkunftsangabe hier spricht die Angabe, die Flucht habe im 17. Jahrhundert stattgefunden.
[42]  Eli, eli, lema sabachthani, vgl. Psalm 22, 2; Matthäus 27, 46.

zu essen. Ich weiß, ich schluckte ein bißchen Flüssigkeit herunter, auch ein paar Brocken von dem Brot. Aber das, was mir am meisten in Erinnerung blieb, waren seine Worte. Er gab mir zu verstehen, daß es ihm leid täte, daß er aber nichts dagegen machen könnte. Er kannte mich ja von Kind auf, war auch ein guter Bekannter meiner Eltern. Er sagte mir, daß am übernächsten Tag der Kreisleiter ins Gefängnis kommen würde. Ich sollte ganz laut an meine Türe pochen. Er würde dann den Kreisleiter auf mich aufmerksam machen. Ich sollte ihm sagen, daß ich nichts getan hätte, und ihn fragen, wessen ich bezichtigt würde. Allein dieser Gedanke, daß ich vielleicht in zwei Tagen von jemand nur angehört werden würde, ließ mir die Tage leichter vergehen, ein wenig leichter. Aber ich war todtraurig, betrübt. Noch schlimmer ist es, wenn man sich unschuldig verfolgt fühlt, wenn man ein rechtschaffenes Herz hat und denkt, daß einem Unrecht getan wird. Mit einem rechtschaffenen Herzen ist der Schmerz, der einen bedrückt, noch weit schwerer. Der Wärter versprach, meinem Vater zu sagen, daß es mir gut ginge, daß ich im Gefängnis sei und daß er meiner Mutter sagen solle, ich sei bei den Verwandten in Hersfeld geblieben, um ihr angegriffenes Herz zu schonen. Die Freundlichkeit dieses Mannes ließ mich die Situation überstehen.

Ich will von der Not und den schlaflosen Nächten nicht weiter berichten. Heute weiß ich, daß meinen Mitmenschen viel Schlimmeres zugefügt wurde. Am dritten Tag schließlich kam der Kreisleiter. Ich wurde von dem Gefängniswärter extra noch mal instruiert, zu welcher Zeit ich an die Türe klopfen sollte. Ich tat es und wurde zu dem Kreisleiter in ein Zimmer geführt. Ich glaube, daß er einfach Mitleid hatte, denn er fragte mich, was denn mein Verbrechen gewesen wäre. Auf meine Antwort, daß ich mich keiner Schuld bewußt fühlte, ließ er die beiden Wachtmeister kommen, die mich verhaftet hatten. Und da erfuhr ich den Grund, einen ganz fadenscheinigen Grund: Eben jener Mann, dem mein Vater unser Geschäft und unser Haus hatte verkaufen müssen, hatte in der Gastwirtschaft – etwas angetrunken vielleicht – erzählt, so daß es auch einige SA-Männer oder Nationalsozialisten hören konnten, daß er durch ein Fenster gesehen habe, wie ich in seinem Keller auf in Sand eingeschlagenes Gemüse uriniert hätte. Ich war mir so sicher, daß ich das nie getan hatte. Es wurde natürlich so ausgelegt, daß die Juden eben das Eigentum der Nichtjuden vergiften wollten, so wie auch damals schon diese Greuelmärchen herumgingen, daß Juden Wurst mit Gift versehen würden, die dann an christliche Menschen verkauft wurde. Unter diesem fadenscheinigen Grunde wurde auch eine Metzgerei, die der Schwester meiner Mutter in Merzhausen im heutigen Schwalmkreis gehörte, geschlossen. Natürlich bestritt ich dies heftig. Der Kreisleiter war unschlüssig. Da kam mir auf einmal in den Sinn zu sagen, er könne sich davon überzeugen, daß dies unmöglich sei. Nach meiner Meinung hätte man durch dieses Fenster überhaupt nicht sehen können, daß ich auf den Porree oder die Möhren, die da im Sand waren, uriniert hätte. Der Kreisleiter erklärte sich zum Augenschein bereit. Ich wurde unter Polizeiaufsicht in unser eigenes Haus geführt. Ich mußte in den Keller gehen. Der Kreisleiter und der Wachtmeister sahen von außen hinein. Wie beschämend für mich! Ich mußte so tun, als ob ich mich über dieses Sandbeet beuge, und beide waren überzeugt, daß sie überhaupt keine Einsicht in den Kellerraum hatten. Also sagte der Kreisleiter zu den Wachtmeistern, sie sollten mich freilassen. Es sei kein Beweis gegeben. Und das sehe ich heute wirklich als Fügung meines Amitaba, meines Schutzengels, an, denn ich weiß ganz genau, was hätte geschehen können, wenn dieser Kreisleiter nicht ein mitleidiges Herz gehabt hätte.

Wie man später erfuhr, gab es selbst in Konzentrationslagern ab und zu einmal Menschen, die mit den Lagerinsassen, diesen armen Kreaturen, Mitleid hatten. Es gab sie, nur zu wenige!

Warum aber hat sich damals nicht einer an meine Seite gestellt? Warum hat nicht einer gesagt: "Mein Gott! Wir kennen doch dieses Mädchen. Es war immer ein sauberes Mädchen, aus einem gepflegten Haus. Warum sollte ein solches Mädchen die Lebensmittel eines christlichen Menschen verunreinigen wollen? Warum sollte sie dazu fähig sein?" Warum sagte mir keiner, er glaube an meine Unschuld? Warum hat keiner dem Einhalt geboten? Ich kann es nicht begreifen, auch heute noch nicht, nach so langer Zeit.

*Die Hochzeit*

Das Leben im Dorf wurde immer monotoner. Es breitete sich Angst aus unter den jüdischen Bürgern. Man konnte keine Gastwirtschaft mehr betreten, kein Kino besuchen. Wir wurden immer mehr von allem ausgeschlossen.

Inzwischen durften wir auch keine Telefonanschlüsse mehr haben.[43] Es ist mir deshalb so sehr bewußt, weil ich inzwischen meinen späteren Mann kennengelernt hatte, der aus Ahlen kam, und wir im Januar 1937 heiraten wollten.

Meine Mutter konnte wegen ihrer Herzschwäche schon nicht mehr reisen, und so beschlossen wir, die jüdische Trauung in unserem Dorf durch einen Lehrer[44] aus der Stadt meines Mannes zu begehen. Wir hatten am Abend vorher Kuchen gebacken und ein paar Nachbarn eingeladen. Der Tisch war gedeckt, wir wollten doch wenigstens an diesem Tag versuchen, etwas Bleibendes oder etwas Besonderes zu machen. Mein Mann mit seiner Schwester, seinem Bruder und Familien, auch dieser Lehrer, sollten gegen Nachmittag in unserem Dorf ankommen. Dann kam eine Nachbarsfrau heimlich über den Hof zu uns und sagte, daß sie ein Telefongespräch bekommen hätte, daß unsere Gäste eine Panne hatten und im Schnee in den Bergen bei uns steckengeblieben wären. Wir nahmen das Auto, das wir damals noch hatten [44a], und wir fuhren hin, um meinen Mann und die Verwandten in unserem Wagen mit nach Hause zu nehmen. Inzwischen hatte sich aber eine ganze Schar junger, vom Nationalsozialismus besessener Menschen zusammengetan. Sie fuhren uns nach, und es wurde auch schon dunkel, und als wir uns meinem späteren Mann näherten, bedrohten sie unser Leben. Wir waren so verängstigt, daß wir mit allen Verwandten in ein nahegelegenes Waldstück flohen und uns die ganze Nacht bis zum Morgen dort versteckt hielten. Ich weiß noch, daß es ganz kalt war und ich mich gar nicht danach angezogen hatte. Als dann der Morgen graute und die Bande abgezogen war, trauten wir uns wieder in unsere Autos und fuhren nach Hause, müde: wir waren alle in einer ganz niedergeschlagenen Stimmung. So gegen Mittag wurde dann bei uns im Zimmer die Trauung nach jüdischem Ritus vollzogen. Die Hochzeit glich

---

[43]   Der Besitz von Telefonen war erst seit dem 19. Juli 1940 verboten, vgl. Wolfgang Benz: Die Juden im Dritten Reich, in: Vorurteil, wie Anm. 41, S. 386.

[44]   Eine Würdigung von Adolf Tint, geb. am 18. 12. 1899, ermordet im KZ Stutthof wohl im Januar 1945, findet sich bei Gummersbach, wie Anm. 16, S. 86-96. Imo Moszkowicz erwähnt seinen "geliebten Lehrer" mehrfach in dankbarer Erinnerung, wie Anm. 35, S. 130; vgl. S. 78; 80; 125 f; 129-131; 151. Adolf Tint amtierte in Ahlen als Kantor und Lehrer seit 1926, als Schullehrer von 1930 bis 1939.

[44a]   Der Entzug des Führerscheins für Juden galt ab dem 3. 12. 1938, vgl. Walk, wie Anm. 30, III 47 S. 114.

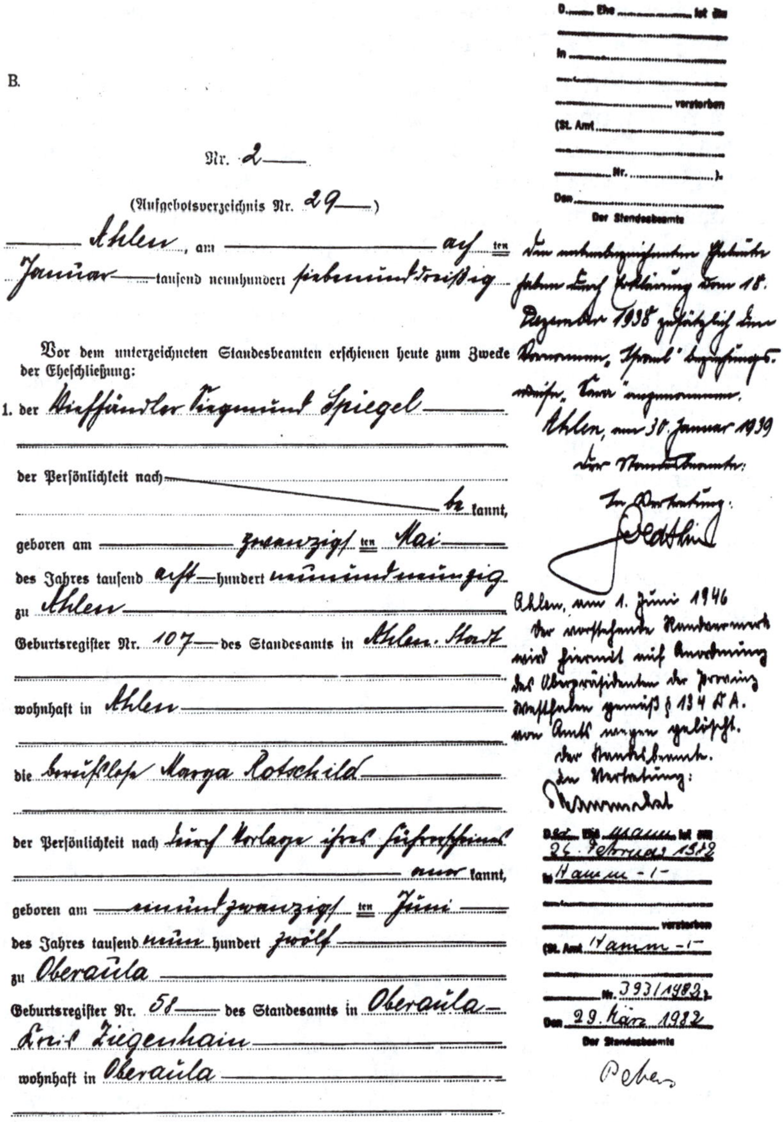

B.

Nr. 2

(Aufgebotsverzeichnis Nr. 29)

Ahlen, am achten Januar tausend neunhundert siebenunddreißig

Vor dem unterzeichneten Standesbeamten erschienen heute zum Zwecke der Eheschließung:

1. der Viehhändler Siegmund Spiegel

der Persönlichkeit nach bekannt,

geboren am zwanzigsten Mai

des Jahres tausend acht hundert neunundneunzig

zu Ahlen

Geburtsregister Nr. 107 des Standesamts in Ahlen-Stadt

wohnhaft in Ahlen

die berufslose Marga Rotschild

der Persönlichkeit nach durch Vorlage ihres Führerscheins anerkannt,

geboren am neunundzwanzigsten Juni

des Jahres tausend neun hundert zwölf

zu Oberaula

Geburtsregister Nr. 58 des Standesamts in Oberaula-Kreis Ziegenhain

wohnhaft in Oberaula

D... Ehe ... ist durch ... in ... verstorben (St. Amt ... Nr. ...). Den ... Der Standesbeamte

Die unterbezeichneten Eheleute haben durch Erklärung vom 18. Dezember 1938 zusätzlich den Vornamen „Israel" bezw. „Sara" angenommen.
Ahlen, am 30. Januar 1939
Der Standesbeamte:
In Vertretung:
[signature]

Ahlen, am 1. Juni 1946
Der vorstehende Randvermerk wird hiermit auf Anordnung des Oberpräsidenten der Provinz Westfalen gemäß § 134 DA. von Amts wegen gelöscht.
Der Standesbeamte.
In Vertretung:
[signature]

Der Ehemann ist am 24. Februar 1982 in Hamm -1- verstorben (St. Amt Hamm -1- Nr. 393/1982).
Den 29. März 1982
Der Standesbeamte
Peters

*Abbildung 10: Heiratsurkunde von Siegmund und Marga Spiegel 1937, (Vorderseite)*

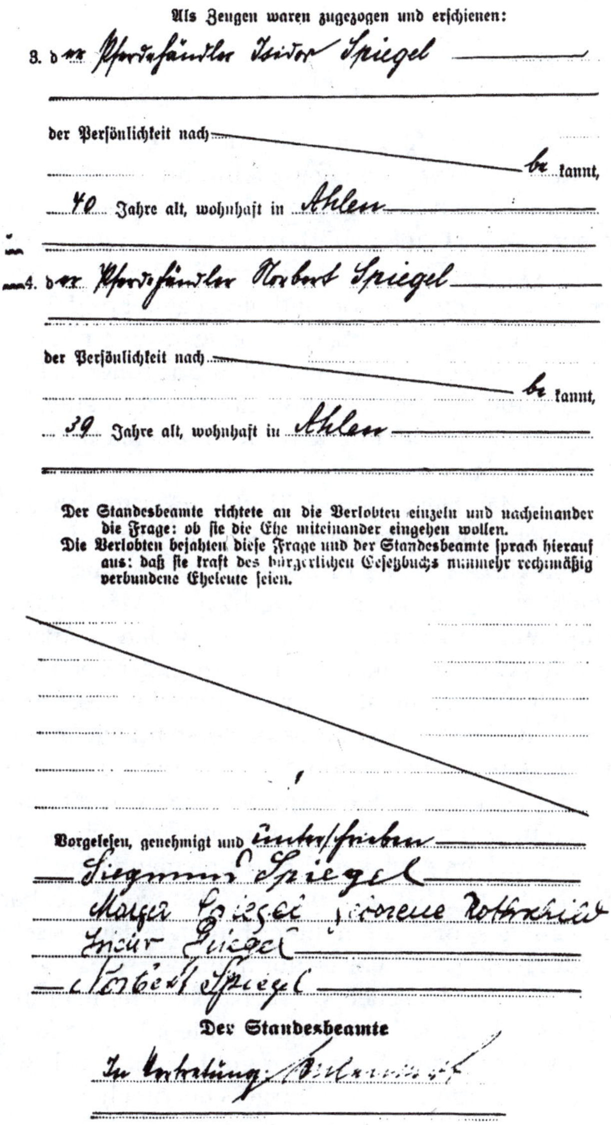

**Als Zeugen waren zugezogen und erschienen:**

3. der *Pferdehändler Isidor Spiegel* ———

der Persönlichkeit nach ——————————————— bekannt,

40 Jahre alt, wohnhaft in *Ahlen*

4. der *Pferdehändler Norbert Spiegel* ————

der Persönlichkeit nach ——————————————— bekannt,

39 Jahre alt, wohnhaft in *Ahlen* ————

Der Standesbeamte richtete an die Verlobten einzeln und nacheinander die Frage: ob sie die Ehe miteinander eingehen wollen. Die Verlobten bejahten diese Frage und der Standesbeamte sprach hierauf aus: daß sie kraft des bürgerlichen Gesetzbuchs nunmehr rechtmäßig verbundene Eheleute seien.

Vorgelesen, genehmigt und *unterschrieben* ————

*Siegmund Spiegel*

*Marga Spiegel geborene Rothschild*

*Isidor Spiegel*

*Norbert Spiegel*

**Der Standesbeamte**

*In Vertretung: [Unterschrift]*

Abbildung 10: Heiratsurkunde von Siegmund und Marga Spiegel 1937, (Rückseite)

keiner Feier mehr, eher einem Abschied in eine gefürchtete ungewisse Zukunft.

### Der Tod meiner Mutter

Mein Vater war ein starker Mann, er hatte auch einen starken Willen, aber mein Mütterchen war eine ganz feinfühlige, liebenswürdige Person. Sie war beliebt in unserem Dorf. Ich habe noch nach dem Krieg immer wieder Leute gehört, die zu mir sagten: "Deine Mutter war die Seele des Dorfes." An jedem Schabbat gab es in allen jüdischen Häusern eine Suppe und ein gegenüber dem Alltag besonders gutes Essen. Ich weiß, daß meine Mutter immer ein oder zwei verschließbare Emaillegefäße mit Suppe füllen ließ und daß unsere Hilfen damit losgehen mußten zu ärmeren Leuten, vor allen Dingen schwangeren oder kranken alten Frauen. Das war bei uns ein wirkliches Gesetz.

Indessen wurde das Herz meiner Mutter im schwächer. Sie konnte gar nicht mehr ohne Arzeneien leben. Ein Herzanfall jagte den anderen. Sie bedurfte immer öfters eines Arztes und konnte zeitweise gar nicht mehr aufstehen. Sie starb am 18. März 1937 mit nur 48 Jahren und wurde gleichzeitig mit einem anderen jüdischen Mann beerdigt.[45] Es war ein makabrer Trauerzug, der den Särgen folgte. Meine Worte reichen nicht dafür aus, um ihn beschreiben zu können. Neben der Trauer, die man selbstverständlich um seine Mutter empfindet, war da auch schon dieses Geängstigtsein. Dieser kleine Zug, der sich hinter dem Sarg bewegte, war ein Häuflein verängstigter, in sich zusammengesunkener Menschen. Kein Nachbar, kein Freund, kein Arzt, kein Pfarrer, niemand ging hinter den Särgen her, hinter den Särgen von Freunden, von Nachbarn, die sie von Kind auf gekannt hatten. Einer fürchtete damals schon den anderen. Jeder hatte Angst vor Denunziationen, selbst der Vater vor den Kindern. Die Menschen konnten sich nicht mehr ihren Gefühlen hingeben, die sie sicherlich noch hatten. Es war keiner, der den Mut hatte, hinter dem Sarg einer gut bekannten ehrwürdigen Frau oder eines anderen guten Bürgers herzugehen.

---

[45] Cilly Rothschild geb. Rosenstock, geb. am 23.12.1888, gestorben am 18.3.1937. Die Beerdigung muß einige Tage später stattgefunden haben. Am gleichen Tag wie sie wurde David A. Wallach, geb. 9.3.1889, begraben, vgl. Chronik, wie Anm. 20, S. 963.

Die Bestattung wurde nach jüdischem Ritus vorgenommen. Mir bleibt immer in Erinnerung, wie der Rabbiner aus Marburg ihr Leben mit dem Ruths verglich. Grund dafür war, daß meine Großmutter bei ihrem Tod trotz der Anwesenheit der eigenen Kinder auf ihrem Sterbebett die Hand ihrer Schwiegertochter ergriff und als letztes ihren Namen lallte: meine Mutter war wie Ruth, die ihre Schwiegermutter Naemi versorgte bis zuletzt.

Meine Mutter starb einfach an Herzeleid, an gebrochenem Herzen. Die Aufregungen der letzten Zeit waren für sie zu groß gewesen. Darauf zog ich nach Ahlen, in die Stadt meines Mannes.

### Neubeginn in Westfalen

In Ahlen wohnten wir im oberen Stock eines Zweifamilienhauses[46] mit christlichen Leuten zusammen, die so nett zu uns waren, wie es möglich war, wenn sie sich nicht gerade von Nazis beobachtet fühlten. Man wußte ja damals, wer zur NSDAP gehörte und wer nicht. Es war eine sehr traurige Zeit.

Als ich schwanger wurde, wurde ich von den Verwandten meines Mannes, von denen auch drei Familien in der Stadt wohnten, und auch von Freunden, die es natürlich gut mit einem meinten, immer wieder gefragt: "Ist es nicht unvorsichtig? Wie könnt ihr es jetzt noch wagen, ein Kind in die Welt zu setzen?" Die Zeiten waren so unsicher. Man ahnte, daß es immer schlimmer werden würde. Aber die ganzen Ausmaße der systematischen Vernichtung hat man nicht geahnt, nicht ahnen können.

Allerdings waren die Schwestern meines Vaters damals schon ihrer Existenzen beraubt worden. Die eine hatte ein Sägewerk, die andere ein Haushaltswarengeschäft gehabt. Sie fragten bei einem Bruder meines Großvaters, der nach Amerika ausgewandert war, an, ob er bereit sei, ihnen ein Affidavit zu stellen. Das war eine Bürgschaft, mit der er sich verpflichtete, für den Lebensunterhalt eben dieser Verwandten aufzukommen. Sie hatten auch tatsächlich das Glück, noch auswandern zu können.

Bei meinem Vater, der ebenfalls um ein Affidavit nachgesucht hatte, hörte dies der Ortsgruppenleiter von Oberaula und durch ihn der Kreisleiter, durch den damals schon alle Auswanderungsgesuche genehmigt werden mußten. Sie stellten ihm keine Unbedenklichkeitsbescheinigung aus. Der Ortsgruppenleiter war ein

---

[46]     Marga Spiegel zog am 9. Januar 1937 nach Ahlen in die Ostbredenstraße 41.

Nazi im wahrsten Sinne des Wortes, ein Judenhasser.[47] Er brachte es dann auch fertig, daß mein Vater einige Monate später sein Leben lassen mußte.

Mein Vater war nach meiner Heirat zusammen mit meiner Schwester nach Ahlen gezogen, um mit mir zusammen zu sein.[48] Er zog in das Haus eines jüdischen Geschäftsmannes ein. Es war für mich natürlich ein kleiner Trost, meinen Vater und meine Schwester um mich zu haben. Am 14. Januar 1938 wurde dann auch das erste Enkelkind, unsere Tochter Karin, geboren. Einige Monate konnten wir unbeschwerte Freude an der Kleinen haben. Aber ich entsinne mich noch gut daran, daß ich oft, wenn ich an dem Haus eines bestimmten Nazis in der Stadt vorbeiging, mit Steinen beworfen wurde, jedesmal, wenn ich mit dem Kinderwagen dort entlangkam. Ich drehte den Wagen immer um, um mein Kind und mich vor den Steinen zu schützen.

Lange konnte sich mein Vater nicht an seiner Enkelin freuen. Der Arm des Oberaulaer Ortsgruppenleiters reichte so weit, daß mein Vater nach Oranienburg-Sachsenhausen kam. Er wurde am 14. Juni 1938 über die Kriminalpolizeistelle Recklinghausen dorthin gebracht. Es war damals das erste Mal, daß ich von diesem Lager hörte. Ich brauche wohl nicht näher zu beschreiben, was dies für mich bedeutete. Mein Vater war wohl der erste Jude aus Ahlen, der in ein KZ kam.

Keine fünf Wochen, nachdem mein Vater nach Sachsenhausen deportiert worden war, erhielt ich die Nachricht, daß "Siegmund Rothschild an inneren Blutungen gestorben" sei. Als Todesdatum wurde der 12. Juli 1938 angegeben.[49] Mir wurde noch eine "Sondervergünstigung" zuteil. Der Sarg, ein Bleisarg, wurde mir unter Bewachung übersandt. Die Unkosten hierfür mußte ich tragen. So liegt mein Vater zumindest auf dem jüdischen Friedhof unseres Heimatortes begraben, neben einem jüdischen Mann, der fünf Monate später in der Pogromnacht erschlagen im Straßengraben aufgefunden wurde.

---

[47]    Zu Konrad Wettlaufer vgl. auch "Nachgedanken" unten S. 127 f.

[48]    Siegmund Rothschilds Zuzug erfolgte am 5. 4. 1938, gemeldet war er in Ahlen seit 8. 4. 1938. Er wohnte zuerst Im Kühl 21. Er war damals noch Vormund seiner jüngeren Tochter Inge.

[49]    Makabrerweise ähnelt das Todeszeichen in der Ahlener Meldekartei der Eintrag: "12. 7. 1938 in Oranienburg" einem Hakenkreuz.

So nahm denn das Leben seinen traurigen, aber noch erträglichen Gang, bis der 9. November 1938 kam, die Pogromnacht.[50] Wir schliefen, als die Haustür beschädigt und aufgerissen wurde. Unsere Etagentüre wurde demoliert, und vor uns stand eine Horde brauner SA-Leute. Sie gingen in das Zimmer, wo meine Tochter in ihrem Bettchen lag. Über ihr an der Decke befand sich ein Kronleuchter. Sie schlugen ihn zu tausend Scherben. Als ich zu dem schreienden Kind, das gerade mal acht Monate alt war, laufen wollte, wurde ich in das Zimmer zurückgestoßen.

Mein Mann hatte bis dahin immer noch gesagt: "Mir wird keiner etwas tun. Ich hab mit 18 Jahren mein Eisernes Kreuz als Kriegsfreiwilliger bekommen. Mir wird man nichts antun. Keiner wird eine Hand gegen mich erheben."[51] Ich seh ihn noch, wie er ganz kreidebleich zu einem Mann sagte: "Aber du kennst mich doch. Wir waren doch sogar gute Bekannte, wir waren doch miteinander befreundet... " Das hinderte diese Männer nicht, mit Knüppeln auf ihn einzuschlagen, und ich sehe ihn noch, wie er hilflos diesen Schlägen ausgesetzt war. Ich weiß, daß in dieser Nacht der Glaube meines Mannes an seine Unantastbarkeit, seinen Schutz verlorenging.

Sein Glaube an Deutschland, an das Gute im Menschen war so stark, daß er meine Pläne, nach Israel auszuwandern, belächelte und mir davon abriet. Ich hatte, schon bevor ich meinen Mann kannte, eine Einreisegenehmigung nach Palästina beantragt. Ich war in Frankfurt in einem Krankenhaus, um Diätküche zu lernen, weil ich mit einer Bekannten eine Diätküche in Israel eröffnen wollte. Als ich dann meinen Mann kennenlernte und ihm davon erzählte, sagte er lachend zu mir: 'Ach, Palästina-Mädchen.' Er glaubte sich so sicher in Deutschland. Er war wirklich erst Deutscher und dann Jude. Aber nach diesen ersten Schlägen, dieser Entwürdigung, die er da erlitten hatte, wußte ich, daß seine gan-

---

[50]  Zum Novemberpogrom in Ahlen vgl. Gummersbach, wie Anm. 16, S. 176-203, ders.: Sozialhistorische und soziologische Forschungen zur jüdischen Minderheit in der westfälischen Stadt Ahlen vor und während der Zeit des Nationalsozialismus unter besonderer Berücksichtigung lebensgeschichtlicher Selbstzeugnisse, ungedr. Dissertation Paderborn 1996, S. 154-178. Vgl. auch unten die Dokumentation zum Prozeß S. 152–158.
[51]  Nach der Einwohnermeldekartei Ahlen wurde Siegmund Spiegel am 11. Juni 1917 Soldat und am 1. April 1919 aus dem Heeresdienst entlassen.

zen Hoffnungen auf das Vaterland zerronnen waren. Nur war zu diesem Zeitpunkt meine Einreisegenehmigung, die ein Jahr Gültigkeit gehabt hatte, bereits verfallen. Es war ein sogenanntes Kapitalistenzertifikat gewesen, das mit einer Zahlung von 1000 englischen Pfund, damals 12000 Reichsmark, von der englischen Besatzung ausgestellt wurde.

Meine Gedanken gehen jetzt noch zurück an diese fürchterliche Nacht. Ich versuchte, das Kind aus den Scherben zu befreien und zu beruhigen. Alle unsere Schränke waren umgeworfen. Es waren fürchterliche Zustände in dem ganzen Ort. In unserem Hause nahmen sie vielleicht etwas Rücksicht, weil auch eine christliche Familie dort lebte. In dem Elternhaus meines Mannes,[52] in dem sein Bruder wohnte, waren noch mehr Zerstörungen angerichtet worden als bei uns. Dort wurden die Türen eingetreten, die Betten aufgeschnitten, durch die Fenster geworfen, Möbel demoliert, kurzum, es sah aus wie später nach dem Bombenkrieg.

Am nächsten Tag hörten wir, daß die Synagoge in Brand gesteckt worden war.[53] Ein paar Leute, Nachbarn, hatten gesehen, wie SA-Männer Feuer legten, wie die Synagoge zu brennen anfing. Das Schrecklichste und Grausamste war, daß sie den Kantor im Schlafanzug aus seinem Bett zogen, ihn in die Synagoge stießen. Die Synagoge brannte schon an allen Seiten, und sie zwangen ihn, eine Thora zu nehmen und laut unter dem Gegröhle der Menge und auch der Nachbarn daraus zu beten.

In dieser Nacht wurde ein Mann, der denselben Namen trug wie mein Mann und mit ihm verwandt war, in einem Straßengraben tot aufgefunden.[54] Er war ein ganz einfacher, armer Mann, der mit dem Fahrrad in die Dörfer fuhr und bei Bauern Taschentücher und Kleinkram verkaufte. Er hatte eine taubstumme Tochter und noch ein behindertes Kind. Diese armen Menschen blieben nun ohne ihren so armseligen Ernährer zurück.

Ich muß noch etwas vorgreifen dazu. Nach dem Krieg wurde uns von Augenzeugen berichtet, wer der Haupttäter war. Es kam auch

---

[52]  Das Elternhaus von Siegmund Spiegel lag in der Südstraße 14 in Ahlen, vgl. Gummersbach, wie Anm. 16, S. 76. Zum Bruder Isidor vgl. unten "Nachgedanken" S. 131.
[53]  Zur Zerstörung der Synagoge in Ahlen vgl. Gummersbach Forschungen, wie Anm. 50, wie Anm. 16 S. 160-165.
[54]  Zum Mord an Siegmund Spiegel vgl. Gummersbach, wie Anm. 16, S. 192-195, Gummersbach: Froschungen, wie Anm. 50, S. 166 – 169.

ohne unser Dazutun ein Strafverfahren in Gang. Der Mann und auch die Mitangeklagten wurden aus Mangel an Beweisen frei-gesprochen.[55] Vielleicht ist dies einer der Gründe, daß ich, auch wenn ich – wie ganz, ganz wenige – am Leben geblieben bin, "Hei-mat" eigentlich nur noch in Anführungsstrichen schreiben kann. Ganz bitter für einen Menschen, heimatlos zu sein – in der eigenen Heimat heimatlos!

Daneben muß ich aber auch eine ganz besonders gute Tat erwähnen. Die jüdischen Menschen waren verschüchtert, ver-schreckt, ängstlich nach der Pogromnacht und teilweise auch ver-letzt. Sie wandten sich an das Krankenhaus in dem Städtchen. Der Chefarzt nahm auch die jüdischen Menschen auf und behandelte sie.[56] So gab es immer wieder einen Funken Gutes in den Men-schen. Der Chefarzt wurde später zur SS gezogen und sollte nach dem Krieg auch von den Alliierten bestraft werden. Mein Mann sagte für ihn aus und bestätigte ihm seine Hilfe, die er uns jüdi-schen Menschen gewährt hatte. So blieb er von einer Bestrafung verschont.

### Verhaftungswellen

Ich versuche nun, von einem meiner schwersten Erlebnisse zu be-richten. Es stand in Zusammenhang mit dem 9. November. Ich er-zählte von dem, was die jüdischen Mitbürger unseres Ortes erle-ben mußten. Am nächsten Tag wurden dann alle jüdischen Män-ner der Stadt inhaftiert und in das Gefängnis gebracht. Nach etwa drei oder vier Tagen kam ein Wachtmeister persönlich zu mir in die Wohnung. Auch er war ein Schutzengel. Die jüdischen Männer und besonders mein Mann, der ein Schulfreund von ihm gewesen war, hatten ihn gebeten, zu mir zu gehen und mir zu verstehen zu geben, daß sie Hunger hatten und etwas zu essen haben wollten. Er kam also zu mir und sagte, er solle mir von meinem Mann be-stellen, daß wahrscheinlich in den nächsten Tagen alle Männer in ein Lager abtransportiert würden. Und er gab mir die Erlaubnis, sie im Gefängnis zu besuchen.

Aber ich verstand den Wink nicht. Ich hatte Gerüchte aus anderen Städten, Berlin usw. gehört – einer flüsterte es dem anderen zu –,

---

[55]  Zum Prozeß vgl. unten Dokumentation S. 192 – 199.
[56]  Nach Marga Spiegel war dies Dr. (Sepp) Ruf, nach Imo Moszkowicz dagegen Dr. Rosenbaum, wie Anm. 35, S. 78.

daß alle Juden in Arbeitslager gebracht wurden. Es sollte eine Bestrafung sein für das Attentat auf den Gesandten von Rath in Paris. Ein jüdischer polnischer Mann hatte aus Zorn darüber, daß seine Eltern, die polnischer Abstammung waren, im Konzentrationslager umgekommen waren, von Rath, der deutscher Botschafter[57] war, erschossen. Daraufhin wurde den Juden in Deutschland eine Milliarde Reichsmark Strafe auferlegt. Jeder hatte bis zum letzten Pfennig sein Geld zu deklarieren und abzugeben. Auch die Inhaftierung der jüdischen Männer gehörte zu dieser "Strafaktion".

Später hat die Geschichte gezeigt, daß das alles vorher geplant war und dieses Attentat nur ein vorgeschobener Grund war.

Man raunte sich zu, daß die Lager im Osten waren, in den Gebieten um Polen. Man raunte sich auch zu, daß es dort kalt wäre. So glaubte ich, meinem Mann insbesondere Wäsche und Pullover, warme Sachen, bringen zu sollen. Ich packte alles zusammen, was mein Mann besaß, aber da es nicht für so viele Männer – es waren etwa 15-20 – ausreichte, ging ich zu einem Geschäft, kaufte lange Unterhosen, Schals, Pullover und derartige Sachen. Ich kam schwerbepackt im Gefängnis an.

Eben dieser Schutzengel ließ mich auch in den unteren Teil des Gefängnisses zu den Männern ein. Sie sahen alle sehr schlecht, unrasiert, schon sehr in Sorge und auch schwach und elendig aus, und sie dachten, ich hätte ihnen etwas zu essen mitgebracht. Mehr wollten sie gar nicht. Ich war zu naiv gewesen, um den Wink zu verstehen, und der Wachtmeister wollte sich nicht schuldig machen und mir direkt sagen, was ich machen sollte. Er hatte nur gesagt, er erteile mir eine Besuchserlaubnis. Und dann ging seine Gutmütigkeit noch so weit, daß ich meine Sachen alle da lassen und mit dem Fahrrad zu einem mir bekannten Metzger fahren durfte. Ich hatte kein Geld bei mir, weil ich ja glaubte, nur zu meinem Mann und den anderen Inhaftierten zu gehen. Er gab mir ein paar Pfund Wurst und Brot, ohne daß ich es in dem Moment bezahlen konnte. Er sagte mir: "Nehmen Sie es ruhig mit und bringen Sie mir's rein, wenn Sie in den nächsten Tagen wieder in die Stadt kommen. Und grüßen Sie mir bitte Ihren Mann!" Und da war er wieder, er huschte vorbei – der Schutzengel.

---

[57]  Der 17jährige Herschel Grynszpan schoß, um seinen von Hannover ins Niemandsland zwischen Deutschland und Polen vertriebenen Eltern zu rächen, auf den Botschaftssekretär Ernst vom Rath in Paris, der am 9. 11. 1938 seinen Verletzungen erlag.

Ich komme noch einmal auf die Erlebnisse der jüdischen Menschen im Gefängnis zurück. Der Wachtmeister, von dem ich schon gesprochen habe, zögerte den Abtransport der jüdischen Männer mit irgendwelchen fadenscheinigen Ausreden immer wieder einen weiteren Tag hinaus.[58] Nach acht oder vielleicht auch zehn Tagen bekam er die Nachricht, daß die Männer nicht mehr in die Lager gebracht werden könnten, weil noch nicht so viele Lager bereit standen. Also wurden sie alle entlassen. Auch das war das Werk eines Schutzengels, daß mein Mann und die anderen Familienväter damals nicht den gleichen Weg gehen mußten, den mein Vater schon gegangen war. Für die meisten war es aber nur ein Aufschub, nur eine Verlängerung.

*Gezeichnet und vertrieben*

Am 1. September 1941 wurde eine Polizeiverordnung erlassen, daß alle Juden ab vollendetem 6. Lebensjahr einen "Judenstern" tragen mußten.[59] Ich erinnere mich noch gut an die Einführung des Sterns[60]: "Ich glaube, man mußte sich den Stern an der jüdischen Gemeinde abholen, gegen eine Quittung. Ich hatte zwei Sterne, einen aufgenähten und einen mit Druckknöpfen. Ich hatte zuerst geglaubt, daß das Kind auch einen Stern haben mußte. Mein Mann hat an der Zeche gearbeitet. Er hat den Stern seltsamerweise immer sehr offen getragen, er hatte keine Hemmungen damit. Ich bin tagelang nicht rausgegangen! Bis ich mal irgendwohin einkaufen mußte, mich angestellt habe für irgendein Obst. Ich weiß noch, in welchem Geschäft das war. Und ich glaubte, daß die ganze Welt mich ansah! Man glaubte sich so gezeichnet! Aber dann weiß ich auch, daß ich einige Male so etwas wie Trotz, vielleicht Stolz empfunden habe. Ich hatte das mit dem Stern ganz raffiniert gemacht. Es war ein bunt genoppter Mantel, an dem man die (an den Stern genähten) Druckknöpfe nicht so sah. Das war

---

[58]  Aus unbekannten Gründen wurden aus dem Münsterland, soweit bekannt, im Zusammenhang mit dem Novemberpogrom überhaupt keine Juden in Konzentrationslager eingeliefert.
[59]  Näheres bei Uwe Dietrich Adam: Judenpolitik im Dritten Reich, Düsseldorf 1972, S. 333 ff. Vgl. auch: Der Davidsstern. Zeichen der Schmach- Symbol der Hoffnung, hrsg. v. Wolf Stegemann und S. Johanna Eichmann, Dorsten 1991, mit Einordnung des Judensterns in die Geschichte.
[60]  Das Folgende ist entnommen Gummersbach Forschungen, wie Anm. 50, S. 282.

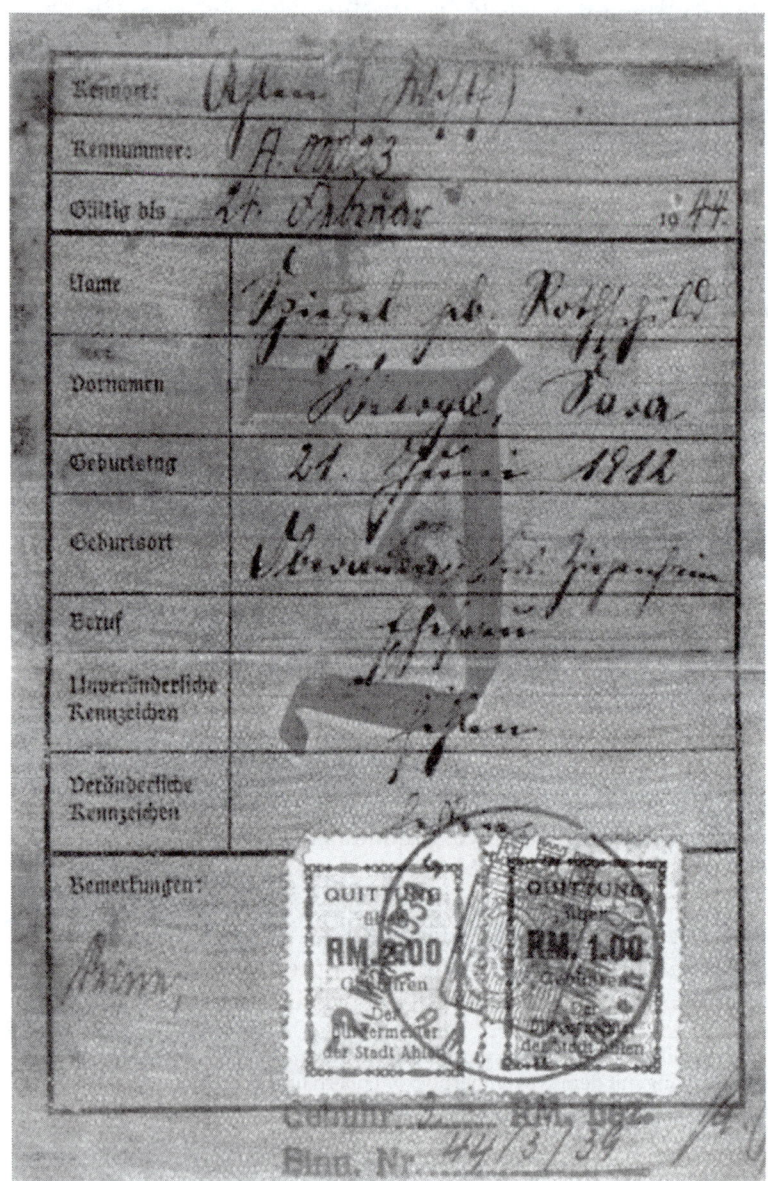

*Abbildung 11: Ausweis Marga Spiegels mit aufgedrucktem "J" (Seite 1)*

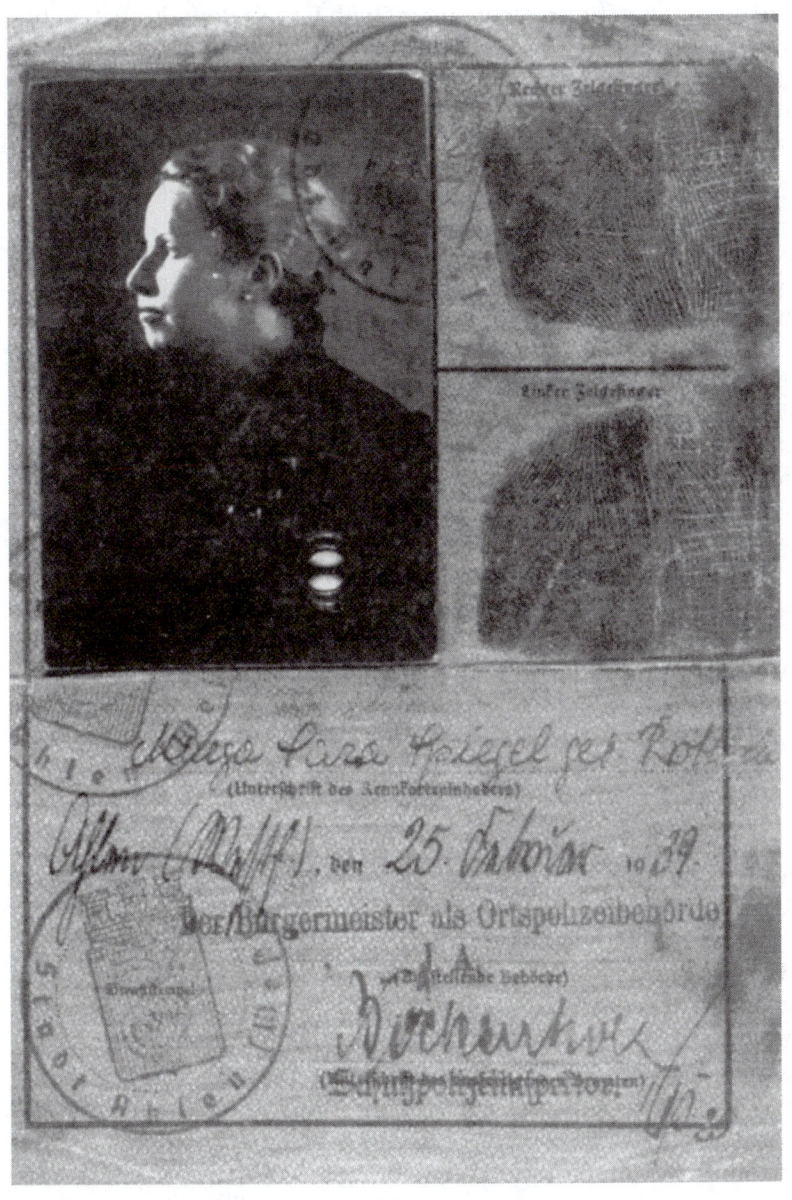

*Abbildung 11: Ausweis Marga Spiegels (Seite 2)*

ein großes Risiko! Aber ich hab das halt gemacht. Ich persönlich wurde mit dem Stern nicht angepöbelt. Es gab damals auch in unserer Gegend, einem ganz schlechten Wohnviertel, Menschen, die uns etwas Gutes taten. Und manchmal kam auch der Schutzengel in Gestalt eines Milchbauern, der mir ab und zu einmal in einen Topf, den ich immer wieder vor unsere Baracke stellte, einen halben oder ganzen Liter Magermilch hineinschüttete. Ich hatte niemals die Gelegenheit zu bezahlen.

Ein echter Kommunist, der uns oft besucht hat, versuchte uns aufzumuntern: "Menne (Umgangsvorname für Siegmund Spiegel), du mußt durchhalten, der Hitler geht kaputt." Ich hielt das gar nicht für möglich. In einem großen Schaufenster am Borsigplatz, da hing ja die Europakarte, und die Fähnchen wurden gesteckt. Deutschland wurde immer größer und mächtiger!
In dieser proletarischen Gegend Dortmunds sah man mich mit dem Kind oft sehr traurig und mitleidig an.[61]

### Abschied von der Schwester

Wie schnell und wie tief sich die aufgezwungene Kennzeichnung in das Unterbewußtsein eingrub, zeigt kaum mehr als einen Monat später meine letzte Begegnung mit der geliebten Schwester, "meinem Schwesterchen", wie ich diese häufig in Gesprächen nannte.

Ich lag auf Grund einer inneren Vergiftung anläßlich einer Totgeburt im Fieberdelirium im Krankenhaus von Dortmund-Kirchlinde. Hier hatte ich nach vielen vergeblichen Versuchen endlich Aufnahme gefunden. Dies war sehr schwer gewesen. Den Hinweis hatte uns der schon genannte Kommunist gegeben. Mein Mann hatte vorher bei vielen Krankenhäusern vergeblich angefragt. Ich war ja Jüdin. Und der Rassismus war damals meist stärker als der hippokratische Eid.

Meine einzige Schwester Johanna hatte am Tag vor ihrer Deportation noch die Erlaubnis bekommen, von Essen aus, wo sie mit ihrem Mann nach der Vertreibung aus Ahlen Zuflucht gefun-

---

[61]  Ebenda. Die Aussagen machte Marga Spiegel in einem Interview mit Hans W. Gummersbach am 9. August 1991 in Ahlen.

den hatte, mich zu besuchen. Am nächsten Tag, dem 27. Oktober 1941, ging ihr Transport nach Litzmannstadt.[62]

Plötzlich stand da meine Schwester an meinem Krankenbett. Sie hatte ein Kleid aus einer dicken Decke genäht an. Mit dem Stern darauf. Ich hatte in meinem Fieberwahn immer gehört: 'Nach Osten', 'kalt', 'Transporte', habe dies aber nicht verstanden. Doch als ich da meine Schwester sah, wußte ich es. Da begriff ich, daß meine Schwester wegtransportiert würde. Ich wußte das ganz instinktiv.

Die Schwestern im Kirchlinder Krankenhaus gaben meinem Schwesterchen eine Wolldecke, ein Stück Seife. Eine wunderbare Tat von mutigen Menschen!

Mein Mann nahm meine Hand und sagte die sich mir stark einprägenden Worte: 'Wenn ich allein wäre, ginge ich da nicht mit.' Ich antwortete: 'Nein, dich würden sie hier in einer Vitrine ausstellen, mit deinem verfluchten Eisernen Kreuz!'[63]

Dieser letzte Besuch meiner Schwester und deren Deportation, die in Auschwitz enden sollte, ließ in meinem Mann endgültig den Entschluß reifen, nicht den gleichen Weg zu gehen.

### Ein edler Mann

Daß unsere Familie noch anderthalb Jahre vor Deportationen bewahrt blieb, hing mit der Tätigkeit zusammen, die mein Mann verrichten mußte.[64]

Seit 1942 arbeitete er bei der Dortmunder Firma Sommer, einem kleinen Entrostungsbetrieb, der Zechentürme säuberte, eine gefährliche, schwere und gesundheitsgefährdende Tätigkeit. Sommer setzte hierfür eine Kolonne jüdischer Zwangsarbeiter ein, da er keine anderen Arbeiter fand.

Ein Freund wußte, daß Sommer versuchte, jüdischen Zwangsarbeitern zu helfen. Der Hinweis kam vom Vater Hans Steinwegs: 'Ich glaube nicht, daß du Chancen hast. Versuche es doch einmal

---

[62]  Vgl. die Zusammenstellung der aus Essen am 27. 10. 1941 nach Litzmannstadt deportierten Juden, angelegt vom Internationalen Suchdienst in Arolsen, abgedruckt in: Hermann Schröter: Geschichte und Schicksal der Essener Juden, Essen 1980, S. 349-370. Unter den 128 Essener Juden, dazu noch drei "in Reserve", finden sich Johanna Spiegel geb. Rothschild und ihr Mann Leo auf S. 366.

[63]  Ähnlich Gummersbach: Forschungen, wie Anm. 50, S. 282.

[64]  Die Anordnung zur allgemeinen Zwangsarbeit erfolgte am 4. März 1941.

bei diesem Sommer!"[65] Sommer sagte, es täte ihm leid, aber er hätte zur Zeit keinen Arbeitsplatz frei. 'Aber Sie haben bestimmt keinen, der so klettern kann wie ich und so schwindelfrei ist.' Sommer hat wohl die humorvolle Art meines Mannes gefallen. Er sagte: 'O.k. Dann kommst du morgen zur Zeche.' Nach ein paar Tagen hat er gesehen, daß es unmöglich für ihn sei, seine Kräfte bei weitem überforderte. Er war ja bald 50 Jahre alt. Er ist dann zu Sommer gegangen und hat gesagt: 'Ich habe gute Beziehungen zu Bauern. Ich kann Ihnen mal Brot und Wurst bringen oder ein halbes Huhn.' Da ist er ohne den Stern mit dem Rad nach Nordkirchen, Herbern und Werne gefahren. Sommer hat meinen Mann dann vor schweren Arbeiten bewahrt. Er hat geholfen. Sommer forderte immer wieder meinen Mann an. Er hat Menschen so lange gehalten, wie es ging, ganz bewußt, um Menschen zu retten. Die Sommers wollten sogar Karin aufnehmen."[66]

Ende Februar 1943 endete freilich diese für beide Seiten vorteilhafte Symbiose: am 27. Februar dieses Jahres wurden wir zur Deportation aufgerufen. Der böse Zweck war freilich getarnt als Aufforderung, die Arbeitspapiere überprüfen zu lassen, weil sich den Deportationen schon einige für sie Bestimmte entzogen hatten. Dafür sollten wir am nächsten Morgen um 9 Uhr zum Schlachthof Dortmund kommen. Ich glaubte dem Papier. Mein Mann aber durchschaute das Spiel. Noch am späten Abend, gegen 11 Uhr, gingen wir mit der unserer Karin zu den Sommers und weckten sie. Dies zeigt, wie vertrauensvoll das Verhältnis war. Mein Mann erzählte, wir wollten in die Schweiz gehen. Herr Sommer sagte: "Das geht schon gut. Wir sehen uns wieder."[67]

Dies war auch so. Aber inzwischen ereignete sich viel.

---

[65] Gummersbach; Forschungen, wie Anm. 50, S. 282.
[66] Ebd. S. 283.
[67] Ebenda.

# II

## Es geschah bei uns im Münsterland

Damals wohnten mein Mann und ich mit unserem eineinhalbjäh-
rigen Töchterchen in Ahlen, der Stadt, in der schon die Eltern und
Großeltern meines Mannes lebten und begraben sind. Dort stand
sein Elternhaus. Ahlen war seine Heimatstadt.

War sie das wirklich?

Kann es eine Heimatstadt zulassen, daß ein unbescholtener
Bürger in der Nacht – es war die Nacht vom 9. zum 10. November
1938 – in seiner Wohnung überfallen und geschlagen wird?

Kann sie zulassen, daß seine Frau mißhandelt wird, weil sie zu
ihrem Kind eilen will, das laut schreit und das unter lauter Scherben eines mutwillig zerschlagenen Kronleuchters in seinem Bettchen liegt?

Kann eine "Heimat"-Stadt[68] zusehen, wenn eine Frau, die Frau
eines Bürgers dieser Stadt, in der Folge mit Schmährufen belästigt
und mit Steinen beworfen wird, wenn sie, das Kind im Wagen,
über die Straßen dieser Stadt geht?

Und wofür? Warum?

Nur, weil sie Juden sind?


*Die erste Verhaftungswelle*

Unsere Synagoge wurde in der Schreckensnacht geschändet und
niedergebrannt. Unser jüdischer Vorbeter wurde von SA-Leuten
in die Synagoge gezerrt, wo er unter Schlägen gezwungen wurde, die Thora (das Heiligste, das es für uns gibt) aus dem Schrein
zu nehmen und daraus unter dem Gelächter und Gehöhne der
Menge zu beten. – Ohnmächtig und völlig zerschunden fanden
ihn mitleidige Menschen am Morgen in einem Straßengraben und
brachten ihn ins Krankenhaus.

---

[68] Heimat steht schon 1965 in Anführungszeichen. So wie das Erich Maria
Remarque entnommene Motto dieses Buches und die "Nachgedanken" es aus-
drücken, fühlt sich Marga Spiegel seit der Verfolgungszeit selbst im vertrauten Ahlen "heimatlos" und ohne Wurzeln. Dies betonte sie auch mehrfach dem Herausgeber gegenüber. Ähnlich äußert sich Imo Moszkowicz: "Soweit ich zurückdenken
kann, konnte ich für diese Stadt" – gemeint ist Ahlen – "keine Wärme, keine Zuneigung empfinden. Und heute ist mir der Begriff Heimat, den man zwangsläufig
mit seiner Geburtsstadt zu haben hat, fremder denn je", wie Anm. 35, S. 22.

Damals setzte die erste große Verhaftungswelle für jüdische Männer ein. Mein Vater, der seit meiner Heirat im Januar 1937 bei mir wohnte, wurde ins Konzentrationslager Oranienburg/Sachsenhausen gebracht.[69]

Nicht ganz vier Wochen später bekam ich die Nachricht, daß mein Vater "Siegmund Rothschild an inneren Verblutungen gestorben sei". Damals wurde mir noch eine "Sondervergünstigung" zuteil: Der Sarg – ein Bleisarg – wurde mir unter Bewachung übersandt. Ich mußte die hohen Kosten tragen! So liegt mein Vater auf dem jüdischen Friedhof in Ahlen begraben.

Meine liebe Mutter war schon im März 1937 im Alter von 49 Jahren zugrunde gegangen: Mein Vater wurde damals mehrmals in "Schutzhaft" genommen, und all diese Aufregungen hat ihr Herz nicht überstanden.

So lebte ich ohne meine Eltern in einer Stadt, die mich nicht liebte und die ich nicht lieben konnte!

Am 25. Februar 1939 wurden Kennkarten für uns ausgestellt: Es waren die ersten behördlichen Dokumente, die uns alle "kennzeichnen" sollten, ein Ausweis, den wir immer bei uns führen mußten. Es wurden von uns Fingerabdrücke genommen, wie es sonst nur bei Verbrechern geschieht. Alle weiblichen Personen mußten zu ihrem Vornamen den Namen Sara, die männlichen den Zusatznamen Israel führen. Mußten!

Dafür waren 3 RM Gebühr zu entrichten: Für ein Dokument mit dem Aufdruck "J" auf der Vorderseite.

Und damit begann das "Müssen".


*Judenrein werden*

Am 5. Oktober 1939 erging vom Ortsgruppenleiter in Ahlen der Befehl, daß alle Juden innerhalb einer Woche die Stadt verlassen mußten, andernfalls sie in einen leeren, dafür zur Verfügung gestellten Stall eingewiesen würden. So wurde die etwa 45 Familien zählende jüdische Gemeinde auseinandergerissen.

---

[69]  Dies ist irrig eingeordnet: Marga Spiegels Vater Siegmund Rothschild wurde schon ein halbes Jahr vor dem Novemberpogrom ins KZ gebracht, vgl. oben S. 34. Er starb am 12. Juli 1938 in Sachsenhausen-Oranienburg. Zu diesem KZ G. Finn: Sachsenhausen 1936-1950, Bonn 1985, und Art. Sachsenhausen, in: Enzyklopädie des Holocaust. Die Verfolgung und Ermordung der europäischen Juden, hrsg. v. Israel Gutman, Berlin 1993, Band 3, S. 1270 f.

Es gab aber schon damals sehr viele Städte, die an Juden keine Zugangsgenehmigung erteilten. Man durfte nur in sogenannten "jüdischen Häusern" wohnen.

Jeder ging dorthin, wo er gerade unterkommen konnte, nach Essen, Berlin. Eine Schwester meines Mannes ging mit ihrer Familie nach Rheydt, ein Bruder mit Frau und Kindern nach Essen.[70] Wir bekamen zwei Zimmer bei noch drei anderen Familien auf einer Etage in Dortmund.[71]

Unnütz wäre es – gemessen an dem, was noch kam – von all den Unannehmlichkeiten zu berichten, die auch dort auf uns warteten. Immer enger wurde der Raum, immer mehr Personen mußten aufgenommen werden, so daß wir nur einen einzigen Raum hatten und die Küche von sechs Familien benutzt werden mußte. Auch dieses "Judenhaus", das zwar einen jüdischen Besitzer hatte, in dem aber noch eine Anzahl anderer Familien wohnten, mußte schließlich "judenrein" werden.

Wir mußten deshalb in eine Baracke ziehen, die jahrelang unbewohnt gewesen war, weil sie als Wohnung unzumutbar sei.[72] War es eigentlich schlimmer, daß kein Wasser und keine Toilette zur Verfügung standen? Oder bedrückte es uns mehr, daß wir für unser Kind niemals Vollmilch bekamen?

---

[70]  Die Schwägerin Marga Spiegels, die nach Rheydt ging, war Laura Spiegel, geb. 28.5.1893, verheiratet mit Norbert Spiegel, geb. 12.05.1893, beide am 22.4.1942 deportiert und im Osten verschollen. Ihre Kinder Ingeborg, geb. 25.1.1924, und Alfred, geb. 28.4.1928, gingen denselben Weg. Der mit Margas Mann besonders eng verbundene Bruder Isidor, geb. am 29.12.1896 – zu ihm vgl. unten "Nachgedanken" S.131 – wurde mit seiner Frau Emma (Emmy) geb. Sternberg, geb. am 4.9.1902, und den beiden, wie sich Marga Spiegel erinnert, besonders hübschen Kindern Edith, geb. am 25.7.1927, und Richard, geb. am 25.7.1930, am 27.2.1943 nach Auschwitz deportiert. Marga Spiegels einzige Schwester Inge Johanna Spiegel geb. Rothschild, geb. am 23.1.1921, verheiratet mit Leo Spiegel, geb. am 14.11.1912, wurden am 27.10.1941 nach Lodz/Litzmannstadt deportiert, später nach Aussage des Auschwitzüberlebenden Josef Ryback nach Auschwitz gebracht und vermutlich dort ermordet.
[71]  Das von der Familie Spiegel bezogene Judenhaus lag in Dortmund Westenhellweg 91-93, vgl. Gummersbach Forschungen, wie Anm.50, S.210. Die Abmeldung in Ahlen erfolgte laut Ortskartei am 3.10.1939, der Zuzug in Dortmund am 8.10.1939. – Das Haus gehörte einer russisch-jüdischen Familie namens Stern. Es war ein großes Mietshaus mit 15 jüdischen und 15 nichtjüdischen Familien. Es wohnte hier auch noch der Ahlener Lehrer Tint, vgl. Gummersbach Notizen vom 9.8.1991.
[72]  Im Frühjahr 1941 mußte die Familie Spiegel in die ehemalige Obdachlosenbaracke in Dortmund-Deusen, Oesterholzstraße 80, ziehen.

Der größte Teil unserer Lebensmittelkarten war schon lange mit einem "J" überrollt und dadurch ungültig gemacht. So wurde fast alles abgestrichen, was andere bekamen: Was verblieb, waren Brot, Margarine und für schwerarbeitende Männer 150 Gramm Fleisch in der Woche. Selbst die Abschnitte unserer Lebensmittelkarte für Hülsenfrüchte wurden mit dem "J" gekennzeichnet, so daß man in keinem Geschäft etwas dafür bekam.

Es gab auch damals einige wenige Menschen, die uns Gutes taten, die uns manchmal ein halbes Pfund Zucker gaben oder ein kleines Stückchen Wurst, wenn es niemand sah! Einmal lag sogar ein Päckchen mit Lebensmitteln vor unserer Tür.[73] Wir haben niemals erfahren, wer der Geber war.

### Die Transporte rollen

Mein Mann mußte, wie alle Juden, Zwangsarbeit verrichten. Sie durften nur in Kolonnen von etwa 15 Mann beschäftigt werden und hatten einen nichtjüdischen Vorarbeiter. Für viele unserer Bekannten begann damals schon das Konzentrationslager. Sie hatten Vorarbeiter, die sie wie Sklaven kommandierten und nach ihren Launen schikanierten. Dabei bekamen sie nicht halb satt zu essen.

Mein Mann hatte zu dieser Zeit einen Arbeitgeber edler Gesinnung, einen Kriegsblinden, der eine Kolonne mit jüdischen Arbeitern für Entrostungsarbeiten auf der Zeche und dergleichen Arbeiten eingesetzt hatte. Und diesem Menschen ist es zu verdanken, daß wir noch bis zum Februar 1943 in Dortmund bleiben konnten. Er reklamierte sie wieder und wieder, wenn seine Arbeiter zu "Transporten nach Osten" aufgestellt wurden, und bekam sie frei mit der Begründung, daß er für diese Arbeiten keine Kräfte bekommen könne.[74]

Ich spreche hier von "Transporten" – als ob es eine so selbstverständliche Sache wäre! Dabei bedeutete "Transport" doch fast ausnahmslos Tod, Vernichtung und furchtbares Leid. Wer damit weggeschickt wurde, dessen Weg war zu Ende.

Aber wir lebten damals schon so abgestumpft, gewohnt, alles hinzunehmen, wie es befohlen wurde. Den meisten von uns kam gar nicht der Gedanke, etwas anderes zu tun, etwas, das wir gar

---

[73]    Von einem Sack voller Kartoffeln von unbekannter Hand berichtet auch Imo Moszkowicz, wie Anm. 35, S. 84.
[74]    Zu Herrn Sommer vgl. oben S. 43 f.

selber wollten! Wir durften nur zu bestimmten Zeiten einkaufen (wenn meist alles schon ausgeteilt war) – wir taten es. Wir durften abends nach Einbruch der Dunkelheit nicht auf die Straße – wir folgten. Wir durften nicht in Gruppen zusammenstehen, wir durften keine Straßenbahn benutzen, kein öffentliches Verkehrsmittel, wir durften keine Haustiere und keine Goldfische halten. Wir mußten Gold, Silber, Pelzmäntel, Radiogeräte und Fahrräder abgeben. Wir befolgten alles, wir gehorchten wie dressierte Tiere, deren Wille gebrochen ist, die sich daran gewöhnt haben, ihrem Beherrscher willenlos und widerstandslos zu folgen. Wir mußten einen Judenstern auf der linken Seite an allen Kleidungsstücken tragen, einen gelben sechszackigen Stern – wir trugen ihn.[75]

Und wir gingen, gezeichnet mit diesem Stern, unseren vorgeschriebenen Weg.

Vorgeschrieben – von wem? Und alle, alle gingen.[76]

### Nur drei kamen zurück

Im Oktober 1941 lag ich todkrank in einem kleinen katholischen Krankenhaus in Kirchlinde, nachdem ich trotz dringenden Hilfsbedürfnisses (beginnende Leichenvergiftung durch Frühgeburt) in keinem Krankenhaus in Dortmund Aufnahme fand. Dort kam mir in meinem Fieber wieder das Geflüster von "Transporten nach dem Osten" zu Ohren. Es wurde von Arbeitseinsatz gesprochen. Aber es wurde auch zugleich gemunkelt, daß es ein Weg ins Dunkel sei. Ein Weg, den wir alle zu gehen hatten, aber von dem niemand genau wußte, wohin er führte.

Meine einzige Schwester, neun Jahre jünger als ich und seit einem halben Jahr verheiratet, sollte auch dabeisein. Sie war voller Hoffnung für ihre junge Ehe und ihr Leben, das gerade erst begann! Sie bekam am Tag ihrer "Evakuierung", dem 27. Oktober 1941, die Erlaubnis, mich noch einmal zu sehen ... [77]

Trotz meiner Krankheit – oder gerade deshalb – wußte ich schon damals, daß ich sie nie wiedersehen würde.

---

[75] Walk, wie Anm. 30, S. 347.
[76] "Und alle, alle gingen" fehlt in den Buchausgaben. Hier und im folgenden bei den in Klammern gesetzten Seitenzahlen wird grundsätzlich die Ausgabe von "Retter in der Nacht" des Jahres 1987 zugrundegelegt, vgl. unten S. 183 ff.
[77] Hierzu oben S. 42 f.

Nur drei Menschen aus Ahlen sind aus den Lagern zurück-gekommen.[78] Von ihnen weiß ich, daß meine Schwester in Lodz (Litzmannstadt) war. Sie wurde von dort nach Auschwitz in die Vernichtung geschickt.[79] Auch von den beiden Schwestern meines Mannes und ihren Familien – ihren Männern, einem Mädel von fünfzehn und einem Jungen von neun Jahren – kam niemand zurück.[80]

### Freunde im Münsterland

Schon in jenen Tagen muß Gott meinem Mann den Gedanken eingegeben haben, sich nicht verschicken zu lassen, sondern zu handeln. Der Gedanke ließ ihn nicht los. Er grübelte, wenn er bei der Arbeit war, und nachts ließ es ihm keine Ruhe: Wo kann ich mit meiner Familie bleiben?

Wir hatten schon in den Jahren vorher auszuwandern versucht. Damals, als ich – bitter enttäuscht von dem Tode meiner Eltern – Deutschland verlassen wollte, war es mein Mann gewesen, der bleiben wollte. Er erklärte öffentlich: "Ich war Kriegsfreiwilliger des 1. Weltkrieges, ich habe mit 19 Jahren das Eiserne Kreuz bekommen. Es wird niemand wagen, Hand an mich zu legen." Das hatte er geglaubt. Als wir später unsere Auswanderung vorbereiten wollten, kam der Krieg dazwischen. Und nun machte mein Mann sich bittere Vorwürfe.[81] Er mußte versuchen, uns zu retten. Zu retten vor dem damals schon klar zu erkennenden bitteren Ende.

Er fuhr mit dem verdeckten gelben Stern im Zug oder mit dem Rad (was beides verboten war) zu alten Bekannten und Freunden.[82] Da war ein Mann, den Gott nie genug belohnen kann, Herr

---

[78]   Dies waren Imo Moszkowciz und Josef und Hermann Ryback, vgl. Gummersbach: Forschungen, wie Anm. 50, S. 292.

[79]   Daß ihre Schwester Johanna Spiegel geb. Rothschild in Auschwitz ermordet wurde, weiß Marga Spiegel von Josef Ryback, einem Auschwitzüberlebenden. Vgl. auch oben Anm. 70.

[80]   Näheres oben Anm. 70.

[81]   Die nächsten beiden Sätze: "Er mußte – bitteren Ende" sind in den Buchversionen weggelassen.

[82]   Hier fehlt: "Da war ein Mann, den Gott nie genug belohnen kann." – Hubert Pentrop wußte von der Judenvernichtung in Polen durch einen Nachbarsohn, der als Kraftfahrer in Polen gesehen hatte, wie Juden in vorher von ihnen ausgehobenen Gräben erschossen und diese dann zugeschüttet wurden. "Da mußt nicht hingehn!" Als Siegmund Spiegel daraufhin sagte: "Wat soll ick denn maken?", sagte

# Südliches Münsterland

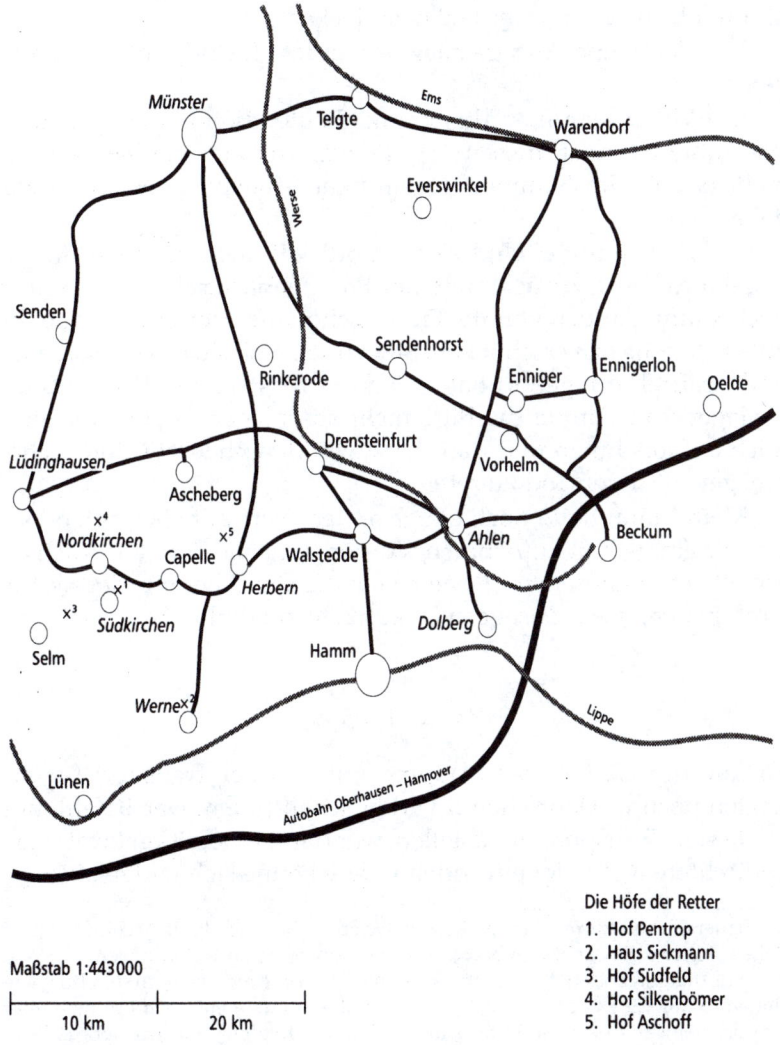

Maßstab 1:443000

├─────────┼─────────┤
  10 km      20 km

Die Höfe der Retter
1. Hof Pentrop
2. Haus Sickmann
3. Hof Südfeld
4. Hof Silkenbömer
5. Hof Aschoff

*Abbildung 12: Südliches Münsterland*

Hubert Pentrop in Nordkirchen , der meinem Mann sagte: "Wenn sie dich nach Polen schicken wollen, geh nicht mit. Von dort hört man nichts Gutes. Komm zu mir, ich verstecke dich!" – Das war ein Freudentag für uns, als mein Mann diese Nachricht heimbrachte! Aber wo sollte ich mit meinem Mädelchen bleiben? Mein Mann fuhr und fragte, er ließ nicht locker.

Er bekam eine Absage nach der anderen. Und die Transporte liefen... [83]

Im Winter waren es alte, kranke Leute, die man verfrachtete. Wie fühle ich noch diesen Tag. Es war so kalt, wie ich es nicht mehr erlebte. Im Sommer folgten neue Transporte. Würden wir dabei sein?

Die Zeit drängte. Und siehe, Gott half auch da. Mein Mann kam eines Tages zurück mit einer Freudennachricht, die er selbst noch kaum glauben konnte. Frau Aschoff aus Herbern konnte ihr gutes Herz nicht verschließen. Sie wußte, weil sie es von Soldaten und Kraftfahrern gehört hatte, von der Existenz der Konzentrationslager und konnte die Bitte nicht abschlagen, mein Kind und mich aufzunehmen und dadurch zwei Menschen vor dem sicheren, gewaltsamen Tod zu retten.

Mein Mann hatte noch einige andere Vertraute befragt, ob sie uns für einige Zeit aufnehmen würden, im Falle der Not. Auch da erhielt er von diesem und jenem eine Zusage. Aber würden sie die Kraft haben, diese Zusage auch aufrecht zuerhalten?

### Zwecks Prüfung

So kam der 27. Februar 1943 und mit ihm der Transport für die letzten noch in Deutschland verbliebenen Juden. Der Befehl, uns zu diesem Transport einzustellen, war damals bereits getarnt. Man befürchtete wohl, der eine oder andere könne sich widersetzen.

---

der Bauer: "Dann kummst to mi, ick versteck di." Daß auch Frau Aschoff – vgl. 15 Zeilen weiter – dies gehört habe, will die Autorin heute korrigiert haben.

[83]  Für den folgenden Abschnitt: "Im Winter – mein Kind" steht in den Buchversionen (S. 16): "Im Winter verfrachtete man alte kranke Leute. Ich erinnere mich deutlich, es war so kalt, so bitter kalt. Im Sommer folgten neue Transporte. Würden wir diesmal dabei sein? Die Zeit drängte. Eines Tages kam mein Mann mit einer Freudennachricht zurück, die er selbst kaum glauben konnte. Frau Aschoff aus Herbern, die von Soldaten und Kraftfahrern wußte, daß es Konzentrationslager gab, erklärte sich voll Mut bereit, mein Kind... "

"Sie haben sich zwecks Prüfung Ihrer Arbeitspapiere vormittags, 9 Uhr, am Schlachthof Dortmund zu melden. Arbeitspapiere sind mitzubringen."

Wie viele gingen mit ihrem Arbeitszeug, nichts in der Hand als eine Schnitte Brot?

Ich sah sie alle, manche mit einem Rucksack oder einem Paket unter dem Arm, aber alle mit dem "Judenstern", dem Stern, der sie als Menschen zweiter Klasse zeichnen sollte.

Nie vergesse ich das Gesicht eines großen, hageren Mannes mit scharf geschnittener Nase; gebückt ging er, ergeben in sein Schicksal. Ich sah Augen, die so unsagbar traurig waren, große schwarze Augen, in denen sich das ganze Schicksal unseres Volkes spiegelte.

Auch der einzige noch lebende Bruder meines Mannes – der andere fiel im 1. Weltkrieg – stellte sich mit seiner Frau und zwei hübschen, gesunden Kindern.[84]

Nicht einer kehrte zurück. Von siebenunddreißig Familienangehörigen blieb nicht ein einziger übrig.

*Weg ins Ungewisse*

Mein Mann war schon morgens gegen 5.30 Uhr von uns gegangen. Wir standen beide vor unserem Kind, das noch fest und ahnungslos schlief. Was würde die Zukunft bringen? Würden wir uns jemals wiedersehen?

So trat mein Mann seinen Weg an, den Weg ins Ungewisse, aber innerlich gefestigt durch die Gewißheit, zu Menschen zu kommen, und mit der Hoffnung im Herzen[85], daß uns dieser Weg von Gott vorgeschrieben sei.

Ich legte mich noch einmal nieder, um das Kind nicht zu wecken, und überdachte alles. Wie schwer ich es meinem Mann doch bis jetzt gemacht hatte, den von ihm gefaßten Plan auszuführen! Ich hatte mich fest entschlossen gezeigt, den Weg mit allen den Unseren zu Ende zu gehen. Ich wollte keine Ausnahme sein. Und welche Mühe hatte mein Mann, mich davon zu überzeugen, daß Gott auch einige dazu ausersehen haben könnte, das Furchtbare zu überleben!

---

84  Vgl. hierzu Anm. 70 und "Nachgedanken" S. 131.
85  Für "daß uns dieser Weg von Gott vorgeschrieben sei" findet sich in den Buchversionen (S. 17): "daß Gott ihn schützen werde".

Ich wollte nicht untertauchen, weil mir schon das Vorhaben aussichtslos schien. Nur ein paar Kilometer von Ahlen entfernt sollte ich leben, mich frei bewegen! Mein Mann wollte sich ganz verbergen, für keinen sichtbar sein – aber ich? Ich hatte doch ein kleines Kind! Ein Kind kann man nicht jahrelang versteckt halten, ohne daß es sich bemerkbar macht. Ich war noch mehr als mein Mann der Gefahr ausgesetzt, erkannt zu werden, ohne es zu wissen. Denn in einer kleinen Stadt wie Ahlen kannte jeder meinen Mann und auch mich als seine Frau.[86] Aber ich, die nur eineinhalb Jahre dort gelebt hatte, ich kannte nur sehr wenige dort.

Das alles überdachte ich nochmals. Ich stellte mir vor, wie mein Mann unermüdlich unser Töchterchen Karin "geschult" hatte, seitdem sein Vorhaben feststand. Er hatte ihr ein Märchen erzählt, wie man es Kindern erzählen kann, die ihren Eltern glauben und vertrauen. Er sagte ihr jeden Tag und immer wieder, daß er Soldat werden müsse, Mutter und sie aber zu einem Bauern gingen; dort würden keine Bomben fallen, und wir würden besseres Essen haben. Er sagte ihr eindringlich, daß das nur ginge, wenn sie einen neuen Namen habe. Sie müsse dann Karin Krone heißen und nichts anderes sagen.

Er spielte immer wieder mit ihr dieses "Ausfragen": "Wie heißt Du denn, Kleine?" Sie antwortete stets: "Karin". – "Und wie heißt Du weiter?" fragte mein Mann. "Krone", war ihre prompte Antwort.

Das hörte ich tausendmal. Würde sie es auch sagen, wenn sie ein anderer fragte?

Das alles schwirrte mir im Kopf herum am Morgen unserer Flucht. Ich nahm mein Kind an die Hand, in der anderen hatte ich einen Karton. Karin trug ein Püppchen.

Auf dem Weg zum Bahnhof sah ich viele der Unseren, die sicherlich glaubten, daß wir uns auch "stellen" wollten. Niemand wußte von unserem Vorhaben. Nicht einmal seinem Bruder sagte mein Mann, wohin wir gingen. Er hatte nicht den Mut dazu. Wir hatten durchblicken lassen, eventuell in die Schweiz zu flüchten. Es durfte niemand unseren wahren Plan kennen. Man hätte ihn vor der Gestapo ausfragen, foltern und bedrohen können, und er würde uns vielleicht dann doch noch verraten haben.

---

[86] "Mann – dort" wurde in den Buchversionen (S. 17): "Mich selbst allerdings, die ich nur anderthalb Jahre dort gelebt hatte, kannten nur wenige."

Klopfenden Herzens löste ich eine Fahrkarte nach Capelle, der nächsten Bahnstation nach Herbern.

Schon am Fahrkartenschalter meinte ich, alle Leute würden mich beobachten, kam aber unbehelligt durch die Sperre und in den Zug.

Die Fahrkarte gab ich am Ziel nicht ab, ich behielt sie als Talisman. Meinen Stern trennte ich im Zug ab, warf ihn aber nicht weg, sondern versteckte ihn.

Er wäre mir bald schon beinah zum Verhängnis geworden ...

## Als wir untertauchten

Zur selben Zeit, als uns der Zug immer näher unserem ungewissen Schicksal entgegenbrachte, wurde im Schlachthof Dortmund, der als Sammellager diente, beim Ausrufen der Namen unser Fehlen bemerkt. Zumal der Bruder meines Mannes wurde verhört und bedroht, und man wollte ihm seine wiederholte Versicherung nicht glauben, daß er nichts von unserem Verbleib wisse. Auch die Männer, die mit meinem Mann zusammen gearbeitet hatten, wurden genauestens verhört. Auch sie konnten – wie mein Schwager – nur immer wieder sagen, daß wir in die Schweiz flüchten wollten. Das alles erzählte uns Jahre später der einzige Überlebende dieses Transportes: Jakob Lickier[87] aus Dortmund , der mit meinem Mann zusammen auf der gleichen Arbeitsstelle gewesen war.

Doch das, was er uns außerdem erzählte, möchte ich nicht vorwegnehmen ...

Und der Zug rollte weiter. Die Gedanken während dieser Stunde lassen sich schwer in Worte fassen. In meinem Kopf schwirrten die widersprechendsten Vorstellungen wirr durcheinander.

Hätten wir nicht doch besser versuchen sollen, über die Schweizer Grenze zu fliehen? Ein Bekannter aus Dortmund war für uns zu einem Geschäftsfreund meines Mannes gefahren, dessen Haus unmittelbar an einem unbewachten Grenzstück lag. Dieser erklärte sich bereit, uns durch sein Haus auf die andere Seite in die Schweiz zu befördern.

Aber da war die Schwierigkeit, daß mein Mann keinen Wehrpaß hatte. Mir selber wollte die Frau unseres Bekannten ihren Paß überlassen. Er wäre bei der damals sehr strengen Zugkontrolle

---

[87] Zu Jacob Likier, geb. am 15. 8. 1899, vgl. Ulrich Knipping: Die Geschichte der Juden in Dortmund während der Zeit des Dritten Reiches, Dortmund 1977, S. 199.

nach dem Wehrpaß gefragt worden. Und da mein Mann im wehrpflichtigen Alter war, wäre es unmöglich gewesen, unbehelligt bis zur Schweizer Grenze zu gelangen.

Übrigens stand im Fahndungsblatt zu lesen, daß wir in die Schweiz geflüchtet seien und unser Vermögen beschlagnahmt wäre. Das war für uns ein Glück, denn so unterblieb vorläufig in Deutschland die Suche nach uns.

Aber war das, was wir jetzt anstrebten, nicht genauso unmöglich?

Gewiß hatten wir mit Frau Aschoff verabredet, daß wir sie anrufen wollten, wenn Gefahr drohe. Aber insgeheim haben doch Familie Aschoff und auch wir immer noch gehofft, daß es nicht dazu kommen möge.

Und jetzt war es soweit. Es gab kein Zurück mehr für uns.

In Werne hatte der Zug Aufenthalt. Ich rief von dort aus an und sagte Frau Aschoff, daß ich kurz vor Mittag in Capelle sei. Welchen Schrecken mag die Ärmste bekommen haben! Sie ließ mich aber nichts davon merken und schickte uns ihre Tochter, die uns mit dem Fahrrad am Bahnhof Capelle abholte.

Es war ein schöner Vorfrühlingstag, als wir nebeneinander den schwarzen Schlackenweg gingen, das Kind auf dem Fahrrad schiebend. Aber mein Herz war schwer, schwer ob all dieser Ungewißheit. Welche Verantwortung hatten doch die Familien auf sich genommen, um unseren Plan zu verwirklichen!

Wir sprachen von belanglosen Dingen, denn wir sollten ja auch auf dem Hof nicht die Möglichkeit haben, mit den Mitbewohnern unsere Lage zu erörtern. Wie wir nach dem Krieg erfuhren, war dies anderen möglich, die im Ausland versteckt gehalten wurden. So in Holland, wo meine Verwandten von der Untergrundbewegung in Sicherheit gebracht wurden. Hier half eine Familie der anderen, wenn Gefahr drohte. In Deutschland aber mußten wir in jedem Menschen einen Feind sehen, der uns – bewußt oder unbewußt – verraten konnte. Und hier machten wir den Versuch unterzutauchen unter den ungünstigsten Umständen.

Man muß sich vergegenwärtigen, wie die Lage noch im Februar 1943 war. Die deutschen Truppen standen in ganz Europa, vom Nordpol[88] bis nach Afrika. Es herrschte noch reinste Siegeszuver-

---

[88]    Gemeint ist sicher das Nordkap.

*Abbildung 13: Heinrich Aschoff 1943.*

sicht.[89] Und in dieser Zeit fanden sich edle Menschen bereit, uns bei sich aufzunehmen!

Dies kann gar nicht genug hervorgehoben werden!

Welcher Gefahr setzten sich diese Menschen aus – unvorstellbar, was mit ihnen allesamt geschehen wäre, hätte man uns entdeckt. So mögen meine Gedanken gewesen sein, als wir auf dem wunderschönen, ganz nahe am Wald gelegenen Bauernhof ankamen.

Ich lernte nach und nach die ganze Familie kennen: Herrn Aschoff, einen aufrichtigen, geraden Mann, den Typ des Münsterländer Bauern; Frau Aschoff, mit einem Herzen voll Güte und Liebe; und dann die acht Kinder.

Und da begannen schon die Schwierigkeiten: Wir beschlossen, nur den ältesten beiden Töchtern die Wahrheit zu sagen. Der älte-

---

[89]    Unmittelbar nach dem Fall Stalingrads, der Kriegswende im Osten, ist dies historisch nicht richtig: Die russische Winteroffensive hatte die Deutschen im Februar/März vom Kaukasus auf die Linie Rostow/Charkow zurückgeworfen. Gleichzeitig gelangen den Briten in Nordafrika entscheidende Einbrüche. So fiel am 23.1.1943 Tripolis. Auf Grund der vor allem im Osten katastrophalen Lage proklamierte Goebbels am 18. Februar 1943 im Berliner Sportpalast den totalen Krieg.

*Abbildung 14: Karin Spiegel mit Theo Aschoff 1943*

*Abbildung 15: Auf dem Hofe Aschoff 1943 (v. l.) Elisabeth Aschoff, Karin, Marga Spiegel, Helmut Sommer, der Sohn einer aus Dortmund evakuierten Familie*

ste Sohn war beim Militär, und die anderen Kinder gingen teilweise zur Schule. Sie waren zu jung, um unser Geheimnis kennen zu dürfen, sie konnten die Schwere eines solchen Geheimnisses nicht ermessen und uns vielleicht unbewußt ins Verderben stürzen.

Die ersten Tage und Nächte waren schlimm für mich. Nicht, daß wir nicht gut aufgenommen waren, ein schönes Zimmer, gut zu essen hatten. Nein, es war das Neue, Unbekannte, die Ungewißheit. Ungewißheit auch darüber, ob mein Mann an sein Ziel gelangt war. Ungewißheit, wo sich alle meine Verwandten, die letzten, die uns noch verblieben waren, jetzt befanden. Aber den ersten Schrecken sollte ich bekommen, als ich nach knapp einer Woche von der Tenne in die Küche kam und einen Wachtmeister sah, wie er mein Kind zu sich heranzog und sie fragte: "Na, Kleine, wie heißt du denn?" – "Karin" – "Und weiter?" Mir blieb fast das Herz stehen...

"Krone", sagte sie prompt. Da nahm sie der Wachtmeister auf den Schoß, kraulte in ihren blonden Zöpfen und sagte: "Du bist doch wirklich ein richtiges deutsches Mädchen!"[90]

Die erste Gefahr war vorüber. Wo drohte sie uns weiter?

Ich begann, mir Beschäftigung zu suchen, wo ich gerade helfen konnte.

### Die Frau des Ingenieurs

Ich wurde als Frau Krone ausgegeben, wir seien ausgebombt, mein Mann sei Soldat, und das diente als Grund meines Aufenthaltes.

Wir hofften, daß man uns das glaubte. Es kamen damals wirklich einige ausgebombte Familien auf den Hof, unglücklicherweise aus Dortmund. Karin, die sich in der Weite der Wiesen und Felder sehr wohl fühlte – kein Wunder, wo sie aus der engen Barackenbehausung kam – erzählte frei, daß sie auch in Dortmund gewohnt habe. So wurden wir darauf gestoßen, uns auch über andere Einzelheiten zu einigen, über den Beruf meines Mannes etwa, wenn man danach fragen sollte.

---

[90]  Für den folgenden Abschnitt: "Die erste Gefahr – wir hofften" steht in den Buchversionen (S. 21): "Ich begann, mich nützlich zu machen und half, wo es gerade notwendig war. Wer es wissen wollte, erfuhr, daß ich Frau Krone sei, daß wir ausgebombt seien und daß mein Mann Soldat sei. Das rechtfertigte meinen Aufenthalt auf dem Land. Wir hofften..."

Da Karin gelegentlich mit meinem Mann zur Zeche gegangen war, um Arbeitskleidung und dergleichen zu holen, wollten wir ihr nicht noch mehr Lügen aufgeben und beschlossen, meinem Mann den Beruf eines Ingenieurs bei der Zeche anzudichten. Frau Aschoff meinte, ich sähe nicht recht wie eine Arbeiterfrau aus, und ein Ingenieur wäre nicht so vielen bekannt.

Einige Monate später saß ich an der Nähmaschine. Frau Aschoff strickte im gleichen Raum. Da kam Karin herein: "Mutti, was ist mein Papi?" Ich fragte sie entsetzt, wer sie das gefragt habe. Da ich ihr immer wieder empfohlen hatte, sie solle mir sofort Bescheid geben, wenn jemand irgend etwas von uns wissen wolle, sagte unser fünfjähriges Mädelchen prompt: "Mutti, reg dich nicht auf, ich sage schon, wenn etwas ist. Mich hat nur das Nachbarmädel gefragt. Als ich ihr sagte, Papa sei Soldat, hat sie geantwortet, ein Papa müsse noch etwas anderes sein." Erleichtert merkten wir, daß sie nach dem Beruf meines Mannes gefragt hatte, und verabredungsgemäß sagten wir: "Sag, dein Papa ist Ingenieur!" Zwei Minuten später kam sie zurück und sagte: "Mutti, können wir nicht was anderes sagen, was Papa sein soll? Das Wort kann ich nicht behalten."

Ich erwähne das deshalb, weil darin eine unsagbare Tragik liegt. Schon ein Kind weiß und fühlt, ob etwas wahr ist oder ob etwas vertuscht werden muß.[91] Ist das überhaupt noch ein Kind? Und wie leid tat sie mir immer, die Kleine! Wohl spielte sie mit anderen Kindern, lachte und scherzte mit ihnen. Aber wenn sie mich an jedem Abend immer wieder bat, sogar innig flehte, mit ihr zu Bett zu gehen, wußte ich zutiefst, daß es mehr war, als wenn ein Kind nicht allein schlafen will.

Sie hat genau die ganze Angst gefühlt, sie wußte – wenn auch im Unterbewußtsein – durch das mit uns Erlebte, das Sterntragen, das Versteckthalten, daß sie mehr in Gefahr war als nur durch den Krieg und die Bomben. Und ging es mir anders? Wenn ich mein Mädel zu Bett legte, und wenn sie nachts neben mir schlief, ging es mir immer wieder durch den Sinn: Würde ich sie morgen noch bei mir haben?

Mein Mann ging gefestigter in die Illegalität, hatte er doch von

---

[91]  Der folgende Satz: "Ist das überhaupt noch ein Kind?" findet sich in den Buchversionen nicht mehr.

einigen Familien die Zusage, daß sie in äußerster Not ihn verstecken wollten.

Aber wie viele Schwierigkeiten sollte ihm gleich der Beginn bringen!

Von Dortmund aus fuhr er zu einer Landwirtsfamilie in Dolberg. Seit seinem letzten Besuch hatte sich dort allerdings viel ereignet. Die Brüder waren Soldat geworden, und nur die Schwestern waren noch auf dem Hof. Sie zeigten denn auch nicht den gleichen Mut wie ihre Brüder. Aber wer kann ihnen deswegen zürnen?

Gewiß war es sehr schwer für meinen Mann, die Unruhe, die Nervösität der Schwestern immer deutlicher zu spüren, bis sie ihm am 17. März eröffneten, sie hielten es einfach nicht mehr aus, er müsse gehen.

Wer kann das ermessen, was es heißt, weggeschickt zu werden, auf der Straße zu stehen, wenn man der Zeitung und dem Bericht der Leute nach gar nicht mehr "existiert"?

### Durchs Land gehetzt

Am 17. März – am Gertrudistag – rief mein Mann mich dann von Werne aus an. Wir hatten dort eine hilfsbereite Familie gefunden, die uns oft mit Nahrungsmitteln versorgt hatte und zu denen ich mit meiner Tochter auch hätte kommen können. Die jüngste Tochter der Familie Sickmann hieß Ulla. Mein Mann und ich hatten insgeheim verabredet, uns auf den Treffpunkt Ulla zu einigen, wenn Gefahr drohe. So hätte auch niemand wissen können, was gemeint war, selbst wenn ein Brief geöffnet worden wäre.

Nun sollte ich so bald meinen Mann wiedersehen[92]– leider, mußte man nach den Umständen sagen. Denn mit der Tatsache, daß mein Mann schon nach knapp drei Wochen seinen Unterschlupf verlassen mußte, hatten wir nicht gerechnet.

Was sollten wir tun?

Herr Sickmann aber zeigte keine Angst. Ohne Zögern wollte er helfen, wo er nur konnte. Eine Nacht blieb mein Mann dort. Aber es hätte sich in ihrem Haus, das direkt an der Hauptstraße liegt, keine Bleibe finden lassen, die nicht vom Personal oder von Fremden eingesehen worden wäre.

---

[92] Der folgende Satz: "Leider mußte man nach den Umständen sagen" findet sich in den Buchausgaben nicht.

Am nächsten Morgen fuhr Herr Sickmann meinen Mann im Kutschwagen zur Familie Pentrop in Nordkirchen, die als erste meinem Mann Asyl angeboten hatte. Aber es schien sich alles gegen ihn verschworen zu haben. Gerade er, der nur um uns beide fürchtete und an die Sicherheit seiner Unterkünfte so fest glaubte, sollte auf lauter Schwierigkeiten stoßen!

Frau Pentrop, die ihr siebtes Kind erwartete, mußte unvorhergesehenerweise einige Monate im Krankenhaus zubringen. Das war das erste, was mein Mann erfuhr. Es war niederschmetternd für ihn. Aber Herr Pentrop sagte ohne Zögern: "Du bleibst erst mal hier, dann müssen wir sehen, was wir weiter machen!"

Mein Mann erhielt das Zimmer des Bruders, der Soldat war. Es lag auf dem gleichen Flur, auf dem die Zimmer für die Familie waren. Das Personal – es gab damals Fremdarbeiter, Pflichtjahrjungen und polnische Mädchen – hatte seine Zimmer an einem anderen Flur.

Dies schien alles prächtig dazu eingerichtet, daß mein Mann von niemand gesehen werden konnte. Da aber die Frau des Hauses krank war, hatte Herr Pentrop die Tochter eines ihm bekannten Landwirts gebeten, ihn und die damals noch kleinen Kinder so lange zu betreuen. Sie wohnte auf dem gleichen Flur wie die Familie.

Herr Pentrop brachte meinen Mann abends, wenn alle zu Bett waren, etwas heiße Milch und Essen, das er gerade in der Küche vorfand. Mein Mann schlich sich dann in der Nacht die Treppe hinab, um seine Notdurft zu verrichten.

Maria Südfeld, so hieß die Vertretung der Hausfrau, hörte das Knarren der Treppen. Sie sagte am Morgen zu Herrn Pentrop, sie bleibe nicht länger im Haus, sie fürchte sich, es spuke dort nachts![93]

Als Herr Pentrop dies meinem Mann berichtete und als dieser feststellte, daß es sich um die Tochter eines auch ihm bekannten Landwirtes handele, beschlossen beide, Fräulein Südfeld einzuweihen. Welcher andere Ausweg wäre ihnen auch geblieben, sie hatten keine Wahl...

---

[93] Anläßlich eines im Spätsommer 1998 geführten Gespräches mit Frau Meerkamp, wie Maria Südfeld seit ihrer Heirat heißt, sagte diese zu dem Vorfall: "Angst hatte ich nicht. Wenn ich zu Bett lag und das Türschloß ging, da hatte ich das Gefühl, es müßte ein Spöökenkieker (Gespenst) sein."

Von da an schien sich die Waagschale wieder zugunsten meines Mannes zu neigen. Dieses Mädchen hatte so viel Glauben an das Gute, daß es sofort versprach zu schweigen, meinen Mann zu versorgen und mit aufzupassen, daß niemand von seinem Aufenthalt erfuhr.

### Das Wiedersehen

Zunächst ging alles gut. Mein Mann blieb auf seinem Zimmer, allein mit sich und seinen Gedanken. Er war aber gefestigt in seinem Glauben, daß ihm dieser Weg vorgeschrieben sei. Das hilft über vieles hinweg. Mein Mann schrieb mir einen Brief, daß es ihm gut gehe, daß Herr Pentrop immer abends zu ihm käme und daß Fräulein Südfeld ihn versorge.

Ich erhielt sogar die Erlaubnis, meinen Mann zu besuchen. Man kann diese Güte nie vergelten. Ich kam zu diesen wackeren Menschen, die mich doch gar nicht kannten, aß mit ihnen und wurde aufgenommen, als ob ich zu ihnen gehörte.

Heimlich, ohne daß auch nur jemand etwas ahnen durfte, ging ich dann hinauf zu meinem Mann. Wir konnte uns wieder einmal sehen und sprechen – es bedeutete so viel für uns! Auch unser Kind hat mein Mann dort gesehen: Die älteste Tochter von Aschoffs erklärte sich bereit, Karin auf dem Rad zu Pentrops zu fahren und dort im Garten mit ihr zu spazieren, so daß mein Mann sie durch das Fenster sehen konnte. Welch glückliches Gefühl kann es für einen armen, verfolgten Menschen sein, wenn er sein Kind nur einmal wiedersehen kann!

Damals fragte mich Karin immer wieder, wann denn ihr Vater als Soldat einmal Urlaub bekäme, wie andere Väter auch. Um ihrem Wunsch zu entsprechen und auch, um meinem Mann Gelegenheit zu geben, mit seinem Kind zu sprechen, beschlossen wir, ihr einen solchen Urlaub "vorzuspielen".

Wir erzählten ihr, der Vater käme für ein paar Stunden von seiner Truppe fort, und weil er wisse, daß wir nicht mehr in Dortmund seien, käme er zu Pentrops. Natürlich war alles reichlich unglaubhaft – aber was kann man einem kleinen Mädchen von fünf Jahren nicht alles vormachen!

Es war ein trüber Tag im November 1943. Karin und ich weilten damals einige Wochen bei Pentrops. Karin ahnte nichts von dem Versteck, in dem ich meinen Mann heimlich besuchte. Wir wählten eine Zeit am frühen Abend, als die anderen Kinder schon zu Bett lagen und das Personal auf den Zimmern war. Karin durfte als einzige aufbleiben, da ja ihr Vater "auf Urlaub käme". Sie konnte es kaum erwarten und hatte die Vorstellung, nach ihren Fragen zu urteilen, die sie in diesen Monaten immer wieder gestellt hatte, ihren Vater selbstredend in Uniform zu sehen.

## In Feuerwehr-Uniform

Aber woher die Uniform nehmen? Mein Mann lieh sich von Herrn Pentrop eine Feuerwehrjacke und -mütze. Das Ganze sah irgendwie nach Uniform aus. Diese "Verkleidung" war uns allen bekannt. Was aber tat mein Mann? Als Freiwilliger des ersten Weltkrieges wußte er, daß zu einer Uniform auch meistens ein Orden gehört. Als er aus Dortmund weg mußte, hatte er – vielleicht, daß es ihm noch einmal Glück bringen möchte – sein Eisernes Kreuz mitgenommen. Er trug es immer bei sich. Nun, wo er als "Soldat" zu seiner Tochter kommen sollte und keine Nadel fand, sich das Kreuz anzustecken, band er es sich kurz entschlossen mit einem Band um den Hals.

So trat er zu Karins größter Freude ins Zimmer und begrüßte auch uns formell. Als er dann sein Töchterchen zu sich auf den Schoß hob, himmelte Karin ihn an und rief, das Eiserne Kreuz in der Hand, ganz erfreut aus: "Papi, du hast ja das Ritterkreuz!"

Es entstand eine heikle Situation. Frau Pentrop verließ rasch das Zimmer, weil sie sich des Lachens nicht erwehren konnte.

Und doch war es eine makabre Szene: Ein Mann, der Schulter an Schulter mit seinen Kameraden kämpfte und eine "Auszeichnung für Verdienste vor dem Feind" erhielt, mußte sich verborgen halten, verstecken vor den gleichen Kameraden, mit denen er für die gleiche Sache gestritten hatte: für Deutschland.

Als ich von meinem Mann fortging, war sein Glaube auf mich übergegangen. Mein Mut war gestärkt – und wir hatten ihn bitter nötig!

Bald schon kam ein neuer Schreckenstag: Der 22. November 1943.

Im Haus der Familie Pentrop wurde eine Heizungsanlage eingebaut. Dazu mußten in den einzelnen Räumen Rohre verlegt werden, und mein Mann war gezwungen, sich jeweils in einem

Raum aufzuhalten, der von den Handwerkern nicht betreten wurde. Daß er auch manchmal auf dem Dachboden bleiben mußte, machte ihm nicht das geringste aus, fühlte er sich doch immer noch in Sicherheit.

Sicherheit... ?

## Der Willkür ausgeliefert

Der auf dem Hof beschäftigte Pflichtjahrsjunge hatte das allabendliche Klopfzeichen bemerkt, das Herr Pentrop meinem Mann bei seinem Kommen gab, und – wie wir später erfuhren – zu der polnischen Arbeiterin gesagt, sie solle mit aufpassen. Der Bauer ginge öfters auf ein Zimmer, das auf dem anderen Flur läge. Dort müsse sich etwas Geheimnisvolles abspielen, eine Person versteckt sein oder etwas Ähnliches. Wegen der Arbeiten im Haus, bei denen er den Handwerkern zur Hand ging, fand der Junge das verschlossene Zimmer vor. Seine Neugierde ließ ihm keine Ruhe – kurz entschlossen gab er das gleiche Zeichen, das er wiederholt gehört hatte. Mein Mann öffnete ahnungslos die Tür.

Vor ihm stand ein Fremder!

Welcher Schrecken, der mit einemmal seine ganzen Pläne durchkreuzte! Ein Uneingeweihter, in dessen Hand das Schicksal meines Mannes und der ganzen Familie Pentrop lag!

Mein Mann berichtete sogleich Herrn Pentrop von dem Vorfall. Er wußte, daß er dort nicht bleiben konnte. Er mußte fort. Aber wohin?

Eine Familie in Ascheberg hatte ihm versprochen, daß er sich dort einige Zeit verbergen könne. Er mußte es versuchen, ob sie zu ihrem Wort stand.

An diesem 22. November, einem trüben Herbsttag, traurigwehmütig wie die Tage oft nach Allerheiligen sind, warteten Herr Pentrop und mein Mann das Eintreten der Dunkelheit ab, bestiegen heimlich den Kutschwagen und fuhren in Richtung Ascheberg. Sie sprachen nicht viel. Schwer lastete die Sorge auf ihnen, die Sorge darüber, was entstehen konnte, wenn der Junge seine Entdeckung preisgab.

Herr Pentrop mußte gegebenenfalls ableugnen, damit etwas zu tun zu haben. Aber wie schwierig gestaltete sich die Situation für den Flüchtenden! Seines Versteckes war er beraubt. Nun stand er wieder auf der Straße, der Willkür ausgeliefert. Wenn ihm nicht ein gütiges Herz eine neue Tür öffnete – was dann?


### Wie Freiwild gejagt

Die beiden im Kutschwagen beschlossen, zuerst mich von dem Vorgefallenen zu unterrichten. So kam denn an dem gleichen Abend der Wagen mit geschlossenen Vorhängen über das holprige Hofpflaster gefahren. Welch ungeahntes Wiedersehen war das für uns!

Auf dem Aschoffschen Hof, auf dem ich mit unserem Kind weilte, konnte mein Mann auch nicht eine Nacht bleiben. Es hielten sich dort so viele Evakuierte auf, daß er sofort bemerkt werden konnte.

Wie war mir zumute, als ich zu den beiden in den Kutschwagen stieg! Das Herz krampfte sich mir vor Angst zusammen, Angst vor dem, was jetzt werden würde. Wir hatten keinerlei Unrecht getan, mußten uns verbergen, weil wir wie Freiwild gejagt wurden. Verbergen – vor Menschen.

Menschen? Vor solchen, die uns wegen unseres Glaubens haßten, verfolgten und töteten! Was konnten wir, was unser kleines, unschuldiges Mädelchen dafür, daß wir als Juden geboren waren? Waren wir nicht alle Geschöpfe Gottes?

Die Gedanken überstürzten sich während der traurigen Fahrt, die uns zu dem Ascheberger Bauernhof brachte.

Mein Mann sagte dort nicht, weshalb er aus seiner Unterkunft fort mußte. Die Menschen wären dann noch ängstlicher gewesen, ihm Unterschlupf zu gewähren. Wie glücklich waren wir dann doch, als sie meinem Mann ein Zimmer zuwiesen und versprachen, ihn vorerst bei sich zu behalten.

Etwas zuversichtlicher, als ich gekommen war, verließ ich den Hof. Ich hatte noch einige Kilometer zurückzugehen. Draußen regnete es ganz fein. Ich lief allein in die Nacht hinaus, allein mit meinen Gedanken, die immer wieder um das eine kreisten: Würde Gott uns beistehen, würden wir durchkommen?

Völlig durchnäßt kam ich wieder in meinem Asyl an – ich hatte den Regen kaum gespürt. Wie wohl taten mir die mitfühlenden Blicke meiner Freunde dort!

Die Nacht kam, der Schlaf[94], und so glätteten sich auch meine Gedanken wieder. Vorerst war wieder eine Gefahr gebannt. Wir konnte nur hoffen und beten!

## Das ist ja Frau Spiegel!

So kam die vorweihnachtliche Zeit – und wieder sollte mich ein neuer Schrecken treffen. Ich half der Hausfrau bei ihren Vorbereitungen für das Weihnachtsfest. Da kam Besuch herein. Ich dachte an nichts Schlimmes, da ich doch jeden Tag neue Gesichter zu sehen bekam. Als der Besuch gegangen war, berichtete mir Frau Aschoff, die Frau habe gesagt: "Das ist ja Frau Spiegel, was macht die denn hier?" Auf die Antwort von Frau Aschoff, daß das nicht Frau Spiegel, sondern Frau Krone aus Dortmund sei, habe sie ein wenig gelächelt und nichts mehr gesagt.

Was jetzt?

Ich war völlig durcheinander.

Wir berieten uns, und ich glaubte schon, daß es jetzt nicht mehr weiterginge.[95] Jeden Augenblick mußte ich fürchten, diese Unbekannte könne es bekanntmachen, daß ich mich mit meinem Töchterchen illegal auf dem Aschoffschen Hof aufhielt. So konnte ich nicht einmal der Gefahr ins Auge sehen; sie umgab mich unsichtbar und konnte mich treffen, wann immer der Zufall wollte.

Da diese Frau, die mich erkannte hatte, eine Gastwirtschaft besaß, bat ich Herrn Aschoff, noch am gleichen Abend dort einzukehren und zu versuchen, ob er etwas erfahren könne. Ich konnte seine Rückkehr kaum erwarten. Aber erst am folgenden Tag fand sich eine Gelegenheit, ihn über das Ergebnis seiner Aussprache mit der Wirtin zu befragen. Zunächst war ich ganz bestürzt, denn Herr Aschoff sagte, die Wirtsfrau habe nichts von der Begegnung

---

[94]    Statt: "und so – Ich half" steht in den Buchversionen (S. 30): "der mich vorübergehend von meinen Sorgen befreite. In der vorweihnachtlichen Zeit drohte unvermittelt neues Unheil. Ich half ... "

[95]    Statt: "Jeden Augenblick – Ich konnte" steht in den Buchversionen: (S. 31): "Wer würde nun erfahren, daß ich mich mit meinem Töchterchen auf dem Aschoffschen Hof aufhielt? Unsichtbar umgab mich Gefahr. Sie konnte mich treffen, wann immer es der Zufall es wollte. Ich erfuhr, daß die Frau, die mich erkannt hatte, eine Gastwirtschaft besaß. Deshalb bat ich Herrn Aschoff, noch am gleichen Abend dort einzukehren, um etwas Näheres herauszubekommen. Er sagte zu. Ich konnte ... "

erwähnt, und so hatte auch er es für richtig gehalten, ebenfalls nicht davon anzufangen.[96]

Heute weiß ich – von ihr selbst –, daß sie absichtlich schwieg. Sie wollte nicht unseren Rettern neue Sorgen bereiten. Sie wollte niemand verraten – sie hat geschwiegen.

Erst allmählich lernte ich wieder, freier zu atmen und nicht in jedem Menschen einen Feind zu sehen, der den Hof betrat.[97] Ich ahnte damals, daß die Frau, die mich erkannt hatte, ihr Wissen für sich behalten wollte, weil sie ihr Gewissen mit keinem Verrat belasten wollte.

### Ein Nazi-Weib

Aus dieser Zeit habe ich eine Erinnerung, über die ich heute lächeln muß. Es waren einige Flüchtlingsfamilien mit uns auf dem Hof, und durch das längere Zusammensein kannte ich auch deren Einstellung zu dem Regime Hitlers ziemlich genau. Ich unterhielt mich jedoch absichtlich nicht mit ihnen über Politik – meine wahre Meinung hätte ich doch nicht sagen können. Ich wußte wohl, daß der Bauer frühmorgens gelegentlich BBC London hörte, und das tat auch eine dieser evakuierten Frauen. Sie machte mir gegenüber eine Bemerkung, daß sie – wie man damals so sagte – "schon die Nase voll habe".

Ich gab ihr eine ausweichende Antwort, denn ich konnte mich nicht der Gefahr aussetzen, in meiner Situation durch eine solche Bemerkung aufzufallen. So konnte die groteske Situation entstehen, daß sie, wie Frau Aschoff mir lachend erzählte, ärgerlich zu verstehen gab: "Frau Krone scheint noch nicht viel mitgemacht zu haben (sie dachte an die Bombenangriffe), die ist noch ein richtiges Naziweib!"

Das sagte eine "Arierin" über mich, die verfolgte Jüdin!

---

[96]  Wörtlich antwortete Bauer Aschoff : "Se heft nix segt, hev ick auk nix segt." Mit dieser Zurückhaltung verhielt sich Heinrich Aschoff , wie Marga Spiegel später einsah, ohne Zweifel klug, auch wenn die Verfolgte damals lieber von der Wirtsfrau die ausdrückliche Versicherung gehört hätte, nichts zu sagen.

[97]  Der nächste Satz: "Ich ahnte – belasten wollte" fehlt in den Buchausgaben (S. 31).

## Kein Platz in der Herberge

Ein paar Wochen vergingen ohne besondere Vorkommnisse. Ich hatte mit meinem Mann verabredet, daß ich ihn am Tag vor dem Weihnachtsfest besuchen wollte.

Dort erwartete mich eine neue Enttäuschung. Mein Mann, den ich vorerst gut aufgehoben glaubte, berichtete mir, daß er sehr schwere Tage hinter sich habe. Der Hausherr habe ihn noch keinmal aufgesucht, und die Frau sage ihm täglich, daß er nicht bleiben könne. Der Bauer könne nachts nicht schlafen, sei unruhig am Tag und könne vor lauter Angst seiner Arbeit nicht nachgehen. Sie befürchtete, wenn aus irgendeinem nichtigen Grund ein Wachtmeister auf den Hof käme, werde der Bauer die Nerven verlieren und unaufgefordert alles berichten.

Welch entsetzliche Mitteilung! Mein Mann hatte so auf das Wort dieser Menschen gebaut! Aber wer kann es ihnen verargen, daß sie ihr Wort nicht halten konnten – in einer Zeit, wo einer den anderen bespitzelte und keiner seinem Nachbarn trauen durfte.[98]

Wir können darüber nicht richten.

Damals wußten wir nur eins: Mein Mann hatte keine Bleibe mehr, keinen Menschen, der ihm einen Winkel in seinem Haus anbieten würde! Bei einem war er entdeckt worden, der andere mußte das Entdecktwerden fürchten. Was sollte werden? Sollte er aufgeben, war unser Plan zum Mißlingen verurteilt? Gab es wirklich keinen Ausweg?

## Bei Nacht und Nebel

Als ich ging, meinen Mann zu besuchen, hatte ich nicht an neue Sorgen gedacht. Und doch war ihm das schier Unmögliche aufgezwungen, sich aus dem Versteck heraus einen neuen Platz zu suchen, der ihm Obdach gewährte, heimlich, unerkannt, ohne sich frei bewegen zu können.[99]

---

[98] Desgleichen ist der Satz dort (S. 32) ausgespart: "Wir können darüber nicht richten."

[99] "Als ich ging – vereinbart" wird in den Buchversionen (S. 32 f) ersetzt durch: "Schier unmöglich schien es, sich aus dem Versteck heraus einen neuen Platz zu suchen, ein Obdach, das heimlich aufgesucht werden konnte und das auf längere Zeit Schutz bot. Mein Mann grübelte nächtelang. Dann machte er sich auf den Weg, bei Nacht und Nebel eine neue Zufluchtsstätte zu suchen. Er führte ihn zu dem in der Nähe liegenden Hof von Heinrich Silkenbömer in Nordkirchen. Welch unbeschreiblicher Mut und welch tiefe Gläubigkeit muß die Menschen dort be-

*Abbildung 16: Johanna Sickmann, Bernhard Sickmann und Heinrich Silkenbömer (v. l.)*

Mein Mann hatte unablässig überlegt, was ihm noch zu tun übrig blieb. Er grübelte während der Nächte, die ohne Schlaf blieben, er gedachte aller Menschen, die ihm wohlgesinnt waren. Und gewiß gab ihm Gott die Eingebung, sich auf den Weg zu machen, abends bei Nacht und Nebel, um eine neue Zufluchtstätte zu finden.

Nicht allzuweit entfernt liegt der Hof von Heinrich Silkenbömer in Nordkirchen.

Welch gewaltiger Mut und welch tiefe Gläubigkeit muß die Menschen dort beseelt haben, daß sie meinem Mann, der wie ein Aussätziger zu ihnen kam und nicht wußte, wohin er sich verkriechen konnte, sofort einzutreten baten! Er schilderte ihnen seine furchtbare Lage. Da gab es für sie nur eine Antwort: "Wir lassen dich nicht untergehen!" Welche Tat – wer kann sie heute noch wirklich ermessen!?

Mein Mann kann nicht oft genug davon berichten, wie ihm zumute war, wie ihm ein Stein vom Herzen fiel und er wieder beginnen durfte zu hoffen.

Die näheren Einzelheiten wurden besprochen, und es wurde vereinbart, daß mein Mann am Tag nach Weihnachten – wenn ich bei ihm sein würde – zu ihnen kommen solle. Ich wüßte dann auch über sein Verbleiben Bescheid.

---

seelt haben, daß sie meinen Mann, der wie ein Aussätziger zu ihnen kam, sofort einließen. Er schilderte ihnen seine Lage. Ihre Antwort: "Wir lassen dich nicht untergehen!" Welche Tat! Mein Mann spricht immer wieder davon, wie ihm damals zumute war, als er wieder hoffen durfte. Es wurde vereinbart... "

Wir waren über das Weihnachtsfest zusammen, das für uns kein Fest war, kein Fest des Friedens. An uns fraß die Angst vor dem, was noch kommen sollte.

Würde es uns jemals wieder vergönnt sein, uns frei zu bewegen, würde wenigstens einer von uns den Krieg überleben – vielleicht unser Kind? Daß der Krieg verloren sein mußte für Deutschland, erschien uns in jenen Tagen schon klar, auch denen, die uns zu retten versuchten.[100]

So waren unsere Gedanken an diesem Weihnachtsfest 1943. Und trotzdem weckten sie neue Zuversicht in uns, neue Hoffnung trotz so vieler Schicksalsschläge.

## Zum vierten Versteck

Es war ein schöner, sternklarer Winterabend, der Schnee knirschte unter unseren Füßen, als wir uns querfeldein auf den Weg machten. Dem Bauern hatte mein Mann vorher erzählt, er ginge in eine andere Gegend. Er log, um seine Spur zu verwischen.

Wieder begann ein neuer Abschnitt. Erst zehn Monate waren vergangen, und dieses war schon die vierte Stelle, an der sich mein Mann verstecken mußte.

Wie lange würde es noch dauern – wo lauerte die nächste Gefahr?

Diesmal schien das Geschick meines Mannes unter einem günstigen Stern zu stehen, er hatte ihn zu treuen Menschen geführt. Herr Silkenbömer, ein aufrechter Mann,[101] war unerschrocken bereit, einem Menschen zu helfen, das ihm auferzwungene Schicksal zu tragen.

Behutsam wurde alles überlegt, soweit es nicht schon vorbereitet war. Mein Mann erhielt das Zimmer des Sohnes, der Soldat war. Das Zimmer konnte nur von der Küche aus betreten werden,

---

[100] Der folgende Satz: "So waren – Schicksalsschläge" fehlt in den Buchversionen (S. 33). Dafür findet sich dort: "Gott mußte ein Einsehen haben, er durfte doch nicht den Leuten beistehen, die wehrlose Frauen, Kinder und Greise ermordeten! Aber sollten gerade wir dazu ausersehen sein zu überleben?"

[101] Statt "Mann – Mein Mann" haben die Buchversionen (S. 34): "wollte helfen, wo es nur ging. Mein Mann". Der Nachruf auf Heinrich Silkenbömer in der Werner Zeitung vom 6. 2. 1968 endete mit der Feststellung: Alle weltlichen Ehrungen lehnte er mehr oder weniger ab. "Ich habe nur getan, was mir mein Gewissen und meine Religion vorschrieben", das waren seine Begründungen.

und kein Fremder hatte dort Zutritt. Eine halbe Treppe höher befanden sich noch ein weiteres Zimmer und ein Vorratsraum. So konnte mein Mann, wenn keiner im Hause war, ein paar Schritte gehen, um nicht ganz das Laufen zu verlernen. Eine Art Verschlag schien eigens für ihn gemacht zu sein, wo er seine Notdurft verrichten konnte. Am Fenster wurde ein langer Strick befestigt, der im Falle der Gefahr heruntergelassen werden konnte. Mein Mann dachte sogar daran, einen Knoten zu machen, der sich abstreifen ließ, damit er – wenn er flüchten mußte – nicht durch das Seil verraten würde.

Es hieß doch alles bis ins kleinste gut durchdenken, damit keinerlei Verdacht aufkommen konnte. Was der Bauer und seine Frau am meisten fürchteten, war die Tatsache, daß mein Mann auch dort bleiben mußte, wenn es sehr kalt wurde. Es war ein Anbau, der nach Nordosten lag, keinerlei Heizmöglichkeiten besaß und so kalt war, daß das Wasser in den Waschschüsseln auch tagsüber nicht auftaute. Wie hätte man aber heizen können, wo doch für die Nachbarn und Angestellten Rauch oder getaute Fensterscheiben schon genug Verdacht geboten hätten? Daß kein Licht gemacht wurde, war selbstverständlich.

Aber wie treu wurde mein Mann von der Bäuerin versorgt, die auch nicht eine Mahlzeit ausließ, ihm davon auf sein Zimmer zu bringen – als wenn es der eigene Sohn wäre. Und doch waren alle drei Söhne im Feld. Abends, wenn alle schliefen, konnte mein Mann hin und wieder zu den Betreuern ins Zimmer gehen, sich aufwärmen und sich aussprechen.[102]

Und wieviel bedeutete gerade in dieser Zeit ein gütiges Wort von wohlwollenden Menschen!

So vergingen die Monate. Geduldig sorgten Herr und Frau Silkenbömer für ihren Schützling. Auch die Söhne, die einige Male in Urlaub waren, besuchten meinen Mann in seinem Versteck und berichteten ihm über das Geschehen draußen und die Meinung der Menschen über den Krieg. Sie alle waren sehr gut zu ihm, und es war für sie eine Selbstverständlichkeit, niemandem ein Wort über den Versteckten zu verraten.

---

[102] Statt "Aber wie treu – Abends" haben die Buchausgaben (S. 34): "Abgesehen von diesen unvermeidlichen Schwierigkeiten fehlte es meinem Mann an nichts. Treu versorgte ihn die Bäuerin. Sie brachte ihm die Mahlzeiten aufs Zimmer, als hielte sich dort der eigene Sohn versteckt. Und doch waren alle drei Söhne im Feld. Abends".

Es fällt schwer, zu verstehen, wie manchmal die Fäden des Schicksals verknüpft sind. Gerade diesen wunderbaren Menschen wurden zwei Söhne durch den Krieg genommen. Sie wissen nicht einmal, wo diese ihre Söhne verblieben sind. Warum mußte es gerade sie treffen? Niemand weiß darauf eine Antwort.[103]

### In der Nacht beim Kind

Mein Mann war über ein Jahr bei Silkenbömer, und obwohl das für alle eine Last sein mußte, wurde auch ich eingeladen, mit dem Kind für einige Wochen zu kommen.[104] Wie sehr freuten wir uns darüber, daß mein Mann unser Töchterchen einmal wiedersehen konnte! Das sind glückliche Erinnerungen aus diesen schweren Zeiten.

Mein Mann wünschte sich sehnlich, dem Kind wieder einmal nahe zu sein. Das konnte er am ehesten, wenn es schlief. Mein Gastzimmer lag nahe seiner Unterkunft. An einem Abend, als das Kind eingeschlafen war, schlich ich mich leise fort, und mein Mann legte sich an meiner Statt zu ihm. Ich war schon wieder eingeschlafen, als mein Mann mich weckte: "Geh schnell zum Kind, es ist munter und hat zu mir gesagt: "Mutti, ich kann gar nicht schlafen. Warum schnarchst du so?".

Mein Mann war sehr glücklich, das Kind manchmal im Garten sehen und hören zu können. In dieser Zeit spielte sich eine Geschichte ab, die mich sehr wehmütig stimmte.

### Das Gespenst in Schwarz

Es war ein strenger Winter 1943/44, an den noch viele mit Schrecken zurückdenken. Mein Mann hatte mehrere Paar Strümpfe übereinandergezogen, dicke Wollsachen, einen warmen Mantel und Hausschuhe an, damit er die eisige Kälte auf dem Zimmer ertragen konnte. Um sich etwas aufzuwärmen, war er leise auf und ab gegangen, auch auf das Zimmer, das Karin bewohnte. Zufällig wollte sie sich etwas zum Spielen holen. Mein Mann hatte

---

[103]   Für den Abschnitt: "Es fällt schwer – sind" haben die Buchversionen (S. 35): "Welche Tragik, daß zwei dieser wunderbaren Menschen im Krieg blieben. Die Eltern wissen nicht einmal, wo ihre beiden Söhne begraben sind."
[104]   Der folgende Abschnitt: "Wie sehr – es schlief" (S. 35) ist umgeändert in "Unbeschreiblich die Freude, als mein Mann unser Töchterchen wiedersehen konnte. Aber so einfach war das nicht. Am ehesten ging es, wenn das Kind schlief".

es zu spät bemerkt und lief schnell in sein Zimmer zurück. Unser Töchterchen aber kam ganz aufgeregt zu mir, fiel mir weinend um den Hals und schluchzte immer wieder: "Ich gehe nie wieder dort hinauf, ich schlafe auch nicht mehr oben! Ich habe ein richtiges Gespenst gesehen, das hatte einen langen schwarzen Mantel an und grüne Schuhe!"[105] Das mit dem Mantel und den Schuhen stimmte. Über das "Gespenst" mußten wir lächeln. Aber stimmt es nicht traurig, daß ein Kind Angst hatte vor dem eigenen Vater – und wir konnten es ihm nicht einmal sagen! Ich mußte in der Folgezeit immer mit ihr zusammen zu Bett gehen.

Mit der Zeit vergaß sie ihren Schrecken.

### Polizei im Haus

Ganz besonderen Mut bewies Herr Silkenbömer bei einem Zwischenfall: Mein Mann befand sich gerade im Wohnzimmer der Familie. Es klopfte an der Haustür, und herein kam der Wachtmeister. Als mein Mann hörte, wie dieser zum Hausherrn sagte, er habe ihm eine sehr unangenehme Mitteilung zu machen, blieb ihm fast das Herz stehen.

Herr Silkenbömer aber zwang sich zur Ruhe und fragte, was es denn gäbe. Der diensttuende Beamte eröffnete ihm, daß er leider die Mühle schließen müsse (bis dahin durfte für den eigenen Gebrauch Getreide gemahlen werden). Herrn Silkenbömer wird sicher ein Stein vom Herzen gefallen sein. Er ließ sich auch jetzt nicht das geringste anmerken und erwiderte seelenruhig, freilich im münsterländischen Platt: "Na, wenn's weiter nichts ist!"[106] Gottlob erwies sich diesmal die Sorge der drei Hausbewohner als unbegründet.

### Durchwachte Nächte

Der Standhaftigkeit und dem immer wiederholten Zureden der Familie Silkenbömer verdankte mein Mann den Mut, der ihn nur selten während der siebenundzwanzig Monate seines Untertauchens verließ.[107] Sie munterten ihn immer von neuem auf, daß es

---

[105] Der ganze folgende Abschnitt: "Das mit dem Mantel – Schrecken" ist in den Buchausgaben (S. 35) ausgespart.
[106] Desgleichen fehlt dort (S. 37) der folgende Satz: "Gottlob erwies sich diesmal die Sorge der Hausbewohner als unbegründet."
[107] Ebenso der Satz (S. 37): "Sie munterten – Aushalten".

nicht mehr so lange dauern könne, und das gab ihm die Kraft zum Aushalten.

Aber wie viele durchwachte Nächte gab es trotzdem für ihn in dieser schweren Zeit! Wie oft gingen seine Gedanken zu mir und unserem Kind, wußte er doch auch oft nicht, ob wir noch unbehelligt waren. Und wo mochten seine Verwandten sein: seine beiden Schwestern und sein Bruder, wo ihre Männer, Frauen, wo die Nichten und Neffen? Wo waren alle anderen Verwandten, Bekannten und Freunde, auseinandergerissen, weggeschickt mit brutaler Gewalt?

Würde es wenigstens einem von seinen Lieben gelingen, den unmenschlichen Verbrechen zum Trotz am Leben zu bleiben, von denen aus dem Osten kommende Soldaten immer neue Schrecklichkeiten berichteten?

Von welch grausamen Gedanken kann ein Mensch verfolgt werden, Tag und Nacht, wenn er immerfort allein ist und zu grübeln beginnt über das furchtbare Schicksal, das dem ganzen jüdischen Volk zugedacht war![108]

Aber die Zeit verrinnt.

Mein Töchterchen und ich verbrachten die Monate in unserem Stammquartier bei Familie Aschoff. Die Tage nahmen ihren gewohnten Verlauf, denn obwohl ich jeden Tag von neuem mit Sorge entgegensah, traten doch die schlimmsten Ereignisse vor den alltäglichen Mühen zurück. Immer mehr nahm ich am Geschehen des Hofes teil und fühlte mich immer mehr heimisch. Ich machte mich nützlich, so gut ich konnte, und wurde mit meinem Kind als "Evakuierte" gut gelitten.

### Karin in der Klinik

Aber das nächste unvorhergesehene Ereignis lauerte schon auf uns, und die gerade aufkommende Sorglosigkeit war im Nu wieder verflogen. Karin bekam am ganzen Körper Ausschlag. Wir versuchten mit allen Mitteln, die Krankheit einzudämmen, ohne Erfolg. So sah ich mich genötigt, einen Arzt aufzusuchen.

Die Hautklinik aus Münster war damals wegen der Bombardierungen nach Ascheberg verlegt worden, und der Arzt, den ich

---

[108]  Der Abschnitt: "Von welch grausamen – verrinnt" wird in den Buchausgaben (S. 37): "Welche Pein erlebt ein Mensch, der Tag und Nacht allein ist und der zu grübeln beginnt über das furchtbare Schicksal, das den Juden zugedacht war."

dort konsultierte, bestand darauf, das Kind müsse unbedingt einige Zeit in der Kinderabteilung bleiben. Was nun? Es kamen Sorgen auf, die nur ein Mensch haben kann, den es auf dem Papier nicht gibt, der keinen Ausweis hat, keine Lebensberechtigung.

Sorgenvoll nahm ich das Kind erst einmal wieder mit zurück. Als sich aber der Ausschlag über den ganzen Körper ausbreitete, entschloß ich mich, Karin doch noch in die Klinik zu bringen.

Ich hatte keine andere Wahl.

Bei der Aufnahme gab ich den Namen Karin Krone an, und als die Frage nach dem Vater kam, sagte ich, er sei Soldat. "Regiment und Feldpostnummer?" Ich dachte, das Herz müßte mir zum Hals hinausspringen! So ruhig es eben ging, antwortete ich, daß ich die jetzige Anschrift nicht kenne, da ich lange nichts von ihm gehört hätte.

Ich weiß es nicht und habe es nie erfahren – glaubte aber, bei der älteren, vielleicht selber leidgeprüften Aufnahmeschwester einen wissenden, mitleidigen Blick zu spüren, der mir verriet, daß sie gar nicht weiter fragen wolle. Wenn dem so war, sei ihr heute noch Dank![109]

Mein Kind wurde gepflegt, es wurde wieder gesund und kam zum Aschoffschen Hof zurück. Wieder hatte uns Gott geholfen, eine Gefahr zu überstehen.


## Nach Werne "verreist"

Wir berieten, daß es vielleicht besser sei wegen der vielen Fremden, die mich immer auf dem Hof sahen, ab und zu nach einigen Monaten zu verreisen. So würde es nicht auffallen, daß wir ohne Unterbrechung dort wären, und sicher wäre es weniger auffällig.[110]

Es war gewiß ein guter Gedanke, den Frau Aschoff aussprach. Ich wandte mich an Familie Sickmann aus Werne, die von unse-

---

[109]   Statt den folgenden beiden Sätzen: "Mein Kind – zu überstehen" hat die Buchversion (S. 38): "Mein Kind wurde wieder gesund und kam zum Aschoffschen Hof zurück."

[110]   Für "Wir berieten – Familie" steht in den Buchversionen (S. 39) "Wir überlegten, ob es wegen der vielen Fremden, die mich immer wieder auf dem Hof sahen, nicht vielleicht besser wäre, ab und zu zu verreisen. Ein ununterbrochener Aufenthalt hätte uns möglicherweise gefährdet. Im Einvernehmen mit Frau Aschoff wandte ich mich an Familie ... "

*Abbildung 17: Pater Venantius*

rem Versteck wußte, und bei der ich meinen Mann damals getroffen hatte, als er von seiner ersten Bleibe fort mußte.

Es sind gute, gläubige Menschen, und wir können ihnen ihre Hilfe nie vergelten. Ohne Zögern willigten sie ein, daß Karin und ich zu ihnen kommen könnten, wann und wie lange wir immer wollten. Wer kann ermessen, was das damals hieß! Diese Menschen begaben sich in die größte Gefahr, nicht nur für sich, sondern auch für alle ihre Familienangehörigen. Wenn auch nur irgendwo ihre Hilfe entdeckt worden wäre, alle unsere Retter hätten mit ihrem Leben dafür bezahlen müssen. Sie aber zeigten keine Furcht und verwirklichten an uns ein gläubiges Werk der Nächstenliebe.[111]

---

[111] Für den Abschnitt: "Es sind gute – Nächstenliebe" haben die Buchausgaben (S. 39): "Diese guten Menschen willigten ohne Zögern ein. Sie sagten, Karin und ich könnten zu ihnen kommen, wann wir wollten, und wir dürften bleiben, solange wir immer möchten. Dabei begaben sie sich und alle ihre Familienangehörigen in die größte Gefahr. Alle Retter hätten im Falle unserer Entdeckung mit ihrem Leben bezahlen müssen."

Frau Sickmann holte sich Rat bei dem Prior des Klosters.[112] War es nicht ihre Pflicht, armen, verfolgten Menschen Obdach zu gewähren? Sie wurde von ihm in ihrem Glauben bestärkt und bot uns ihr Haus zum Aufenthalt an. Das war deswegen besonders gefahrvoll, weil es direkt an der Hauptstraße liegt. Täglich kamen Fremde dorthin, wir waren ihren Blicken und denen der Bewohner angrenzender Häuser und der Umgebung ausgesetzt – und ich wußte nie, ob wir nicht erkannt und verraten wurden.

Karin fühlte sich unter den vielen Kindern der Familie Sickmann besonders wohl. Wie glücklich war sie doch, daß sie nichts von der furchtbaren Gefahr ahnte, in der wir alle schwebten![113] Sie spielte mit den anderen Kindern, war lieb und ungezogen, wie es Kinder eben sind, und war Gott sei Dank zu jung, um die Tragik unseres Schicksals erfassen zu können.

Es war uns vergönnt, einige Male vier bis sechs Wochen bei diesen liebenswerten Menschen zu verbringen, so daß wir gewiß ein halbes Jahr unseres "zweiten Lebens" in ihrem Hause erlebten. Wir aßen und wohnten mit ihnen zusammen. Die Mutter teilte den Kindern nicht aus, ohne daß unser Kind das gleiche bekam. Es war totaler Krieg, und es gab nicht viel zum Schenken. Aber wir bekamen Weihnachten unser Scherflein ebenso wie alle anderen. Und so etwas vergißt man nie!

Bei verschiedenen Familientreffen lernte ich die ganze Familie kennen. Keinem verrieten unsere Freunde, wer wir seien. Die Eltern und Geschwister durften nichts von dem ahnen, was diese Menschen für uns taten und wen sie aufgenommen hatten – es

---

[112] Es handelte sich um Pater Venantius (Hermann) Roters, geboren am 9. 2. 1900 in Metelen im westlichen Münsterland, gestorben 28. 7. 1979 in Münster. Ordenseintritt 20. 9. 1927, Ewige Profeß 21. 9. 1931, Priesterweihe 6. 8. 1933. Von 1938 bis 1950 und nochmals von 1955 bis 1958 war P. Venantius Guardian (Hausoberer) des Kapuzinerklosters Werne. Von der älteren Bevölkerung Wernes wird er noch heute als "Retter der Stadt" verehrt, weil er mit anderen mutigen Bürgern am Kriegsende den Alliierten mit weißer Fahne entgegenfuhr und die Stadt übergab, obwohl einige verbissene Nationalsozialisten Werne bis zum letzten Mann verteidigen wollten. Dies paßt durchaus zu seinem Handeln Frau Spiegel gegenüber. Die Auskünfte über Pater Venantius verdanke ich Br. Stephan Schweitzer vom Kapuzinerkloster Werne vom 3. 2. 1999 und P. Anicet Flechtker vom Provinzarchiv der Kapuziner in Koblenz vom 12. 2. 1999. Zu P. Venantius vgl. auch die ehrenden Nachrufe in der Werner Volkszeitung vom 30. Juli 1979: Pater Venantius in Münster gestorben: Tiefe Trauer in Werne, vgl. auch R.N. vom 30. 7. 79. In beiden Nachrufen ist auch von dem Einsatz des Paters für die Juden in der Zeit des Holocaust die Rede.
[113] Den Satz: "Sie spielte – zu können" lassen die Buchversionen (S. 39) aus.

hätte aus Unachtsamkeit einer etwas ausplaudern können, und eine Lawine wäre ins Rollen gekommen, die uns und mit uns viele Menschen ins Verderben gerissen hätte. Nicht einmal die eigenen, zum Teil erwachsenen Kinder wußten, wer diese Frau Krone in Wirklichkeit war.

## Wäre beizeiten etwas geschehen!

Manchmal ging ich mit Frau Sickmann sonntags in die kleine Klosterkapelle zur Messe. Ich konnte dort auch beten, um Rettung für uns und die ganze Menschheit. Und ich weiß heute noch, mit welcher Bewegung ich zum erstenmal die alte Glocke der Klostertür läutete. Ein Pater öffnete. Es waren Stunden der Erbauung, die ich dort erleben durfte. Noch heute sind mir die Gespräche mit dem Prior im Ohr, der klug und geistvoll zu reden verstand. Er saß mir an einem langen Tisch in einem kahlen, dürftigen Raum gegenüber und sprach mir Trost zu. Das gütige Gesicht des Paters nahm einen schmerzlichen Ausdruck an, als er sagte: "Ich bin selbst der älteste Sohn von einem Bauernhof und wollte der Kirche und dem Guten dienen. Sehen Sie diesen Bart an! Er ist frühzeitig grau geworden, grau ob all der Vorwürfe, die ich mir mache. Hätten beizeiten mehr, als es geschah, führende Geistliche und hohe Persönlichkeiten ihre Stimme erhoben, hätten sie laut protestiert gegen das furchtbare Verbrechen, das an unseren jüdischen Schwestern und Brüdern verübt wurde, würde es vielleicht doch geholfen haben. Man hätte uns doch nicht alle gleich an die Wand gestellt! Und deshalb sind meine Haare grau und meine Seele betrübt."[114]
Nach diesen Worten wußte ich, daß es auch unter den Deutschen noch Menschen gab, die sich Vorwürfe machten und nicht gleichgültig dem Morden zusahen.
Zu größtem Dank sind wir einer anderen liebenswerten münsterländer Bauernfamilie verpflichtet. Bei einem Aufenthalt in Nordkirchen lernte ich Maria Südfeld kennen und schätzen – jenes Mädchen, das die kranke Hausfrau auf dem Pentropschen Hof vertrat, als mein Mann dort Unterschlupf gefunden hatte. Sie hatte damals gemeint, es spuke nachts, und Herr Pentrop hatte sie in das Geheimnis einweihen müssen. Bald konnte ich mich selber

---

[114]   Der folgende Satz: "Nach diesen Worten – zusahen" fehlt (S. 40) in den Buchversionen.

überzeugen, daß sie, so jung sie war, Verständnis für unsere au-ßerordentlich bedrängte Lage hatte.

Ich wandte mich schließlich auch an sie mit einem Anliegen: Es hatte sich gezeigt, daß es vorteilhaft für alle Beteiligten war, wenn wir nicht am gleichen Ort – nämlich bei Familie Aschoff – verweilten, sondern hin und wieder für einige Wochen uns an-derswo aufhielten.[115] Wir waren dann nicht so verdächtig, konnte man sich doch dort Gedanken machen, wieso wir eigentlich als Evakuierte immerfort dort wären.

Maria ging sofort auf mein Anliegen ein.[116] Sie schlug mir vor, sie wolle zu Hause fragen, ob eine Freundin mit ihrem Kind sie für einige Zeit besuchen dürfe. Sie hielt es in Anbetracht der vie-len Geschwister für besser, wenn niemand Bescheid wußte und wir einfachhin nur als ihre Bekannten angesehen würden. So wa-ren sich zwar die Familienmitglieder nicht der Gefahr bewußt, der sie dennoch ausgesetzt waren – aber es war weit gefahrvoller für uns; denn wäre ein Verdacht aufgekommen oder ein unvorherge-sehenes Geschehnis, wir hätten niemand gehabt, dem wir uns an-vertrauen konnten. Wir mußten also doppelt auf der Hut sein.

Unvergeßlich bleiben mir die Tage und Wochen, die wir auf dem idyllisch gelegenen Bauernhof in Südkirchen verbringen durften. Ich fühle noch heute die Wärme und Geborgenheit, die zumal von der Mutter ausstrahlte und an der die ganze Familie teilhatte: Eine Atmosphäre, in der auch wir uns wohlfühlen muß-ten. Ganz besonders zu würdigen ist die taktvolle Art, mit der mein Kind und ich behandelt wurden, wenn man bedenkt, daß niemand im Hause nach unserer Herkunft forschte. Sie alle wa-ren prächtige Menschen, besonders natürlich die Eltern – sie leben heute nicht mehr unter uns. Auch die Söhne und Töchter, die zu Hause waren und die ich im Urlaub als Soldaten kennenlernte, verhielten sich vorbildlich uns gegenüber.

Wir kamen damals in recht eigenartige Situationen. Häufig machte ich die Bekanntschaft von Landwirten aus dem Ort, de-ren Namen mir durch geschäftliche Verbindungen meines Mannes von früher her geläufig waren. Maria stellte mich ihnen als Frau

---

[115]  Ebenso der folgende Satz: "Wir waren dann – dort wären" ist (S. 41) ausgelas-sen.

[116]  Im Juli 1998 antwortete Maria Meerkamp geb. Südfeld auf Marga Spiegels Fra-ge, warum sie dies getan habe: "Ich habe gedacht, da mußt du doch helfen, wenn einer Hilfe braucht."

Krone vor, und wir unterhielten uns über alles mögliche. Wenn wir dann allein waren, tuschelte sie mir zu: "Egentlik moss se wieten, met wem se kürt hätt!" (Eigentlich müßten sie wissen, mit wem sie gesprochen haben.)

## Unbeschwerte Tage

Der älteste Sohn hatte es unserem Töchterchen besonders angetan. Er betreute die Tiere auf dem Hof und nahm Karin zum Füttern mit. Stundenlang ging sie mit ihm über die Felder, durfte auf einem Pferd reiten und unternahm häufig mit Onkel Bernhard abendliche Spaziergänge zu Familien in der Nachbarschaft. Wenn sie dann auch noch den Töchtern beim Melken helfen oder die Kälbchen tränken durfte, dann war sie in ihrem Element. Es war ein unbeschwertes Bild, sie mit dem Milcheimer zwischen den Kälbern zu sehen, in einer Hand einen Stock, damit ihr die nach Milch drängenden Tiere nicht den Eimer umwarfen. Vor lauter Freude vergaß sie dann alles – auch, daß sie sich nicht schmutzig machen sollte!

Frau Südfeld war immer so gütig zu uns, daß ich ihre Tochter im stillen in Verdacht hatte, sie habe ihre Mutter in unser Geheimnis eingeweiht.[117] Wie dem auch war: Gewiß würde sie auch in diesem Fall die Einwilligung zu unserem Aufenthalt gegeben haben. Ich bekam eine große Hochachtung vor der stets gleichbleibenden Güte[118] der Frau des Hauses, wie ich sie nur ganz selten einem Menschen gegenüber empfunden habe.

Ein mehrwöchiger Aufenthalt im Mai 1944 ist mir besonders in Erinnerung. Wie erbaulich waren selbst für mich, eine Jüdin, die allabendlichen Maiandachten am schön geschmückten Marienaltar! Die einfache Gläubigkeit dieser so vorbildlich zueinander stehenden Familie ließ mich erkennen, welch ungeheure Kraft Glauben in sich birgt. Ja, diese Kraft ging sogar auf mich über, da sie mir half, meinen Glauben neu zu festigen und die häufig auftre-

---

[117]  Dies war, wie Frau Meerkamp, geb. Südfeld, vgl. Anm. 93, Marga Spiegel Ende Juli 1998 erzählte, auch der Fall, während der Vater nichts wußte.
[118]  Der folgende Abschnitt: "... der Frau – Familie" ist in den Buchversionen (S. 42) wie folgt wiedergegeben: "... dieser Frau. Wie erbaulich waren für mich, eine Jüdin, 1944 die allabendlichen Maiandachten am schön geschmückten Marienaltar! Die tiefe Menschlichkeit dieser vorbildlichen Familie"

tenden[119] Zweifel zu bekämpfen. Es mußte uns gelingen durchzukommen.

### Der alte Bekannte

Herr Südfeld, immer freundlich und vergnügt, bat sich aus: "Frau
Krone, Se muet me öwer verspriäken, mi mol Inken Mann vor-
testellen, wenn de Krieg vörbie is!" (Frau Krone, Sie müssen mir
versprechen, mir mal Ihren Mann vorzustellen, wenn der Krieg
vorbei ist.)

Dieses Versprechen habe ich gehalten: Kurz nach dem Krieg
kam ich mit ihm auf den Hof. Freudestrahlend begrüßte Vater
Hermann meinen Mann. Er klopfte ihm vor Freude, daß er noch
lebte, auf die Schulter; dann sagte er zu mir: "Dat is en ollen, gue-
ten Bekannten van us. Den häffk all längs kannt, bevör Se bi us
wören." (Das ist ein alter Bekannter von uns. Den habe ich lange
gekannt, bevor Sie bei uns waren.)

Und ohne zu ahnen, daß er ihn vor sich sah, forderte er mich
auf: "Nu halt Se doch Ehren Mann!" (Nun holen Sie doch schon
Ihren Mann.) Als Herr Südfeld dann den wahren Zusammenhang
erfuhr, wollte das Staunen und Lachen gar kein Ende nehmen.

Damals aber, im Krieg, als er diese Zusammenhänge noch
nicht kannte, war es eine große Erleichterung für uns, daß wir viele Wochen bei diesen prächtigen Menschen verbringen durften.
Sie haben einen sehr großen Anteil an unserer Rettung.[120]

### Ein Skat mit Polizisten

Nach solchen Wochen kehrten wir immer wieder zu unserem
Stammquartier nach Herbern zurück. Wir waren inzwischen
schon recht gut in unserer "zweiten Heimat" bekannt. Selbst von
einigen Polizisten, die gelegentlich auf den Hof kamen, wurden
wir nicht anders als Frau und Kind Krone angesprochen. Einmal
kam es vor, daß ich vom Hausherrn in das "Störvken" gerufen
wurde, wo er gerade mit zwei Polizisten Skat drosch. Er bat mich,

---

[119]  Für "Zweifel – durchzukommen" steht in den Buchausgaben (S. 42): "Zweifel
an den Aussichten für unser Durchkommen zu bekämpfen".
[120]  Statt: "Damals aber – haben" haben die Buchversionen (S. 43) nur den Text:
"Diese prächtigen Menschen haben . . .".

für ein paar Minuten seine Karten zu nehmen und weiterzuspielen, weil er raus müsse. Konnte ich denn ahnen, daß sich der Bauer, müde wie er war, heimlich zu Bett begab und mich seelenruhig mit den beiden weiterspielen ließ?

### Der Judenstern im Handschuh

In dieser Zeit traf man die Vorbereitungen zu einem Fest, um den fünfzigsten Geburtstag des Hausherrn zu begehen.[121] Es war eine große Feier, und ungezählte Bekannte und Freunde gingen während des Tages aus und ein. Dann kam der Abend, der die ganze Familie, die Geschwister von Herrn und Frau Aschoff und viele Verwandte zusammen sah. Die älteste Tochter wollte etwas vortragen und suchte sich eine Kostümierung zusammen. Sie hatte bereits einen Zylinder und entsann sich plötzlich eines Paars langer, schwarzer Handschuhe, das sie einmal in meinem Koffer gesehen hatte. Selbstverständlich lieh ich sie ihr. Temperamentvoll stieg sie auf einen Tisch und begann ausgelassen zu singen und zu steppen. Ich selber half beim Bedienen der Gäste[122] und widmete diesen mehr Aufmerksamkeit als dem Vortrag der "Artistin".

Das war gewiß eine Fügung, denn so entging es mir, daß Anni während ihres Vortrages einen Handschuh auszog – und zum großen Entsetzen mancher Anwesenden fiel ein Judenstern heraus! Ich hatte ihn damals in einem Finger dieser Handschuhe versteckt, in der Meinung, er sei dort unauffindbar, und diese Tatsache völlig vergessen.

---

[121] Heinrich Aschoff wurde am 9. August 1943 50 Jahre alt.

[122] Für den Abschnitt: "... Gäste – sprach mit ihnen" haben die Buchversionen (S. 44 f): "... Gäste. So entging mir, daß Anni während des Vortrages einen Handschuh auszog – und daß zum Entsetzen der Anwesenden ein Judenstern herausfiel. Ich hatte ihn damals in einem Finger der Handschuhe versteckt, in der Meinung, dort sei er unauffindbar. Daran hatte ich nicht mehr gedacht.
Frau Aschoff schilderte mir spät in der Nacht das Vorgefallene. Sie hatte beobachtet, wie einer den anderen ansah und wissende Blicke zu mir herüberwanderten. Hätte ich selbst unmittelbar miterlebt, wie Anni den Stern fallen ließ und blitzschnell wieder aufhob, würde ich vor Schreck laut geschrien haben. Aber geistesgegenwärtig sang und tanzte sie weiter und überspielte so die gefährliche Situation. Währenddessen war ich ungezwungen zwischen den Gästen hin und her gegangen." Frau Anni Richter geb. Aschoff, geboren am 27. April 1923, erhielt "für ihren bei der Rettung verfolgter jüdischer Mitbürger geleisteten selbstlosen und gefahrvollen Einsatz", wie es in der Begründung heißt, am 12. Juli 1971 das Bundesverdienstkreuz am Bande, vgl. auch unten S. 108 – 112.

Frau Aschoff schilderte mir spät in der Nacht das Vorgefallene. Sie hatte beobachtet, wie mancher seinen Nachbarn angesehen habe. Ja, sie meinte, danach wäre manch wissender Blick zu mir herübergewandert.

Hätte ich selbst beobachtet, wie Anni den Stern fallen ließ und blitzschnell wieder aufhob, ich würde sicherlich laut aufgeschrien haben. Geistesgegenwärtig sang und tanzte sie weiter, überspielte den gefährlichen Vorfall, als ob nichts geschehen sei. Da ich aber diese durch mich verursachte Panne nicht bemerkt hatte, ging ich ganz unbefangen zwischen den Gästen hin und her und sprach mit ihnen. Diese Unbefangenheit war sicherlich mein bester Schutz.

Nach dem Weggehen der Gäste aber überfiel mich ein tödlicher Schrecken, als Frau Aschoff mich fragte: "Was soll nun geschehen – wohin wollen Sie mit Karin gehen?" Sie bemerkte an meinem Erstaunen, daß meine Unbefangenheit echt war, und schilderte mir den ganzen unseligen Vorfall. Wir berieten noch stundenlang, was nun das Beste sei. Frau Aschoff wollte uns nicht auf die Straße setzen. Wenn die Wahrheit an den Tag käme, würde für uns auch anderswo keine Bleibe sein.

Trotz dieser stundenlangen Beratungen kamen wir zu keinem Resultat, und es wurde vorgeschlagen, erst einmal "darüber zu schlafen", wie es der Volksmund sagt. In dieser Nacht aber habe ich kein Auge zugetan und fand keine Ruhe neben meinem Kind. War ich nicht ein gehetztes Wild?

Immer wieder kreisten meine Gedanken um den einen Punkt: Wie kann ich wenigstens das Kind retten! Und doch war nirgends ein Ausweg, eine Rettung zu sehen!

### Die Frauen haben geschwiegen

Als endlich der Morgen aufdämmerte, besprachen wir noch einmal alle erdenklichen Gesichtspunkte. Es blieb keine andere Wahl, als einer Schwester und Schwägerin, die den Vorfall bestimmt gesehen und den Aufruf getan hatten: "Wat is dat dann???" – die Wahrheit über uns zu sagen. Wir konnten nur hoffen, daß sie Verständnis für unsere schwere Lage hatten und ihr Geheimnis für sich behielten.

Und wahrlich, unser Vertrauen wurde nicht enttäuscht![123] Nicht einmal ihre Männer haben diese Frauen zu Mitwissern gemacht. Sie wollten diese nicht belasten, wußten sie doch nicht, ob ihre Nerven stark genug waren zu schweigen – zu schweigen in jeder Situation, in die sie kommen mochten.

Ja, sie haben geschwiegen, diese Frauen. Gott möge es ihnen danken!

Welch bittere Vorwürfe ich mir aber selber machte und auch von meinem Mann zu hören bekam, als ich ihn einige Wochen später wiedersah! Was hatte mich nur veranlaßt, diesen unglückseligen Judenstern aufzubewahren, als ich mein Leben als Frau Krone begann? Hätte ich nicht froh sein müssen, mich dieses Kainszeichens endlich entledigen zu können, das alle seine Träger zu Freiwild stempelte?

Heute glaube ich zu wissen, warum ich mich damals nicht davon trennen wollte: Mußten wir nicht ein Leben führen, das gar nicht uns entsprach, mußten wir nicht Namen tragen, die nicht unsere Namen waren? Wir erzählten Lügen, erfanden Menschen und Dinge um uns, die es nicht gab. Die einzige Wahrheit aber war dieser Stern! Er kennzeichnete uns – wenn auch auf grausame Art – als Juden. Vielleicht waren es gerade Verachtung und Demütigung, die mir den Mut zu einem stolzen "Dennoch" gaben[124]: Ich war wie meine Ahnen und Urahnen Jude. Und es ist und bleibt das Recht jedes Menschen [zu entscheiden], welcher Religion er auch angehört, darauf stolz zu sein und für sie zu leben und zu sterben.

Gewiß war es uns bestimmt zu überleben. Ich bin der Überzeugung, daß auch unser Bekenntnis zum Judentum, für das die Aufbewahrung des Sterns ein Zeichen war, zu unserer Rettung beigetragen hat.

### Wieder bei den Pentrops

Mein Töchterchen und ich waren wieder eine längere Zeitspanne auf dem Aschoffschen Gut gewesen, als wir übereinkamen – einmal um kein Gerede aufkommen zu lassen, anderseits aber auch,

---

[123] Der Abschnitt: "Nicht einmal – Welch bittere" wird in den Buchausgaben (S. 45) so wiedergegeben: "Nicht einmal ihren Männern haben die beiden Frauen etwas erzählt, und vom Schweigen hing unser Leben ab. Wir überlebten. Aber welch bittere ... ".

[124] Der folgende Satz: "Ich war – zu überleben" fehlt (S. 45) in den Buchausgaben.

damit über den unglückseligen Vorfall mit dem Judenstern Gras wachsen konnte – den Standort für eine Weile zu wechseln.

Die Frage "Wohin?", war schon weit schwieriger zu beantworten. Es scheint mir besonders rühmenswert, daß sich Familie Pentrop in Nordkirchen bereit erklärte, uns für einige Wochen aufzunehmen, war doch damals der Aufenthalt meines Mannes dort entdeckt worden. Niemand konnte wissen, ob nicht auch diesmal neue Schwierigkeiten heraufkamen. Herr Pentrop aber meinte ruhig: "Frau Krone kann doch mit ihrem Kind kommen – das hat mit dem anderen nichts zu tun!"

Sollte er recht behalten?

Die ersten Tage unserers Aufenthaltes in Nordkirchen verliefen ohne besondere Vorfälle. Ich machte mich nützlich, so gut es ging, beschäftigte mich mit den Kindern, besserte Wäsche aus. Unauslöschlich aber bleibt uns in Erinnerung der dritte Abend auf dem Hof: Es war der Vorabend des schwersten Tages in meinem Leben überhaupt.

Obwohl es verboten war, unterhielt ich mich nach Feierabend – sehr heimlich zwar – mit zwei französischen Fremdarbeitern in ihrer Muttersprache.[125] Wir empfanden eine gewisse heimliche Freude dabei. Die Männer waren glücklich, mit jemandem in ihrer Heimatsprache sprechen zu können, und mir war es eine kleine Genugtuung, kam ich mir doch als ihre heimliche "Verbündete" vor: Diese Männer waren gegen ihren Willen nach Deutschland verschleppt worden, und ich selber konnte als Deutsche nur heimlich und getarnt unter Deutschen leben. Selbstredend erwähnten wir mit keinem Wort unseren gemeinsamen Haß gegen dieses Regime, da wir uns durch eine Auflehnung nur in größere Gefahr begeben hätten. Und doch[126] glühte ein gemeinsamer Funke in unseren Herzen, neben dem des Hasses vielleicht der stärkere, unsere Hoffnung, daß unser Leid und das der ganzen Menschheit bald vorübergehen möge. Einer der beiden Franzosen, der mir auch seine Heimatadresse in Biarritz gab – wenn der Krieg einmal vorbei wäre... – schrieb mir auf meinen Wunsch den französischen Text eines damals viel gesungenen Liedes "Komm zurück" auf. "J'attendraie..." Ich erwarte dich... Wir summten es

---

[125] Ebenso steht dort nicht der Satz: "Wir empfanden eine gewisse heimliche Freude dabei."

[126] Für "glühte ein – Hoffnung" haben die Buchausgaben (S. 46) die Version: "glühte in unseren Herzen der gleiche Funke: die Hoffnung".

leise vor uns hin, und jeder dachte dabei an das, was er sehnsüchtig erwartete.

## Nächtliche Hausdurchsuchung

Ich begab mich an diesem Abend wie an jedem anderen zu Bett. Mein Mädel schlief schon.

Als ich durch heftiges Klopfen an der Tür aus tiefem Schlaf gerissen wurde, brachte ich es vor Erregung kaum fertig, die Tür zu öffnen. Blaß vor Aufregung stand Frau Pentrop vor mir. Sie konnte nicht fassen, daß ich fest geschlafen hatte. Nichts hatte ich von allem Lärm, den fremden Stimmen und dem Bellen der Hunde gehört.[127]

Uns was sollte ich zu hören bekommen!

Vor gut einer Stunde waren zwei Gendarmen aus Nordkirchen gekommen mit dem Auftrag, unverzüglich eine Hausdurchsuchung durchzuführen. Was das bedeutete, wenn es mitten in der Nacht geschieht, wußte man damals allzugut. Zudem liegt der Hof einige Kilometer vom Dorf entfernt, und außerdem mußte bei einer so angesehenen, streng gläubigen Familie ein ganz besonders schwerwiegender Verdacht vorliegen.

Auf Herrn Pentrops entsetzte Fragen, was denn der Grund dafür sei, erhielt er die Antwort, man habe Gewißheit, daß sich eine unangemeldete Person im Haus aufhalte. Schwer zu begreifen, wie dem Hausherrn bei dieser Eröffnung nicht die Knie schlotterten! Aber er behielt in dieser lebensgefährlichen Situation die Nerven. Es kann nur eine höhere Macht ihm die Kraft dazu gegeben haben, sich so in der Gewalt zu behalten und sich durch kein Wimpernzucken zu verraten! Kaltblütig entgegnete er: "Das muß aber

---

[127]  Der Abschnitt: "Als ich – Kaltblütig" wird in den Buchversionen (S. 47) so wiedergegeben: "Heftiges Klopfen an der Tür riß mich später aus tiefem Schlaf. Vor Erregung konnte ich kaum die Tür öffnen. Blaß stand Frau Pentrop vor mir. Sie konnte es nicht fassen, daß ich so fest geschlafen hatte. In der Zwischenzeit war Schreckliches passiert. Zwei Gendarmen aus Nordkirchen waren gekommen. Sie sollten unverzüglich eine Hausdurchsuchung vornehmen. Was das mitten in der Nacht bedeutete, wußte jeder allzugut. Der Hof lag einige Kilometer vom Dorf entfernt, so daß ein ganz besonders schwerwiegender Verdacht vorliegen mußte, wenn trotzdem jemand erschien.
Auf Herrn Pentrops Frage, was denn der Grund dafür sei, erhielt er die Antwort, man habe Gewißheit, daß sich eine unangemeldete Person im Hause aufhalte. Dem Hausherrn fuhr der Schreck in die Knie. Aber er behielt in dieser lebensgefährlichen Situation die Nerven. Kaltblütig... ".

ein Irrtum oder eine falsche Anschuldigung gegen mich sein. In meinem Haus ist keine Person versteckt. Wenn Ihr mir aber nicht glaubt, könnt Ihr ja selbst nachsehen."

War es der Gelassenheit des Bauern, mit der er diese Worte vortrug, oder war es der bekannten Aufrichtigkeit und Frömmigkeit der Familie zuzuschreiben, daß die Beamten nicht wagten, ihm eine Lüge zu unterstellen? Sie erwiderten jedenfalls, sie wollten ihm glauben und angeben, daß die Haussuchung stattgefunden habe. Herr Pentrop müsse aber ausdrücklich unterschreiben, daß er keine unangemeldete Person verberge. Auch dies tat Herr Pentrop[128] ohne Zögern – und gewiß in dem festen Bewußtsein, daß das, was er zu tun gezwungen war, keine Sünde sein konnte. Wenn man Gott eine Seele, einen Menschen erhalten konnte, der von ihm gewollt war, würde es ihm gewiß nicht als Sünde angerechnet werden, daß er ihn vor bestialischen Menschen zu retten suchte. Und er unterschrieb.

Und noch oft wurde uns später erzählt, wie die Gendarmen doch nicht ganz sicher waren, wie sie sich mißtrauisch ansahen und einer zum anderen sagte: "Der unterschreibt mit zitternder Hand!" Nach Herrn Pentrops beruhigenden Worten, daß er nicht zu zittern brauche, da er nichts verberge, entfernten sich schließlich die beiden unerwünschten Besucher.

## Die Faust im Nacken

Nach dieser entsetzlichen Nervenprobe muß wohl[129] Herrn Pentrop seine Kraft verlassen haben. Kein Wunder, daß er unfähig war, mir selber von dem von mir – vielleicht zum Glück! – unbemerkten Geschehen zu berichten! Seine Frau hieß mich, ganz leise zu sein, da wir befürchten mußten, die Beamten könnten sich noch draußen befinden und horchen oder noch einmal wiederkommen.

---

[128]  Für "Zögern – unterschrieb" wird in den Buchausgaben formuliert (S. 47): "... Zögern in dem festen Bewußtsein, daß diese Lüge keine Sünde sein konnte."
[129]  Statt "wohl Herrn – wiederkommen" heißt es (S. 47) in den Buchversionen: "Herr Pentrop am Ende seiner Kraft gewesen sein. Er war unfähig, von dem Vorgefallenen zu berichten. Seine Frau bat mich, ganz leise zu sein, da wir befürchten mußten, die Beamten könnten sich noch draußen aufhalten, um zu lauschen." In einem Gespräch am 16. September 1998 charakterisierte Marga Spiegel das Ehepaar: "Frau Pentrop war eine sanfte mitleidige Frau, Hubert Pentrop ein frommer Mann, Kirchenvorsteher, feingliedrig und dünnhäutig.".

Sie und ihr Mann hielten es für das beste, wenn ich mein noch immer schlafendes Kind zu den ihren legte und selbst in das Elternschlafzimmer käme. Der plötzliche Schreck hatte nun auch mich vollkommen verwirrt. Mein Herz krampfte sich vor Angst zusammen, dann wieder schien es zu zerspringen. Es ist mehr als eine Erinnerung, es ist ein zweites schreckliches Erleben, wenn noch jetzt, nach so vielen Jahren, meine Stirn schweißbedeckt ist, meine Hände eiskalt und naß, und wenn ich nicht weiter schreiben kann...

Fast mechanisch nahm ich nun mein Kind auf den Arm und trug es zu den Kindern der Familie Pentrop. Noch immer sehe ich das Bild vor mir, wie ich sie in ihren Betten liegen sah, noch fühle ich die Traurigkeit, mit der ich mein einziges Kleinod zu den anderen Kindern legte! Vielleicht war es das letztemal, daß ich es in den Armen hielt. Gleichzeitig aber bot die unwahrscheinliche Großmut unserer Retter meinem Schmerz Einhalt: Ihre Entscheidung ließ erkennen, daß sie unser Kind, komme was wolle, als das ihre betrachten würden.

### Sie litten freiwillig für uns

Ohne fühlen und denken zu können, begab ich mich dann in das Zimmer der Eheleute. Es war etwa 4 Uhr in der Nacht. Kreidebleich war Herr Pentrop nach dieser Aufregung fast unfähig zu sprechen. In diesem Augenblick kam mir wie ein Blitz die Erkenntnis, daß die Größe meines Leids, die mir aus der Absicht erwuchs, mich und mein Kind zu retten, gering war gegenüber dem freiwillig übernommenen Leid all derer, die versuchten, uns zu helfen. Ich kam mir sehr klein und schäbig vor, und ich fühlte mich schuldig und hilflos gegenüber den vor Schreck geweiteten Augen, die mich ansahen.

Und doch konnte ich nichts tun, nicht helfen, ihnen nicht und noch weniger mir selbst.

### "Ich kann nicht mehr"

Es waren nur wenige Worte, die Herr Pentrop hervorbrachte: "Erst die Entdeckung ihres Mannes hier, und jetzt das. Das geht über meine Kräfte. Ich kann einfach nicht mehr." Und er bat mich um den einen einzigen Gefallen, bei Tagesanbruch das Haus zu verlassen. So schwer es für mich war, ich konnte ihn nur zu gut verstehen.

Noch eine Stunde etwa lag ich hellwach in Frau Pentrops Bett, horchte schreckhaft auf jeden Laut, und ein Gedanke jagte den anderen: Wie war es nur möglich, daß nach so wenigen Tagen jemand etwas von meiner Anwesenheit bemerkt haben konnte? War ich selber schuld, weil ich mit den Fremdarbeitern geredet hatte, obwohl es verboten war? Hatte ich uns nun alle damit in diese Gefahr gebracht? – Wußte aber jemand, daß ich nicht Frau Krone war, mußte er auch wissen, wo wir sonst unter falschem Namen lebten. Ich durfte auf keinen Fall zu Aschoffs zurück, von denen wir gerade erst gekommen waren, damit nicht noch mehr Menschen in Gefahr kamen.

Wohin aber sollte ich mich wenden?

Wenn jemand bekannt war, daß es Mitwisser gab, daß man uns suchte, würde er uns dann noch aufnehmen? Und verschweigen durfte ich es[130] auf gar keinen Fall, da sich dann niemand der Gefahr bewußt wäre, würde unsere Spur weiter verfolgt.

Ich war wie ein gehetztes Tier im Wald, das in seiner Not nicht weiß, wohin es vor den es bedrängenden Menschen fliehen soll.


## Auf ins Ungewisse

Allmählich begann mein Verstand wieder zu arbeiten. Noch einmal überdachte ich alles, die Zeit, die ich früher schon in diesem Haus zugebracht hatte, damals, als mein Mann in dem gleichen Zimmer versteckt war, in dem ich noch vor kurzem gelegen hatte. Ich wurde aus meinen Gedanken aufgestört, als Herr Pentrop sagte: "Ich halte es nicht mehr aus im Haus. Ich geh' etwas durch die Felder!"

Er durfte uns nicht mehr im Haus antreffen. So stand ich auf, zog mich an, nahm leise das Kind auf, um die anderen nicht zu wecken. Mein Hab und Gut hatte in einem kleinen Koffer Platz. Dem Kind erzählte ich, wir führen irgendwohin, da man hier Besuch erwarte.

---

[130]   Statt "auf keinen Fall – soll" findet sich (S. 48) in den Buchausgaben: "gleichwohl auf keinen Fall".

So nahm ich mein ahnungsloses Engelchen zu mir aufs Fahrrad, und ich nahm meine ganze Kraft für die nächste, ungewisse Etappe... irgendwo.

*Nervenprobe*

Aber wohin?

Der schmale Weg führt vom Pentropschen Hof schon nach einigen hundert Metern zur Hauptstraße Nordkirchen-Capelle. Es war früher Morgen.

Noch ganz in Gedanken an das Erlebte, fuhr ich mit meinem Kind der Kreuzung zu.[131] Ich konnte nicht heftiger aus meinem Traumzustand gerissen werden, als durch den Anblick eines uniformierten Wachtmeisters, der im gleichen Moment in Richtung Nordkirchen die Straße entlangfuhr. Ich bin sicher, daß es nur eines Wortes, einer vielleicht ganz harmlosen Anrede des Uniformierten bedurft hätte, und ich würde alles gestanden und verraten haben. Ich befand mich in einem derart aufgewühlten Zustand der Verzweiflung, daß ich es mir auch jetzt noch nicht – bei klarer Überlegung – erklären kann, wie ich die Fahrt fortsetzen konnte, ohne mir die geringste Blöße zu geben.

Da der Wachtmeister nach rechts fuhr, bog ich ganz mechanisch nach links ein, um aus seinem Bereich zu gelangen.

Im Unterbewußtsein war mir auch ein Ausweg erschienen, und ich wußte, daß ich dieses Mal nur den Weg zu Familie Sickmann nehmen konnte. Wie ein Hoffnungsstrahl klangen mir ihre Abschiedsworte im Ohr, einfach und klar, wie gerade, gläubige Menschen sie zu finden vermögen: "Wenn Sie einmal wieder mit Karin kommen wollen oder müssen, kommen Sie! Sie wissen ja, wo wir wohnen."[132]

---

[131]  Der Abschnitt: "Ich konnte – geben" hat in den Buchversionen (S. 49) die folgende Form: "Ganz in Gedanken fuhr ich auf die Kreuzung zu. Da wurde ich unvermittelt durch den Anblick eines uniformierten Wachtmeisters, der in Richtung Nordkirchen die Straße entlangfuhr, aus meinem Trancezustand gerissen. Ich bin sicher, daß es nur eines Wortes, vielleicht einer ganz harmlosen Anrede des Uniformierten bedurft hätte, um mich dazu zu bringen, alles zu gestehen, und alles zu verraten. Ich kann es mir auch jetzt noch nicht erklären, wie ich die Fahrt fortsetzte, ohne die geringste Regung zu zeigen."

[132]  Der lange Abschnitt "Im Unterbewußtsein – gerechnet" findet sich in den Buchausgaben (S. 49) wie folgt: "Im Unterbewußtsein war mir ein rettender Ausweg eingefallen. Die Familie Sickmann. Wie hatten doch ihre Abschiedsworte gelautet? "Wenn Sie wieder einmal mit Karin kommen wollen oder müssen, kommen

Es muß wieder und wieder gesagt werden: Ich glaube nicht, daß ein Mensch heute – auch wenn er guten Willens ist – ermessen kann, was das damals bedeutete, für uns, die Gehetzten, welch unerschütterlich starker Glaube an das Gute aber erst in ihnen wohnen mußte, unseren Rettern! Woher nahmen sie nur diese fast überirdische Kraft? Weiß ich doch selbst nicht, ob ich im umgekehrten Fall die Nerven zu einer solchen unmenschlichen Kraftprobe gehabt hätte, in einer Zeit unmenschlichen Terrors, wo jeder von jedem bespitzelt wurde und schon ein Hauch Verrat bedeuten konnte!

Einem Apparat gleich – ohne denken und fühlen zu können – muß ich meine Fahrt fortgesetzt haben. Ganz mechanisch antwortete ich meinem Kind auf seine Fragen nach dem Wohin und Warum. Dabei ist es mir sogar entgangen, daß ich den recht steilen Berg vor dem Städtchen Werne hinauffuhr, ohne vom Fahrrad zu steigen. Die seelische Belastung wog wohl schwerer als die von Kind und Gepäck. Mein Trancezustand verflog erst, als mir beim Bergabfahren das Stadtschild anzeigte, daß wir an unserem neuerlichen Asyl angekommen waren.

## In Sicherheit

Wie könnte dieser Tag jemals vergessen werden!

Welche Sorgen hatte ich mir gemacht, ob und wie wir wohl aufgenommen würden! Damit aber, daß man uns wohlwollend begrüßte, sich sogar zu freuen schien, hatte ich niemals gerechnet! Es war ein ganz besonderer Tag, der 24. Mai, Namenstag der Johanna.[133] Man traf gerade Vorbereitungen für eine kleine Familienfeier. Mit der größten Selbstverständlichkeit wurden wir am Nachmittag den Familienangehörigen, die uns noch nicht kannten, als Frau und Kind Krone, als Evakuierte und Bekannte, vorge-

---

Sie! Sie wissen ja, wo wir wohnen." Ich muß es wieder und wieder sagen: Heute wird vermutlich kein Mensch ermessen können, was das damals für uns bedeutete. Woher nahmen diese guten Menschen diese fast überirdische Kraft? Ich bin mir nicht sicher, ob ich im umgekehrten Fall die Nerven für eine solche Mutprobe gehabt hätte; denn in jener Zeit unmenschlichen Terrors, da jeder von jedem bespitzelt wurde und schon ein Hauch Verrat bedeuten konnte, setzte man durch solche Hilfe sein Leben aufs Spiel. Welche Sorgen hatte ich mir gemacht. Und nun wurde ich von der Familie Sickmann in Werne mit offenen Armen aufgenommen."

[133] Der Namenstag der Johanna von Orléans ist eine Woche später am 30. Mai.

stellt. Gemeinsam saßen wir beim Namenstagskaffee, der Kuchen sah verlockend aus, ein damals schon sehr seltener Genuß.

Trotzdem war ich unfähig, auch nur ein Stückchen davon zu verzehren. Mir schien, jeder Bissen bleibe mir im Halse stecken. Hier kam mir ja erneut die Gefahr zum Bewußtsein, in der wir und unsere Helfer uns befanden. Und in besonders starkem Maß ließ mich das Wohlwollen der Gastgeber meiner Verwandten gedenken: Würden sie auch nur einen[134] Menschen finden, der ihnen ein Stück trockenen Brotes reichte? Menschen – waren es überhaupt Menschen, die unbescholtene Frauen, Männer und Kinder zu Tode folterten?

Die Fröhlichkeit der Feiernden vermochte nicht die Wogen der Verzweiflung und Verbitterung in meinem Inneren zu glätten. Mit schmerzhafter Deutlichkeit kamen mir nur immer die Worte Goethes, in der Schulzeit gelernt, in den Sinn:

*Wer nie sein Brot mit Tränen aß,*
*wer nie die kummervollen Nächte*
*auf seinem Bette weinend saß,*
*der kennt euch nicht,*
*ihr himmlischen Mächte.*[135]

### Sie behielten klaren Kopf

Man zeigte sich so feinfühlend, nicht einmal danach zu fragen, wieso wir jetzt schon – ganz gegen die Verabredung – wiedergekommen waren. Nach der Nacht aber, die mir nur wenig Schlaf brachte, hielt ich es für unumgänglich, die Wahrheit über unser plötzliches Auftauchen und über das nächtliche Geschehen bei Pentrops zu berichten. Wie hätten wir uns auch gegenseitig verständigen und helfen können, wenn den Eingeweihten der Sachverhalt verborgen blieb! Die sechs Kinder kannten ohnehin nicht die Wahrheit über uns, sie glaubten unbefangen das Märchen von Familie Krone. Natürlich bestand die Gefahr, daß Herr und Frau Sickmann nun ängstlich würden und nicht vermochten, uns länger zu beherbergen. Sie mußten ja befürchten, daß unsere Illegali-

---

[134]  Für "Menschen – folterten" haben die Buchversionen (S. 50) nur: "Menschen finden, der ihnen half?"

[135]  In der Buchausgabe (S. 50) erwähnt Marga Spiegel nicht mehr, daß das Gedicht von Goethe stammt. Es ist der Anfang eines Liedes des Harfenspielers (1782) in Wilhelm Meisters Lehrjahren (1796) 2, 13.

tät, unser unerlaubter Aufenthalt an den verschiedenen Orten entdeckt sei. Sie behielten einen klaren Kopf und beschlossen, auch weiterhin nicht den Versuch aufzugeben, uns zu retten, vielmehr unbeirrt mit uns den schweren Weg zu Ende zu gehen.

Was war zu tun?

Zuerst hieß es, meinen Mann und die Familie Silkenbömer, bei der er sich aufhielt, zu warnen. Wenn unsere Illegalität entdeckt war, konnte auch nach ihm gesucht werden! Falls allerdings das Versteck meines Mannes nicht entdeckt war, konnte unsere Mitteilung wiederum Unheil anrichten, wenn Silkenbömers etwa aus Angst meinen Mann nun nicht mehr bei sich dulden würden...

Es war die große Not und Ratlosigkeit, die mich erneut an der Klosterpforte läuten ließ. Mit Würde und Geduld, wie sie nur großen Persönlichkeiten eigen ist, hörte sich der Priester meine Bedrängnisse an. Wie wohl taten mir seine tröstenden Worte! Er bat mich, nicht zu verzweifeln und weiter auf Gott und den uns vorgezeichneten Weg zu bauen. Der Pater bot mir an, am nächsten Tag mit Familie Sickmann zu Silkenbömer zu fahren, um alles mit ihnen zu besprechen und auch meinem Mann zu raten.[136] Was ich aber bis an mein Lebensende nicht vergesse, das ist der beinahe überirdische Ausdruck, mit dem der Priester beim Verlassen des Klosters die Tür einer kargen Zelle öffnete und sagte: "Wenn alles schiefgeht und Sie nicht mehr ein noch aus wissen, verbergen wir Sie hier bei uns!". Ich bin unfähig, auch nur annähernd zu schildern, was das für mich bedeutete: Wußte ich doch, die Klosterpforte schloß sich jetzt hinter mir, aber sie würde sich jederzeit öffnen, wenn ich glaubte, am Ende zu sein.


*"Frau und Kind geschnappt!"*

Welcher Schrecken es unter den damaligen Umständen für Familie Silkenbömer bedeuten mußte, als sie am nächsten Tag einen Kutschwagen mit Herrn und Frau Sickmann und dem Pater in ihrer Mitte auf den Hof kommen sahen, ist leicht zu ermessen. Mit scheinbarer Gelassenheit trugen die Besucher vor, was neuerlich

---

[136] "Was ich – Priester" ist in den Buchausgaben (S. 51) so wiedergegeben: "Bis an mein Lebensende vergesse ich nicht den Augenblick, in dem der Priester". Bei dem Priester handelte es sich um den oben in Anm. 112 erwähnten Pater Venantius (Roters) in Werne.

geschehen sei, und die Worte des Geistlichen strömten Ruhe aus, damit keine Panikstimmung entstehen konnte.

Man beriet über alle eventuellen Vorsichtsmaßregeln, wenn eine Weiterverfolgung durch die Polizei entstehen sollte.

Trotz aller äußeren Gelassenheit muß dies alles Herrn Silkenbömer viel stärker beeindruckt haben, als er sich anmerken ließ. Wie anders wäre sonst sein Verhalten zu erklären, daß er sich direkt zu meinem Mann in das Versteck begab und ihm – wie er nachher immer wieder erklärte – die schlimmsten Minuten dieser schweren Zeit überhaupt bereitete? Gewiß bedachte er überhaupt nicht die Auswirkung seiner Worte, als er meinem Mann, ohne jede weitere Erläuterung sagte: "Du, weißt all, dine Frau un Kind häff se schnappt? (Du, weißt du schon, deine Frau und Kind hat man geschnappt!)

Zwanzig Jahre sind seither vergangen – aber schon die Erinnerung an jene furchtbaren Minuten bewirken, daß mein Mann leichenblaß wird, unfähig, die Vorgänge von damals zu schildern. Die Mitteilung hatte ihn derart niedergeschlagen, daß er vermeinte, der Erdboden würde sich unter ihm auftun, sein Herz höre auf zu schlagen. Es war ja für ihn viel ärger, seine Liebsten verraten und verloren zu wissen, als wenn ihm selbst ein Unglück widerfahren wäre. Er hat immer geglaubt, sich selbst auch im Fall einer akuten Gefahr helfen und durch eine erneute Flucht sich der Festnahme entziehen zu können. In unser Schicksal aber konnte er nicht eingreifen und nur hilflos zusehen![137]

Die Auswirkung seiner Worte bemerkend und sie wohl bereuend, hat dann Herr Silkenbömer schnell hinzugefügt: "Ja, kriegen häw se se nich, se sin nu bi Sickmanns!" (Gekriegt haben sie sie nicht, sie sind jetzt bei Sickmanns.)

Welch eine Erlösung bedeuteten diese wenigen Worte. Blitzschnell überlegte mein Mann: Wenn sie nicht verhaftet wurden, gab es vielleicht noch einen Ausweg. Er beriet dann mit dem Pater und Familie Sickmann. Dann schieden sie voneinander, und

---

[137] Der Abschnitt: "Zwanzig Jahre – hinzugefügt" lautet in den Buchausgaben (S. 51) so: "Jahrzehnte sind seither vergangen, aber jedesmal, wenn mein Mann sich an jene furchtbaren Minuten erinnert, wird er leichenblaß und unfähig, die Vorgänge von damals zusammenhängend zu schildern. Die Mitteilung, daß seine Liebsten entdeckt und gefangengenommen worden seien, traf ihn ärger, als wenn ihm selbst ein Unglück widerfahren wäre. Deshalb fügte Herr Silkenbömer schnell hinzu..."

jeder betete für sich, daß die Ungewißheit bald vorbeigehen und alles zu einem guten Ende kommen möge.

## Keine weiteren Nachfragen

Die nächsten Wochen bei Sickmann verliefen wider Erwarten ohne besondere Zwischenfalle. Herr und Frau Sickmann hatten sich noch der Mühe unterzogen, zu den Höfen von Aschoff und Pentrop zu fahren, um hier glücklicherweise zu erfahren, daß weder da noch dort weitere Anfragen nach einer "unangemeldeten Person" erfolgten.

Wieder verstrichen die Wochen nach diesem bösen Zwischenfall. Die Zeit heilt zwar nicht, wie viele sagen, sie hilft nur, Schweres von uns abzurücken und in den Hintergrund treten zu lassen. Vergessen konnten wir nicht, und unsere Gedanken waren auf jedes ungewisse Morgen gerichtet. Die Zeit unseres Untertauchens betrug nun schon fast 18 Monate – wie lange würde dieser schrecklichste aller Kriege noch dauern, und wie würde er enden?[138]

## Vor der vollständigen Vernichtung?

Das Attentat auf Hitler am 20. Juli[139] ließ mich erkennen, daß es noch Menschen unter den Deutschen gab, die – wenn auch meiner Ansicht nach sehr spät – dem wahnsinnigen Morden ein Ende bereiten wollten. Gleichzeitig gab er mir die Bestätigung dafür, daß es ohne die Beseitigung dieses brutalen[140] Gewaltregimes zu keinem Ende des Krieges kommen könnte, es sei denn, daß die Mutmaßungen und Gerüchte stimmten, wonach erst die Armee, dann

---

[138] Die nächsten Zeilen: "Wieder verstrichen – zu lassen" fehlen (S. 52) in den Buchausgaben.

[139] "Der Aufstand des 20. Juli" ist in den Buchausgaben (S. 53) verbessert in: "Das Attentat auf Hitler am 20. Juli".

[140] Der folgende lange Abschnitt: "... Gewaltregimes – vorgeschrieben" wird (S. 53) in den Buchausgaben verkürzt auf: "... Gewaltregimes der Krieg nicht zu beenden sei. Vor mir türmten sich Fragen auf: wie würden wohl die Männer des 20. Juli von der Nachwelt verstanden werden? Nach einem verlorenen Krieg würde man sie zu Helden erheben. Aber waren sie das wirklich? Was hatte sie zu ihrer Tat veranlaßt? Das Wissen um ihr eigenes Verlorensein bei einer Niederlage des "Dritten Reiches", zu dessen Entstehen ja schließlich viele von ihnen beigetragen hatten? Oder stand für sie eine späte Erkenntnis im Vordergrund, erwachte in ihnen das Wissen um die Ungerechtigkeit der bislang verfochtenen Sache?"

die Zivilbevölkerung mit ihren Städten und Dörfern der vollkommenen Vernichtung preisgegeben würden.

War denn eine solche Wahnsinnstat wirklich auszudenken? Vor mir türmten sich die Fragen auf: Wie würden wohl die Männer des 20. Juli von der Nachwelt verstanden? Gewiß würde man sie nach einem für Hitler siegreichen Ende als Verräter brandmarken. Nach einem verlorenen Krieg aber würde man sie zu Helden erheben. Aber waren sie das wirklich? Was schien sie mehr zu ihrer Tat veranlaßt zu haben: das Wissen um ihre eigene Verlorenheit bei einem besiegten "Dritten Reich", zu dessen Existenz sie beigetragen hatten, oder stand doch für sie eine fast zu späte Erkenntnis im Vordergrund, erwachte in ihnen das Wissen um die Ungerechtigkeit der bislang verfochtenen Sache?

Was half mir alles Grübeln? Mir wurde keine Antwort darauf. Machtlos war ich ja der Willkür der Menschen, dem Zufall ausgeliefert. Oder sollte es doch kein Zufall sein, war mir der Weg, den ich ging, von höherer Stelle vorgeschrieben?

## Wieder ein Szenenwechsel

Wir beschlossen, nachdem etwa zwei Monate meines Aufenthaltes bei Sickmanns verstrichen waren, wieder einmal die Szene zu wechseln und in unsere zweite Heimat, nach Herbern, zurückzukehren. Bei Aschoffs hatte sich in der Zwischenzeit unseretwegen nichts Unerfreuliches ereignet. Trotzdem galt für alle Beteiligten die Parole, mehr denn je auf der Hut zu sein, auf jeden Vorgang doppelt vorsichtig zu achten, mußten wir doch glauben, daß jemand von unserem "zweiten Leben" Kenntnis hatte.[141] Wie leicht konnte aus diesem einen Funken ein nicht mehr einzudämmender Brand entstehen.

## Bombennächte

Und wieder ließen schlimme Ereignisse, das Näherrücken der Fronten, die unfreiwillige Beteiligung der Zivilbevölkerung am Kriegsgeschehen den Wahnsinn dieses Krieges allzu deutlich werden. Die Bombardierung auch der näher gelegenen Städte nahm erschreckende Ausmaße an, nachdem die Großstädte bereits zum größten Teil vollständig zerstört waren. Es war ein makabres

---

[141] Der folgende Satz: "Wie leicht – entstehen" fehlt (S. 53) in den Buchausgaben.

Schauspiel, wenn beim Phosphor- und Brandbombenhagel die Nacht zum Tage wurde, wenn man von dem Bauernhof aus, der etwa in der Mitte zwischen Dortmund und Münster liegt, genau erkennen konnte, wie insbesonders die alte Regierungsstadt mit ihren von hoher Kultur zeugenden Bauten, Kirchen und Denkmälern in Schutt und Asche gelegt wurde!

Merkwürdigerweise hatte ich nie das geringste Angstgefühl bei den Bombenangriffen, obwohl der Anflugweg dieser zerstörenden Verbände fast immer über unser Wohngebiet führte. Mich ergriff auch keine Panik bei "akuter Luftgefahr". Ich lief nicht einmal in den nahegelegenen, schützenden Wald.[142] Es war, als ob eine innere Stimme mir sage, daß Gott nicht wollen könne, uns durch ein – an meinem Leid gemessen – "kleines Unheil" zu vernichten, wenn er schützend seine Hand über uns drei Menschenkinder gehalten hatte, mitten in aller Gefahr.

Ist es nicht auch ein Wunder, daß im Herbst 1944 ein Bomberverband nach einer vernichtenden Bombardierung Münsters die wahrscheinlich nicht losgewordenen Bomben wahllos über den Höfen abwarf, etwa fünfzehn Bomben wie in einem Kreis rings um den Bauernhof niederprasselten[143] – und uns nichts geschah? Selbstredend brachten sie Schrecken und Ängste, Erschütterungen und riesige Bombentrichter, aber weder Mensch noch Tier wurden dabei verletzt.

### Rache Gottes?

Wer aber kann mir verübeln, wenn ich beim Auflodern der Flammenberge in der Nacht etwas ganz anderes als Angst empfand! Vielleicht konnte man das nur damals verstehen, heute könnte es mir als ein sehr niedriges Gefühl ausgelegt werden. Wer aber kann mir zürnen, wenn ich trotzdem heute, nach so vielen Jahren, die Wahrheit bekenne? Der Brand, die Flammen ließen manchmal eine Genugtuung in mir aufkommen, ein Gefühl der Vergeltung,

---

[142] Der Abschnitt: "Es war – Herbst" ziehen die Buchausgaben (S. 54) auf den Satz zusammen: "Mir war, als hielte Gott schützend seine Hand über uns. Im Herbst"

[143] Statt "und uns nichts – zuläßt" wird in den Buchausgaben (S. 54) formuliert: "und wir blieben unversehrt. Manchmal kamen mir die Flammenberge in der Nacht wie ein Zeichen der Vergeltung vor für die mutwillig ausgebrannten und zerstörten Synagogen, eine Vergeltung für den unseligen Rückfall Deutschlands in die Barbarei."

Vergeltung für die mutwillig ausgebrannten und zerstörten Synagogen des 9. November 1938, dieses unseligen Rückfalles der Deutschen in die Barbarei. Unsere Gotteshäuser waren im Frieden zerstört worden. Jetzt war Krieg. Gewiß dauerte mich jedes einzelne Menschenleben, das ihm zum Opfer fiel. Aber es schien mir doch eine Rache Gottes, die nun auf die Menschen herniederkam, auf die Menschen, die damals gleichgültig zugesehen hatten, es sogar guthießen, wenn die Synagogen brannten. Die Rache Gottes, der die Zerstörung seiner Gotteshäuser nicht ungestraft zuläßt.

## Einquartierung

Im letzten Kriegsherbst im Jahre 1944, als die Fronten schon bedenklich näher rückten, wurden auf den ländlichen Gehöften Herberns und so auch auf dem Aschoffschen Hof Soldaten einer Studentenkompanie einquartiert. Damit vergrößerte sich natürlich auch die Gefahr für mein Töchterchen und mich, von einem Kreis von Menschen verdächtigt, bespitzelt oder gar verraten zu werden. Unser erster Gedanke war, uns gänzlich vor den Männern zu verbergen. Wäre ich allein gewesen, hätte ich mich in einem kleinen Versteck – unsichtbar für Fremde – aufhalten können, wozu auch mein Mann schon beinahe zwei Jahre gezwungen war.[144] Auch das war schon schwierig bei der Vielzahl von – im Gegensatz zu uns – echten Evakuierten, Fremdarbeitern und zuletzt auch noch der Einquartierung, und es scheiterte völlig daran, daß man ein Kind unmöglich auf unbestimmte Zeit in ein Zimmer sperren und zwingen konnte, sich so zu verhalten, daß es sich nicht durch ein lautes Wort oder eine unachtsame Bewegung verriet.

Deshalb blieb uns nur die eine Möglichkeit, uns weiterhin "unters Volk zu mischen". Es hieß eben, doppelt aufzupassen, insbesondere bei dem unvermeidbaren Umgang mit diesen Uniformierten, deren bloßer Anblick mir schon Schrecken einflößte,[145] und sich nichts anmerken zu lassen. In den nächsten Tagen kamen wiederholt Offiziere auf den Hof. Wäre die Angst nicht mein ständiger Begleiter gewesen, hätte man die Studien, die zu machen

---

[144]  Der Abschnitt: "Auch das war – verriet" findet sich in den Buchausgaben (S. 54) wie folgt: "Aber ein Kind läßt sich unmöglich auf unbestimmte Zeit in ein Zimmer sperren. Man kann es nicht zwingen, sich so zu verhalten, daß kein lautes Wort und keine unachtsame Bewegung jemandem Grund zum Verdacht gibt."
[145]  Der folgende Abschnitt: "und sich – bezeichnen können" fehlt in den Buchausgaben (S. 54).

ich als Außenstehende imstande war, bestimmt als interessant bezeichnen können.

## Menschen zweiten Grades

Zum größten Teil setzte sich diese Studentenkompanie aus Menschen zusammen, die nie einen ausgeprägten Willen, eine eigene Weltanschauung entwickelt hatten und die, gleich einer Herde Vieh, einfach mit der Menge trotteten.

Dann gab es einige Unbelehrbare, Fanatiker, denen man sicher schon als Pimpfen nationale, verblendete Ideologien eingetrichtert hatte. Sie hatten es dank besonderen Hervortuns zu hohen Posten und Ämtern gebracht und setzten alles daran, nichts von ihren Erfolgen einbüßen zu müssen. In ihren Gesprächen ließen sie offen durchblicken, daß sie – und sei es mit brutalster Gewalt – bereit waren, die ihnen eingehämmerten verlogenen Ideen vom Herrenmenschentum der nordisch-germanischen Rasse durchzusetzen. Man hatte ihnen eingehämmert, daß Juden, allein ihrer Rasse und Religionszugehörigkeit wegen, Untermenschen und Menschen zweiten Grades seien, daß Juden und Imperialisten den Krieg angezettelt hätten, und in ihrer Borniertheit glaubten sie das auch. Sie waren zu verblendet, um[146] einzusehen, daß eine systematische Verfälschung und Verdrehung der Tatsachen die Machtübernahme Hitlers überhaupt erst ermöglicht hatte. Sie ignorierten einfach, daß alles Gerede vom Frieden von Anfang an darauf abgestellt war, Hitlers Kriegsvorbereitungen zu vertuschen. In ihrer Verblendung waren sie auch geneigt zu glauben, daß ihnen der Krieg von den anderen Völkern aufgezwungen worden sei. Sahen sie denn wirklich nicht, wie von allem Anfang an alles, alles darauf abgestellt gewesen war, was Hitler unternahm? Der gesamte Propagandaapparat, die Pläne, jedweden zu organisieren und zu militarisieren, sie dienten nur dazu, um mit dem Überfall auf Polen diesen furchtbaren Krieg vom Zaune zu brechen. Wären denn die Nachbarländer, wären Polen, Frankreich, Holland und Belgien wirklich so unvorbereitet und leicht zu überrumpeln gewesen,

---

[146] Für den Abschnitt: "einzusehen – vertuschen" hat die Zeitschriftenversion: "zu sehen, was jeder unvoreingenommene Mensch klar erkannte, daß bereits zu Beginn nur die Verfälschung und Verdrehung der Tatsachen überhaupt zur Machtübernahme Hitlers führte."

wenn sie nicht den wiederholt abgegebenen Friedensbeteuerungen dieses "größten Feldherren aller Zeiten" – wie er sich selbst nannte – geglaubt hätten?

Für mich und für unsere gleichdenkenden Freunde waren dies lange schon klar erkannte Tatsachen, und es fiel uns oft nicht leicht, bei derartigen Gesprächen unsere persönliche Anschauung und Einstellung für uns zu behalten.[147]

Aber es gab da auch eine, wenn auch kleine Anzahl von Soldaten, die anders dachten – insbesondere lernte ich einen Feldwebel kennen –, mit denen ich zwar nie über mein Geheimnis zu sprechen wagte, von denen ich aber glauben durfte, daß sie nichts von der Parole vom "guten Deutschen" und "schlechten Juden" hielten. Vielleicht war ihnen dieses Ammenmärchen zu dumm, oder vielleicht hatten sie einfach zuviel gesehen![148] Fühlten sie überhaupt noch als Deutsche, wollten sie noch etwas mit diesem "Volk der Dichter und Denker" gemein haben? Konnten sie denn nach alledem überhaupt noch an ihr deutsches Vaterland und seine führenden Männer glauben?

### Sie munkelten von Gaskammern

Wie hätten sie die Augen verschließen können vor dem, was geschah! Waren sie nicht Zeugen gewesen von Massengräbern, die sich halbverhungerte Greise, Jünglinge, Frauen und Kinder selbst schaufeln, in die sie sich nackt hineinlegen mußten, um dann von zynisch lächelnden SS-Männern mit Garben von Maschinengewehrsalven zu Tausenden niedergemetzelt zu werden?[149]

Sie berichteten nur zögernd, nur ängstlich von dem Entsetzlichen: Daß es mit elektrisch geladenem Stacheldraht umgebene Konzentrationslager gab. Sie munkelten von Gaskammern, in denen an einem einzigen Tag Hunderte von jüdischen Menschen fa-

---

[147]  Der nächste Abschnitt: "Für mich – zu behalten" fehlt (S. 55) in den Buchausgaben.
[148]  Ebenso sind die nächsten Satze: "Fühlten sie – glauben?" dort (S. 55) ausgespart.
[149]  Für den Abschnitt: "Wie hätten sie die Augen verschließen können vor dem, was geschah! Waren sie nicht Zeugen" steht (S. 56): "Waren sie am Ende gar Zeugen..."

brikmäßig getötet wurden[150] – Ärmste der Armen, allein wegen ihrer Religion in Vernichtungslager gesteckt, an deren Tor, wie im Konzentrationslager Buchenwald, zum bitteren Hohn die Worte eingemeißelt waren: "Recht oder unrecht: Dein Vaterland!"[151]

Gewiß, sie sprachen nicht gern darüber oder nur in Bruchstücken. Gerade sie konnten es nicht wagen, die nicht mehr an den "Endsieg" glaubten und die ihn sich gar nicht wünschen konnten, da dann alles Recht, jedwede Gerechtigkeit und jede noch bestehende Religion, auch die christliche, in den Boden gestampft worden wären. Warum kamen sie aber gerade im Gespräch mit mir überhaupt darauf? Fühlten sie sich mir verbündet – wenn es auch nie mit einer Bemerkung angedeutet wurde? Sie achteten sehr darauf, daß außer ihnen "Gleichgesinnten" niemand etwas von dem erfuhr, was leider nur allzu wahre Tatsache war. Wie leicht hätten sie sonst selbst in ein solches Lager kommen können! Es war ja damals die gebräuchlichste Redewendung, zumal wenn gegen das Regime Vorwürfe erhoben wurden: Sei still, sonst kommst du ins KZ!

Und ein jeder hat gewußt, daß damit nicht ein Erholungsheim oder eine Vergnügungsstätte gemeint war!

Diese zwei schrecklichen Buchstaben[152]: KZ!

Sie besagten, daß hier der Weg des Menschen zu Ende war...

Und immer wieder wurden in mir diese bruchstückhaften, aber doch damals mit eigenen Ohren gehörten Berichte unselig lebendig, wenn wir nach dem Krieg tausendfach zu hören bekamen: "... ja, das haben wir doch nicht gewußt!"

Warum sagen sie so? Sind sie zu feige, ihr Wissen einzugestehen? Wollen sie sich selbst belügen oder ihr Gewissen beruhigen? Ich kann und will nicht behaupten, daß alle wissen mußten, was in den KZs geschah. Aber viele der Landser waren doch Fahrer von

---

[150] Der folgende Abschnitt: "Ärmste der Armen – wünschen" konnten" wird in den Buchausgaben (S. 56) verkürzt auf: "Konnten diese Soldaten noch an einen 'Endsieg' glauben? Konnten sie ihn etwa herbeiwünschen?"

[151] Die Aufschrift am Fries des Eingangstors in Buchenwald lautete: "Recht oder Unrecht – mein Vaterland", vgl. Der Buchenwald-Report. Bericht über das Konzentrationslager Buchenwald bei Weimar, hrsg. v. David A. Hackett, 2. Aufl. München 1997, S. 71. Daß diese Devise auch an den Toren anderer KZs stand, ist nicht bekannt.

[152] Für "KZ – bekamen" steht in den Buchausgaben (S. 56): "Immer und immer wieder mußte ich mich nach Kriegsende an jenes offene Geheimnis von damals erinnern, wenn es tausendfach entschuldigend hieß"

Transporten, um nur die "geringfügigste" Beteiligung herauszugreifen, einer flüsterte es doch dem anderen zu! Aber keiner unternahm etwas!

## *In fünf Minuten vergast*

Bereits im Jahre 1942 hatte ein heimliches Gespräch meines Mannes mit einem ihm von früher bekannten Polizisten in Dortmund stattgefunden – es hatte den eigentlichen Antrieb zu unserem Vorhaben gegeben, nicht mit den Unseren zusammen den Weg in die sichere Vernichtung zu gehen. Damals sagte dieser Polizist meinem Mann ganz offen: "Wenn sie dich zum Osten schicken, sieh zu, daß du nicht in einen geschlossenen Waggon steigst. Dann bist du in fünf Minuten vergast! Ich habe es selbst gesehen."

Dieses Gespräch genügte, uns – die wir doch damals von allem ausgeschlossen waren – mit der schrecklichen Wahrheit bekannt zu machen.[153] Und sie alle, die mitten darin standen, an jedem Erleben Anteil haben konnten, sie sollen nichts davon gewußt haben?

Oder, was noch schlimmer ist, sie wollen heute nichts mehr davon wissen.

Eine Begebenheit aus jenen Tagen aber, die mir jetzt – nachdem ich einen gewissen Abstand gewonnen habe – beinahe amüsant erscheint, will ich hier berichten. Eines Abends – die älteren Familienangehörigen hatten sich schon zur Ruhe begeben – saßen einige erwachsene Kinder der Familie Aschoff und ich zusammen am Herdfeuer, um uns noch etwas zu erwärmen. Es gesellten einige der Einquartierten sich unserem Kreise zu. Da wurde über alles Mögliche gesprochen, bis man auf einmal beim Thema Literatur angelangt war. Man sprach über Bücher, über damals verbotene, sogenannte "entartete Kunst".

## *Um den Schlaf gebracht*

Da hörte ich schon einen, der mir immer schon rein äußerlich und in der ganzen Art seines bewußt "teutschen" Auftretens als der

---

153 Für "Und sie alle – berichten" haben die Buchausgaben (S. 57): "Und die Millionen anderen, die mitten im normalen Leben standen, sie sollen nichts davon gewußt haben?"

fanatischste der bei uns einquartierten Soldaten erschienen war, einen Spruch zitieren:[154]

*Oh, verflucht, diese Schweine!*
*Ich verbrannte einen Band Heinrich Heine.*
*Da wusch ich die Hände mir säuberlich*
*und denke, nun sind sie wohl reine!*

Das war fast mehr, als ich ertragen konnte. Im stillen bat ich den Dichter um Verzeihung, daß ich nicht für ihn einzutreten vermochte. War nicht auch er ein Verbannter gewesen, der am Heimweh nach Deutschland starb?[155] Von ihm stammt der Vers:

*Denk ich an Deutschland in der Nacht,*
*bin ich um meinen Schlaf gebracht.*

Oder jener andere:

*Ach, jenes Land der Wonne,*
*das seh ich oft im Traum;*
*doch kommt die Morgensonne,*
*zerfließt's wie eitel Schaum.*

Hätte ich das alles doch dem Hohlkopf entgegenschleudern können! Aber hätte Heine das überhaupt gewollt? Blitzartig kamen mir auch jene Verse in den Sinn aus dem "Buch der Lieder", die für diese schlimme Zeit für mich das Leitmotiv abgeben mochten:

*Anfangs wollt' ich fast verzagen,*
*und ich glaubt', ich trüg es nie;*
*und ich hab' es doch getragen –*
*aber fragt mich nur nicht wie?*

Drängte es mich, diese Verspottung eines großen Deutschen zu rächen? Oder wollte ich nur diesen "Herrenmenschen" bloßstellen? Ohne Überlegung hörte ich mich selber die Frage an ihn stellen: "Was ist das eigentlich, ein Jude? Woran kann man ihn erkennen?..." Schon spürte ich einen heimlichen Fußtritt, mit dem mir Anni, die älteste Tochter, meine Unbesonnenheit zu verstehen geben wollte.[156]

---

[154] Der Abschnitt: "Da hörte – zitieren" ist in den Buchversionen verkürzt (S. 57) auf den Satz: "Und schon zitierte ein Soldat, der als der fanatischste galt, den Spruch..."

[155] Ausgelassen ist in den Buchausgaben (S. 57) der Abschnitt: "Von ihm – überhaupt gewollt?"

[156] "Drängte es – Was ist" wird in den Buchversionen (S. 57) umformuliert in: "Schließlich richtete ich an den "Herrenmenschen" die Frage:".

Mit allen möglichen Ausflüchten versuchte nun der Gefragte, um eine Antwort herumzureden, bis er schließlich sagte, das kön- ne er nicht so ohne weiteres erklären. Da gebe es gewisse Rasse- merkmale, und er fühle es eben ganz einfach, wenn jemand Jude sei; er spüre ganz instinktiv, wenn ein Jude in seine Nähe käme ...

Ich konnte es nicht wagen, mir eine weitere Blöße zu geben. Es war schon recht schwer, unter den vielsagenden Blicken meiner "Verbündeten" unbefangenen Ernst zu wahren. Am liebsten wä- re ich trotz der tragischen Situation in Lachen ausgebrochen. Ich hatte aber meine Genugtuung: Ich, eine Jüdin, saß diesem "Arier" genau gegenüber, und mußte mir seine Formulierung von dem "sicheren Erkennen" eines jüdischen Menschen anhören!

### Es geht dem Ende zu

Die nächsten Wochen vergingen wieder ohne besondere Ereignis- se, bis mir kurz vor Weihnachten ein neuer Schrecken eingejagt wurde. Es war ein eiskalter, stürmischer Wintertag. Die Lebens- mittelzuteilungen waren recht dürftig geworden, und täglich ka- men oft bis zu zwanzig Menschen auf den Bauernhof, um sich et- was Eßbares zu erbitten. Jeden Morgen wurden dann auch von der Bäuerin entsprechende Stücke Speck, Eier und dergleichen zu- rechtgelegt. An diesem Spätnachmittag – es war schon fast dun- kel – klopfte es wiederum. Das Anliegen des Besuchers ahnend, wurde ich gebeten, zur Tür zu gehen und den Mann zu beschei- den, die für diesen Tag bestimmte Ration sei schon weggegeben worden. Beim Öffnen wurde mir die Haustür fast vom Sturm aus den Händen gerissen. Es stand auch wirklich ein Mann draußen, der nach Lebensmitteln fragte. Auftragsgemäß sagte ich meinen Spruch auf, da hörte ich aber schon die Stimme von Frau Aschoff, deren gutes Herz es wieder einmal nicht zuließ, jemanden so weg- zuschicken. "Frau Krone", rief sie, "loat's eenen Augenblick waor- ten, ick mak em en Boutterbraut!" (Frau Krone, lassen Sie ihn einen Augenblick warten, ich mache ihm ein Butterbrot.)

Arglos fragte ich in der Wartezeit den Unbekannten: "Mein Gott, wo kommen Sie denn noch so spät her bei einem solchen Wetter?" – "Aus Ahlen", erwiderte der Mann ... Ahlen! Das gab mir einen Schock. War es Einbildung, daß ich meinte, er habe mich dabei so merkwürdig angesehen? Warum in aller Welt mußte ich ihm auch diese Frage stellen!

Ich war so erregt und ängstlich, daß ich nicht wagte, der Familie Aschoff von dem kurzen Gespräch etwas zu berichten. Wieder einmal kam mir die unsäglich gefährliche Lage zum Bewußtsein, in der wir uns immer noch befanden, mein Mann, von dem ich nicht wußte, ob er nicht von einem zum anderen Tag in seinem Versteck aufgestöbert wurde, mein Kind und ich.

Noch viel bedrückender aber war es, wie sehr wir diese tapferen Menschen gefährdeten.[157] Sie bewiesen mehr Mut als mancher Soldat, der zwar auch sein Leben einsetzte, aber wenigsten wußte, wo der Feind stand. Diese Menschen hier wußten nicht, während sie aus reiner Menschenliebe handelten, ob nicht ihre deutschen Brüder und Schwestern ihre Feinde waren, die sie verrieten.

Ich legte mich hin, aber wieder einmal konnte ich keinen Schlaf finden. Ein Gedanke jagte den anderen: Konnten wir es überhaupt noch verantworten, alle diese Menschen in solche Gefahr zu bringen? Hatten wir nicht in der Zeitung gelesen, wie man holländische Menschen in den Straßen von Amsterdam als abschreckendes Beispiel erschossen hatte, nur weil sie es wagten, ihre jüdischen Mitbürger zu verstecken? Auch hier würde man nicht viel Federlesens machen! Wir Todgeweihten konnte vielleicht fliehen und versuchen, uns weiterhin zu retten. Aber wenn auch nur einer von unseren Freunden deswegen sein Leben verlieren mußte, wir hätten nie in unserem Leben wieder Ruhe gefunden. – Und es bestand kein Zweifel, daß man sämtlichen Familienmitgliedern – in dieser Zeit der Sippenhaftung –, Eingeweihten und Uneingeweihten, den Prozeß gemacht haben würde.

O Gott, mögest du uns vor dem Ärgsten bewahren![158]

*Bis zum letzten zu verteidigen*

Im Spätherbst 1944 häuften sich die vernichtenden Bombenangriffe auf die Städte unserer nächsten Umgebung. Urlauber berichteten, daß die Kriegsfronten immer enger ins Innere des Landes

---

[157] "Der Abschnitt: "Sie bewiesen – verrieten" ist in den Buchausgaben ersetzt (S. 58): "die uns verbargen."
[158] Der Satz: "O Gott, mögest du uns vor dem Ärgsten bewahren" fehlt (S. 59) in den Buchversionen.
Die folgende Überschrift: "Ein Stempel mit Hakenkreuz" ist in der 4. Auflage ersetzt durch: "Bis zum letzten zu verteidigen".

vorrückten. Die bei uns einquartierten Soldaten erhielten mehrfach den Befehl zur Einsatzbereitschaft, der einige Male aufgehoben und immer wieder kurzfristig erneuert wurde.[159] Der von der amerikanischen Armee bereits über Aachen hinaus vorgetriebene Angriff ließ vermuten, daß sie auch an anderen Stellen vorgehen würden.

Infolge dieser Umstände kamen für uns Schwierigkeiten auf, mit denen wir bislang nicht gerechnet hatten. In allen Zeitungen, bei jeder Rundfunknachricht wurde wieder und wieder befohlen, im "Falle eine Angriffes des Feindes auf unser Vaterland jede Stadt, jedes Dorf, jedes einzelne Haus, jeden Bauernhof bis zum letzten zu verteidigen". Und inzwischen war sich jeder darüber im klaren, daß diese immer wieder eingehämmerten Parolen zur bitteren Wahrheit werden sollten. Wenn dieses Regime einen Befehl erteilte, kam er auch zur Durchführung, gleichgültig, wie ausweglos und irrsinnig er von vornherein erschien. Hitler hatte an sein deutsches Volk appelliert: "Gebt mir zehn Jahre Zeit, und ihr werdet Deutschland nicht wiedererkennen!" – und wie grausam hatte sich seine Voraussage erfüllt! Er hatte prophezeit, daß er das Judentum mit Stumpf und Stiel würde ausrotten – und auch dieses gottlose Versprechen war von ihm gehalten worden!

*Menschenleben waren Nebensache*

Daß bei einem Sieg über Deutschland ihr Leben zu Ende sein würde, wußten diese Herren ganz genau. Und nun lag ihnen nur daran, es nach Möglichkeit zu verlängern, koste es, was es wolle. Wie viele Menschenleben dieses makabre Spiel noch kosten würde, war für sie eine Nebensache.

War denn allen Deutschen in den elf Jahren, die dieses Schreckensregime schon andauerte, jede Kraft zum Denken verloren gegangen, konnten sie wirklich glauben, mit der Verteidigung jedes einzelnen Hauses eine Entscheidung gegen eine erdrückende Übermacht herbeizuführen? Zeitigte das unaufhörliche Eintrichtern der nationalsozialistischen Ideen derart grausige Auswirkungen, daß das Leben eines einzelnen nichts, gar nichts mehr galt, wenn es – wie die Propaganda behauptete – um die Freiheit der Nation ging? Sah so die geistige Freiheit eines Volkes

---

[159]  Ebenso fehlt der Satz: "Der von – vorgehen würden", vgl. S. 60 in den Buchausgaben.

aus, wie sie dereinst von Arndt, Lessing und Schiller gepriesen wurde? Diese Art von Freiheit der Nation war nichts als die bitterste Knechtschaft.

Wir mußten damit rechnen, daß wir im Falle eines Kampfes den Hof verlassen mußten. Wie aber hätten wir uns ausweisen können, wenn wir von den Behörden nach unserer Herkunft befragt wurden? Es kam der 29. Oktober 1944, ein denkwürdiger Tag für mich! In den Nächten zuvor hatten auf die Regierungsstadt Münster die vernichtendsten Angriffe des Krieges stattgefunden. Augenzeugen berichteten, daß die Stadt einem Flammenmeer gleiche, die Behörden zerstört und Auffanglager zur neuen Registrierung errichtet seien.

Blitzartig kam mir da der Gedanke, die Lage auszunutzen und vielleicht ein Ausweispapier für uns zu erhalten. Ein äußerst gefährliches Unternehmen! Ich wagte nicht, meinen Mann vorher in Kenntnis zu setzen, da ich mir der Gefahr dieses Versuches bewußt war. War es angebracht, für ein falsches Papier, von dem ich nicht einmal wußte, ob ich es erhalten würde, mich in die "Höhle des Löwen" zu begeben? Meine innere Stimme sprach mir Mut zu, und ich weihte die älteste Tochter der Familie Aschoff in meinen Plan ein. Wie oft hatte sie sich in allen möglichen Situationen als tapferer, guter Freund erwiesen! Mutig, wie sie war, und auch ein wenig abenteuerlustig bot sie mir an, mich zu begleiten.

Am späten Vormittag machten wir uns mit Fahrrädern auf den Weg. Kaum waren wir auf der Straße von Herbern nach Münster, als es bereits Fliegeralarm gab. Da waren auch schon in erschreckendem Ausmaß Tiefflieger zu sehen, die zum Sturzangriff auf Lastwagen, Autos und Pferdefuhrwerke ansetzten und sie mit Bordgeschützen beschossen. So nahe waren sie uns, daß wir die Piloten in den Kanzeln erkennen konnten! Schnell warfen wir die Fahrräder hinter eine Böschung und suchten in dem an die Straße grenzenden Wald Schutz. Es war nicht ein einziges Flakgeschütz zu hören, das die Flugzeuge hätte vertreiben können, und so konnten sie völlig ungestört ihre Aufgabe ausführen, auch noch die letzten Nachschubwege und Versorgungsfahrzeuge zu zerstören.

Das Hauptgeschwader schien abgedreht zu haben, und wir wagten uns aus unseren Schlupfwinkeln hervor. Welch grausamer Anblick bot sich uns bei unserer Weiterfahrt von zerschossenen

Wagen, von Toten und Verletzten! Ihr Armen, wofür mußtet ihr sterben?

Bei unserer Ankunft in Münster lag ein übler Brandgeruch über der Stadt. Aus den Trümmern der letzten Bombennächte stieg noch immer Rauch, wohin man auch blickte. Ziellos fuhren wir durch die Straßen, die noch befahrbar waren. Unsere Überlegung war, bei der Behörde anzugeben, daß wir beim Vormarsch der Amerikaner ins Landesinnere flüchten mußten. Deshalb ließ ich mir in einem improvisierten Postamt ein Telefonbuch von Stolberg geben, einem Ort, der des öfteren in Wehrmachtsberichten genannt wurde. Für den Fall, einen Beamten anzutreffen, der zufällig aus dem gleichen Ort war, wollte ich eine Adresse haben, die wirklich existierte. Die Jülicher Straße 3 dachte ich mir als "frühere Wohnung" aus. Aber auch von dort hätte ich einen Ausweis haben müssen![160] So beschloß ich anzugeben, daß wir durch Hilfe von Bekannten vorübergehend nach Münster gekommen seien. Unsere Unterlagen seien beim letzten Bombenangriff verlorengegangen.

Gewiß war alles reichlich unglaubwürdig, aber infolge des unbeschreiblichen Durcheinanders in der Stadt mochte es wohl angehen, daß niemand längere Nachforschungen anstellte. Wir sahen uns einige zerstörte Häuser an und fanden am Eingang einer fast völlig zerstörten Straße die Aufschrift "Gruetgasse" an den Ruinen eines Hauses das Nummernschild 1/2. Jetzt erkundigten wir uns nach der zuständigen Meldestelle für diesen Bezirk und wurden zu einem ehemaligen Schulgebäude, jetzt erstes Polizeirevier, verwiesen.[161]

---

[160] Nötig war eine "Abreisebescheinigung". Marga Spiegel alias "Frau Krone geb. Rolf, geb. am 21.8.1914, und Karin Krone, geb. 4.3.1939," erhielten diese dann vom Amtsbürgermeister Nordkirchen am 4.3.1945, dem angeblichen Geburtstag von Karin Spiegel.

[161] Das 1. Revier war in der Berufsschule am Zwinger untergebracht, heute Coerdestraße 2. Freundliche Auskunft von Frau Kock, Bibliothek/Dokumentation der Polizei-Führungsakademie Münster vom 28.1.1999. Zitiert aus: Die S.K. Polizei Münster. Entwicklung und Aufbau seit 1945. Jahresbericht 1948. Laut Brief vom 25.2.1999 bezweifelt Frau Spiegel, ob das von ihr gemeinte Polizeirevier in der Berufsschule am Zwinger lag, kann sich aber nicht näher erinnern.

Dort angekommen, sank mein Mut erheblich. Meine Begleiterin blieb voll Aufregung bei den Fahrrädern zurück und harrte der Dinge, die jetzt kommen mochten.

Wer kann mir nachfühlen, wie mir zumute war, als ich – eine Person, die gar nicht existieren durfte! – in das mit einem Hakenkreuz geschmückte Gebäude trat und schließlich von einem Uniformierten nach meinem Anliegen gefragt wurde! Zögernd trug ich ihm meine Lügengeschichte vor. Er stutzte bereits gleich zu Anfang meiner Erzählung und bemerkte, daß er gar nicht verstehen könne, wieso ich mit einem Kind ausgerechnet nach Münster, das als Hauptgebiet für Luftangriffe angesehen werden müsse, evakuiert worden sei. Sicherlich war er übermüdet, dieser Wachtmeister[162] Scholz, sonst hätte er schon da meine Verwirrung bemerken müssen!

Gezwungenermaßen aber log ich weiter, daß Bekannte mich mitgenommen hätten. Wo wir denn in Münster gewohnt hätten, lautete seine Gegenfrage. Ich antwortet ohne Überlegung: "Gruetgasse 1/2".

Da sah der Beamte zu mir auf. Noch heute fühle ich seinen mißtrauisch durchdringenden Blick, als er erwiderte: "Ich wohne da ganz in der Nähe. Da war aber doch gar kein Wohnhaus!"

Blitzschnell arbeiteten meine Gedanken: Jetzt eine andere Hausnummer anzugeben, müßte sofort seinen Verdacht hervorrufen. Ein Haus mit dieser Nummer hatte dort gestanden, und wenn es kein Wohnhaus war, konnte es vielleicht ein Geschäftshaus gewesen sein. Niedergeschlagen und voller Aufregung trug ich ihm vor, daß wir nur einige Tage notdürftig im Nebenraum eines Ladens untergekommen wären.

Es war heraus; komme, was da wolle!

Ich bin sicher, daß nur das Chaos nach diesen entsetzlichen Zerstörungen und die nachdrängenden Menschen in diesem Augenblick meine Rettung waren! Sie ließen den Wachtmeister nicht Zeit und Ruhe, bei meiner Angelegenheit länger zu verweilen. Und ich konnte es kaum fassen: Er stellte mir wirklich eine Bescheinigung aus! Mit dem Augenblick, wo er unter das Dokument den Stempel mit dem mir so verhaßten Hakenkreuz setzte, wußte

---

[162]   Er war nach dem Stempel "Meister der Schutzpolizei".

ich, daß diese "Schlacht" für mich gewonnen war. Nun würde ich auch weitere Papiere bekommen!

### Rettende Fälschung

So war es – und so ist es noch heute. Zeigt man bei einer Behörde ein einziges abgestempeltes behördliches Schreiben vor, forscht niemand mehr nach dessen Richtigkeit!

Ich beging diese Fälschung für mein Kind und mich, um mich einer Gefahr zu entziehen, in die wir völlig unverschuldet geraten konnten. Wie oft aber wurden Fälschungen nach dem Krieg von jenen Menschen angewandt, die schwere Schuld auf sich geladen hatten und mit gefälschten Papieren und unter falschem Namen ein Leben in geheuchelter Unschuld führten! Wie aber können sie das "Leben" nennen, wo sie oft Hunderte und Tausende von Menschenleben auf dem Gewissen haben![163] Wenn sie nicht völlig sich von aller menschlichen Bestimmung abgekehrt hätten, könnten sie so nicht leben, beladen mit ungeheurer Schuld.

Noch völlig verwirrt von dem Erlebten, berichtete ich meiner tapferen Vertrauten, die voll Aufregung und Ungeduld auf mich wartete. Wie aufrichtig nahm sie doch an unserem Schicksal teil, als ob es das ihre wäre!

Stolz auf unseren "Erfolg" fuhren wir heimwärts. Nun galt es, mich mit diesem wertvollen "Wisch" auch offiziell anzumelden. Zuerst einmal fuhr ich am darauffolgenden Sonntag zu Familie Silkenbömer, um in aller Heimlichkeit meinen Mann zu sprechen. Der aber verurteilte mein Tun und ließ sich auch durch das Vorweisen des "Dokumentes" nicht umstimmen. Seine Ansicht blieb, daß die erhaltene Bescheinigung nicht die Gefahr aufwiege, in die ich mich begeben hätte.

Ich fühlte mich trotzdem erheblich sicherer als "Margarethe Krone". Es wurde beschlossen, die Anmeldung in Nordkirchen vorzunehmen. Falls irgendwelche Nachforschungen nach meiner Person und der Zuzugsgenehmigung kommen sollten, hätte man uns immer noch in Herbern verständigen können. Es wurden auch weiterhin alle Vorsichtsmaßregeln beibehalten, denn wir waren noch keineswegs am Ende.

---

[163] Der folgende Satz: "Wenn sie – Schuld erscheint (S. 63) in den Buchausgaben als: "Wer weiß, wie viele dieser Ungeheuer noch unerkannt unter uns leben".

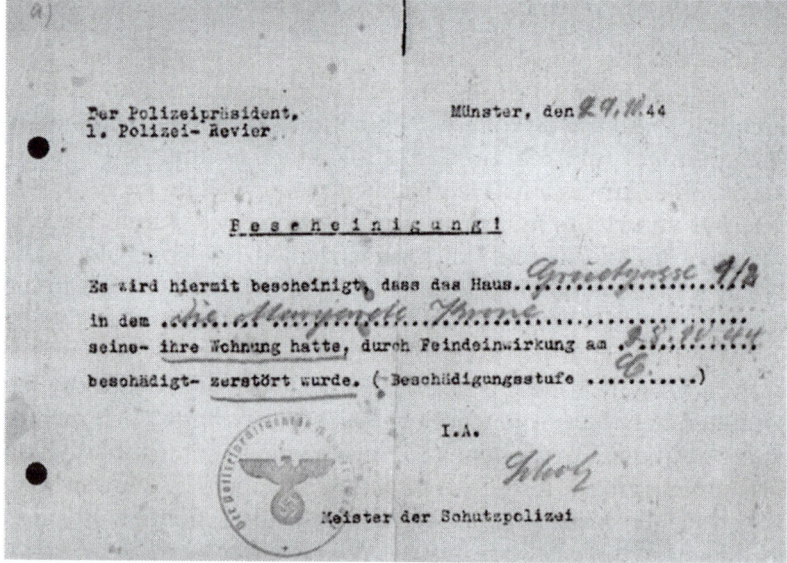

Stadt/Gemeinde **Der Landrat** **Lüdinghausen** am 6. II. 1945

Kreis **Geschäftsstellungsbehörde**

Aktenzeichen: *N2*
In der Antwort anzugeben

An

Frau Margarete K r o n e

Nordkirchen
Piekenbrock 18

Betr.: Ihren Antrag vom 28. 11. 44 auf eine Vorauszahlung nach der Kriegssachschäden-verordnung vom 30. November 1940.

Als Vorauszahlung für die von Ihnen am 28. 11. 44 beantragte Entschädigung zur ~~XxxxxxxxxxxXxxxx~~ ~~XXXxxxxXXXXXXxxxxxXXXxxxxx~~ Deckung des ersten Bedarfs

gewähre ich Ihnen nach § 26 der angezogenen Verordnung einen Betrag von

600,– RM

in Buchstaben: Sechshundert – – – – – – – – – Reichsmark.

Übersteigt diese Vorauszahlung die später durch Bescheid festgesetzte Entschädigung, so sind Sie zur Rückzahlung des Mehr-betrags verpflichtet. Der Betrag wird ~~XXXXXXXXXXXX~~ durch die Amtskasse

in Nordkirchen überwiesen werden.

*Die Abreiseberechtigung ist bei Abhebung des Betrages mitzubringen*

FVG Verdruck Nr. 123. Bescheid zum Antrag auf eine Vorauszahlung nach der Kriegssachschädenverordnung vom 30 November 1940. Kommunal-Verlag Sachsen Kurt Gruber K.-G., Dresden A 1. 3. 44 unsm Nachdruck verboten.

(Unterschrift)

---

Der Polizeipräsident, Münster, den 29. 11. 44
1. Polizei- Revier

B e s c h e i n i g u n g!

Es wird hiermit bescheinigt, dass das Haus *Gruetmere 9/2*

in dem *die Margarete Krone*

seine- ihre Wohnung hatte, durch Feindeinwirkung am *28. 10. 44*

beschädigt- zerstört wurde. (Beschädigungsstufe ..........)

I.A.

Meister der Schutzpolizei

*Abbildung 18: Die neuen Papiere "Margarete Krones" 1944*

Und es schien auch gleich zu Anfang einen schlechten Start zu geben. Beim Amt in Nordkirchen traf ich ausgerechnet auf ein junges Mädchen, das ich schon vorher bei der Familie Südfeld in Südkirchenkennengelernt hatte. Zum Glück war ich ihr auch als Frau Krone vorgestellt worden – aber als Evakuierte aus Dortmund! Auf der Bescheinigung aber war Stolberg als meine Heimat angegeben...

Ich weiß heute noch nicht, ob sie einen Betrug ahnte, oder ob sie annahm, daß ich vielleicht aus einem ihr unbekannten Grunde erzählt habe, daß ich aus Dortmund sei, nicht aus Stolberg, wie mir jetzt amtlich bescheinigt worden war... Kaum hatte ich diesen Schreck überstanden, wurde ich nach Anschrift und Verdienst meines Mannes befragt. Einmal begonnen, mußte ich mein Lügengespinst weiterspinnen: Mein Mann sei vermißt, und als Verdienst nannte ich irgendeine glaubwürdige Zahl.[164]

Automatisch erhielt ich auf diese Anmeldung hin einen einzureichenden Antrag auf Gewährung von Familienunterhalt. Auch die noch fehlende "Abreisebescheinigung" aus Stolberg wurde mir vom Amt Nordkirchen als "Ersatz" für die verlorengegangene ausgestellt. Als ich später an die angegebene Wohnung bei Familie Silkenbömer einen Bescheid erhielt, für Karin und mich monatlich 14 RM abzuholen, erschien es mir wie ein Scherz, den sich das Schicksal erlaubte...

Seltsamerweise lebte ich mich so in den Gedanken als "Margarethe Krone" ein und glaubte so sehr an das von mir angegebene Schicksal, daß es oft schwerfiel, zwischen Dichtung und Wahrheit zu unterscheiden. Daß ich während der Zeit meines Untertauchens auf den Namen Krone hörte, war verständlich, daß ich aber auch jetzt noch prompt auf den Anruf "Krönchen" höre, wenn er hin und wieder von unseren damaligen Beschützern scherzhaft gebraucht wird, beweist doch, wie sehr er zu meinem Leben dazugehört. Lange nach Kriegsende gab ich bei Behörden, ohne es zu merken, das Geburtsdatum an, das ich mir als Frau Krone zugelegt hatte.

---

[164] Sie gab 186 Mark als Gehalt des Ehemannes an, wovon sie 3/4 erhielt, d. h. 139 RM, wie der Landrat des Kreises Lüdinghausen am 18. 12. 1944 bescheinigte.

Alles geht einmal vorbei – auch dieser unselige Krieg neigte sich dem Ende zu. Die Lücken in den Reihen der Truppen wurden immer größer. Von denen, die davongekommen waren, hörten wir erschreckende Berichte über die Konzentrationslager im Osten. Ihre Insassen, die die furchtbaren Jahre bis dahin überstanden hatten, wurden zusammengepfercht und erschossen, damit dem nachrückenden Gegner der Einblick in die von Deutschen begangenen Grausamkeiten verwehrt würde. Damit schwand unsere letzte Hoffnung, auch nur einen einzigen unserer Anverwandten wiederzusehen.

Kurz vor Ostern 1945, das für den westfälischen Bereich das Kriegsende brachte, hatte mein Mann noch einmal Todesangst auszustehen. Auf dem Silkenbömerschen Hof fand eine Besichtigung aller verfügbaren Räume statt, um für eine Einquartierung vorbereitet zu werden.

Schlagartig erfaßte Herr Silkenbömer, daß die Kommission auch den Raum betreten würde, in dem sich mein Mann befand. Äußerlich ruhig rief er, als ob er das Personal fragen wollte: "Wo is en de Schlüetel?" (Wo ist denn der Schlüssel?) Das war das zwischen meinem Mann und ihm verabredete Zeichen bei drohender Gefahr. Um meinem Mann ein paar Minuten Zeit zu verschaffen, das dafür vorgesehene Versteck aufzusuchen, entschuldigte sich Herr Silkenbömer bei den Männern, daß er die Toilette aufsuchen müsse.

Mein Mann, der das Gespräch mitangehört hatte, befürchtete, den Leuten direkt in die Arme zu laufen, wenn er sich in die mit Tapeten beklebte Luke begeben würde. Sie lag im Flur, durch den sie heraufkommen mußten, und führte über das Heu auf den über der Scheune befindlichen Teil des Gebäudes. Kurzerhand versteckte er sich im Kleiderschrank und hörte auch schon die befehlende Stimme eines der Männer, die Herrn Silkenbömer erklärte, daß ein Regimentstab der SS zur Einquartierung komme. Welche Schreckensstunden für meinen Mann, und wie glücklich war er, als ihm Herr Silkenbömer nach acht Stunden verkünden konnte, daß die SS-Leute auf Befehl wieder weitergezogen seien!

Wir hörten von Kämpfen bei Ahaus, und im alliierten Bericht hieß es, daß Spitzen der Truppen bereits in den Raum Lüdinghausen vorstießen. In der Nacht zum Gründonnerstag hörte man deutlich in einiger Entfernung das Grollen des Geschützfeuers. Doch nicht ein Funke Freude regte sich, daß wir nun bald befreit sein würden – in mir bohrte wie bei allen anderen die Angst vor dem nahe bevorstehenden Kriegsende. Was mochten uns die letzten Tage bringen?

Am Karfreitagmorgen kamen die Kinder von Aschoffs von der Beichte zurück und berichteten, daß im Dorf schon amerikanische Panzer stünden. Der Bericht gab mir das Gefühl, endlich freier atmen zu können. Aber es war noch nicht die wirkliche Befreiung: Was konnte noch geschehen, wie lange mochte der Kampf währen, wenn wirklich Dorf für Dorf, Hof für Hof verteidigt würden? Was mochte sich inzwischen in dem nur wenige Kilometer entfernten Nordkirchen zugetragen haben?

Die Nacht zum Sonnabend vor dem Osterfest steht noch ganz deutlich in meiner Erinnerung: Gegen Abend wurden heimlich Lebensmittelvorräte in ein Versteck gebracht, um uns für einige Tage mit Nahrung zu versorgen, falls es zu Kämpfen kommen sollte. Die jüngste Tochter der Familie und Karin hatten unsere Heimlichtuerei bemerkt und anscheinend schreckliche Angst bekommen. Nach dem Grund ihrer Angst befragt, gaben sie zur Antwort, sie hätten solche Angst vor den Amerikanern. Es war eine Ironie des Schicksals, daß Karin keine Angst vor ihren deutschen Mitmenschen kannte, die sie doch zum Tode verurteilt hatten – sie fürchtete sich vor den Befreiern, den Fremden, die uns Rettung brachten.

Die Kleine war so verschüchtert, daß ich mich früh mit ihr zu Bett begab. Fest drückte ich mein Kind an mich, das im Halbschlaf immer wieder aufschreckte und stöhnte. Meine Gedanken wanderten zu meinem Mann, zu meiner einzigen Schwester, wanderten zu all meinen Tanten und Onkeln, Schwägern und Schwägerinnen und zu deren blühenden Kindern. Ich dachte an jeden einzelnen von ihnen und begann sie zu zählen, einen nach dem anderen. Es waren siebenunddreißig geliebte Menschen unserer Familien, die man fortgenommen und verschleppt hatte in die alles mordenden Lager im Osten des "Großdeutschen Reiches" – wer von ihnen würde den Augenblick der Befreiung erleben?

## Stern der Freiheit

Im Garten hörte ich Schritte. Ich öffnete leise das Fenster, und Herr Aschoff , der auch nicht schlafen konnte, zeigte mir, wie auf der anderen Seite des Dorfes eine heftige Feuersbrunst loderte. Er erkannte an der Richtung, um welche Gehöfte es sich handelte. Sie waren von SS-Leuten besetzt worden, die wirklich in ihrem Fanatismus versucht hatten, amerikanische Panzer zu beschießen, bis dann diese Höfe noch zuletzt dem Krieg zum Opfer fielen.

Kaum hatte ich mich wieder hingelegt, ließ das in regelmäßigen Abständen vorüberrollende Geräusch schwerer Fahrzeuge mich erneut aufhorchen. Vorsichtig, um das Kind nicht zu wecken, stand ich auf und sah deutlich in der nahenden Morgendämmerung riesengroße Panzer mit gelben Planen bedeckt, über die Straße Ascheberg–Herbern rollen. Stundenlang fuhren die Kolonnen, und als es heller wurde, war deutlich der Stern der Alliierten auf den Planen der Panzer zu erkennen – der Stern der Freiheit für uns! Und da war es das erstemal, daß mein Herz freudiger schlug, daß mir beim Anblick der "Feinde" das feste Bewußtsein kam, endlich befreit zu sein von aller Todesangst.

Am anderen Morgen hatte ich keine Ruhe im Haus zu bleiben. Ich ging mit Anni zur Frühmesse. Der Gedanke, meine Befreier zu sehen, beschleunigte meine Schritte. Und wirklich, beim Herannahen des Ostermorgens sah ich die ersten amerikanischen Uniformen...

Ich ging mit zur Kirche, nahm ein Gebetbuch zur Hand, kniete nieder, hörte die heilige Messe und betete – betete in einer katholischen Kirche zu meinem Gott. Aus tiefstem Herzen dankte ich ihm für meine Rettung und bat inständig, daß auch mein Mann den langersehnten Augenblick der Freiheit erleben möge.

Wir verließen die Kirche, und vor mir stand ein langer amerikanischer Militärpolizist, Kaugummi kauend, dessen angespannte Miene sich erhellte, als ich ihn englisch ansprach und in knappen Worten zu verstehen gab, daß er einen Freund vor sich habe – im Feindesland. Am liebsten hätte ich mich ihm zu Füßen geworfen und diese Füße geküßt, die ihn aus einem anderen Erdteil zu mir geführt hatten.

*Abbildung 19: Siegmund Spiegel und Tochter Karin 1945*

## Wiedersehen

Den Kindern auf dem Hof brachte ich den ersten Kaugummi, die erste Schokolade mit. Frau Aschoff empfing uns und sagte, daß wir uns beeilen möchten, ich solle schnell ins Zimmer gehen, ein amerikanischer Offizier sei da, den Hof zu beschlagnahmen. Ich beruhigte sie, daß das bestimmt nicht geschehen würde, wenn der Sachverhalt geklärt sei. Ich legte mir schon die Worte in Englisch zurecht, die ich vorbringen wollte, öffnete die Tür – und erkannte, daß Frau Aschoff einen Scherz gemacht hatte, um mich zu überraschen: Mein Mann war bereits am frühen Morgen durch die langen Reihen der amerikanischen Militärfahrzeuge zu uns gekommen.

Was für ein Wiedersehen! Sogleich verlangte er nach dem Kind. Wir erzählten Karin, daß ihr Vater heimgekommen sei, und ich ging hinaus, um etwas zum Essen zu richten. Schon nach wenigen Minuten kam Karin weinend zu mir in die Küche und sagte: "So einen Papi will ich aber gar nicht haben!"

In der Stube erfuhr ich dann den Sachverhalt: Die Kleine war laut, hatte um meinen Mann herumgetollt, der aber – während siebenundzwanzig Monaten hatte er nur Flüstern gekannt – keine laute Stimme mehr vertragen konnte, und der nach kurzem Weg mit dem Fahrrad bereits so erschöpft gewesen war, daß er hatte absteigen müssen. Durch das ewige Stillsitzen und Stillverhalten hatte er die Bewegung und das Sprechen verlernt.

## Komischer Irrtum

Ein Vorfall von einmaliger Tragikomik ereignete sich kurze Zeit später. Den Fremdarbeitern auf dem Hof war aufgefallen, daß mein Mann, wie sie glaubten, ein "deutscher Offizier", direkt nach Kriegsschluß zurück sei. Sie nahmen an, daß er aus der Gefangenschaft flüchtete oder sich ihr entzogen habe. Heimlich verständigten sie die amerikanische Kommandantur, und wir sahen nichtsahnend zwei große offene Wagen, besetzt mit amerikanischen Soldaten, auf den Hof kommen. Sogleich stürzten sie von den Fahrzeugen und mit vorgehaltenen schußbereiten Gewehren herein. Angeführt wurden sie von einem Polen. Erschrocken sahen wir uns an, als dieser auch schon auf meinen Mann zuging, mit der Hand auf ihn deutete und zu den Soldaten sagte: "Das ist er!" Mein Mann wurde leichenblaß, er konnte sich nicht erklären, was man von ihm wollte oder ihm zur Last gelegt würde. Ich fragte den Offizier, was los sei, und erfuhr, daß man den "deutschen Offizier" inhaftieren wolle.

Natürlich war das Mißverständnis schnell aufgeklärt. Auf der einen Seite gab's eine kleine Enttäuschung wegen der nicht stattgefundenen Verhaftung, bei uns und bei den Amerikanern aber ein herzliches Gelächter.

Einige Zeit später erhielten wir auch Aufklärung über jene Stunden meines "zweiten Lebens", die die bittersten unserer Versteckzeit überhaupt gewesen waren. Der Wachtmeister, der die Haussuchung bei Pentrop durchführen sollte und der inzwischen erfuhr, daß mein Mann lebte, suchte uns auf. Da stellte sich heraus, daß diese Haussuchung auf eine Anzeige des Pflichtjahrsjungen erfolgen sollte. Man hatte aber lediglich die Aufgabe gehabt, nach einer männlichen Person zu suchen, und würde gar keinen Verdacht geschöpft haben, wenn man mich wirklich gesehen hätte. Und welche Angst hatte ich damals ausgestanden!

Mein Bericht endet hier. Wir blieben noch einige Wochen gemeinsam auf dem Aschoffschen Hof und kehrten dann nach Ahlen zurück, in die Stadt, aus der wir vor sieben Jahren ausgewiesen worden waren.[165]

Unsere Freude über die Befreiung aber war getrübt, denn trotz langen Wartens und Hoffens blieben wir allein. Kein einziger unserer Verwandten gesellte sich zu uns, und bald wurden unsere Vermutungen zur bitteren Gewißheit: Wir hatten siebenunddreißig der nächsten Angehörigen verloren! Aber auch andere Juden kehrten nicht zurück. Die jüdische Gemeinde hatte aufgehört zu bestehen.

Wir hatten nicht die Kraft, uns zu freuen, und nicht die zu hassen, uns zu rächen. So war es nicht nur bei uns. Überall, wo noch ein jüdischer Mensch wieder auftauchte, war es das gleiche: Sie waren zu abgestumpft, zu schwach, um eine rechte Freude über die wiedergewonnene Freiheit zu empfinden. Nicht einmal zum Auflodern von Haß- und Rachegefühlen reichte unsere Kraft. Wir waren nach zwölf Jahren offener Bekämpfung und Verfemung keines heroischen Gefühls mehr fähig.

Die jüdische Religion verbietet Vergeltung und Rache auch an Feinden, und das war uns durch Generationen hindurch so in Fleisch und Blut übergegangen, daß es – zusammen mit der Apathie, die uns befallen hatte – unser Verhalten, unsere Reaktion erklären könnte. Wir mußten mühsam lernen, wieder frei zu denken und zu handeln, und waren keines eigenen Entschlusses fähig. Wir waren gewohnt zu gehorchen, Verbote und Verordnungen, die man uns auferlegte, stillschweigend zu dulden und zu befolgen. Wir hatten schweigen müssen, wenn wir mißhandelt wurden, schweigen, auch wenn wir zu Unrecht beschuldigt wurden. Die Mütter schwiegen, wenn die Kinder in ihren Armen erschossen wurden, und alle schwiegen, wenn sie in die Gaskammern gingen.

---

[165] Nach Schreiben des Hauptamtes Ahlen vom 7. 3. 1962 an Rabbiner Dr. Brilling ist Marga Spiegel am "22. 5. 1945 wieder in Ahlen von Nordkirchen zugezogen."

Und jetzt, da wir nicht mehr schweigen mußten, hatten wir das Schreien verlernt... ![166]

Und so wurde an keinem unserer Verfolger Vergeltung geübt. Auch wenn wir seine Taten kannten, durch uns wurde keine Todesstrafe verhängt.

Aber ich habe seither tausendfach darüber nachgedacht, ob das alles wirklich das Ende war.

Das Ende wovon?

Hat es sich gelohnt, dieses Ende? Lohnte es sich überhaupt noch für uns Übriggebliebene weiterzuleben? Haben sich die Millionen Opfer gelohnt? Hat sich die Menschheit geändert, ihren Rassenhaß besiegt, hat sie gelernt um den furchtbaren Preis, den sie mit dem Heer von Gefallenen, Vermißten und Gemordeten bezahlte?

Wann alles begann, weiß ich, aber ich kenne nicht das Ende.

---

[166] "Und so – verhängt" wird (S. 72) in den Buchausgaben wiedergegeben: "An keinem unserer Verfolger wurde Vergeltung geübt, auch wenn wir seine Taten noch so genau kannten."

# III

## "Nachgedanken" (1945–1998)

### Rückblick
### auf das eigene Schicksal
### und den Holocaust

Auf den Tonbändern, die sie an der Jahreswende 1996/97 besprach, erinnerte sich Marga Spiegel nicht nur an die Zeit, bevor sie mit Ehemann und Tochter im südlichen Münsterland "untertauchte". Sie äußerte dazwischen und assoziativ, oft ohne chronologische Ordnung, Gedanken, die sich beim Nachdenken über ihr eigenes Schicksal und das ihres jüdischen Volkes gebildet und verfestigt hatten.

In vielen Veranstaltungen hat Marga Spiegel zu den sie bedrängenden Fragen Stellung bezogen. So zitierten sie die Westfälischen Nachrichten anläßlich einer Veranstaltung zum 50. Jahrestag der Pogromnacht 1938 am 5. November 1988 vor der Gesellschaft für Christlich-Jüdische Zusammenarbeit in Münster: "Wir hatten nicht die Kraft zu hassen. Wir waren keines eigenen Entschlusses mehr fähig. Als wir nicht mehr schweigen mußten, hatten wir das Schreien verlernt." Zum damaligen Anschlag auf die Synagoge in Münster nahm die Holocaustüberlebende resigniert wie folgt Stellung: "Die Menschen lernen nichts, aber auch gar nichts. Die deutsche Geschichte ist ein Alptraum, aus dem ich wohl nie erwache." Sie rief trotzdem zur Erinnerung auf, um "möglichst viel zu lernen." "Ich fühle mich dazu verpflichtet zu berichten, damit kein Gras darüber wächst." Der Ausländerhaß im Lande verwundere sie nicht: "Ich kenne die deutsche Art. Es ist der Stolz der Deutschen. Viele fühlen sich immer noch als Übermenschen. Das großdeutsche Herrschertum spukt immer noch in vielen Köpfen herum." Trotzdem: "Es gibt keine Gesamtschuld. Dafür bin ich ein Beweis", sagte sie mit Blick auf die münsterländischen Bauern, die sie versteckt hatten. Mangelndes Wissen über das Schicksal der Juden mag die Zeitzeugin nicht gelten lassen: "Glauben sie denn, daß kein Mensch fragt, wo die jüdischen Nachbarn, Mitschüler oder Arbeitskollegen geblieben sind? Es ist unmöglich, daß man nichts gewußt hat."[167]

*Judenvernichtung – was wußten die Deutschen davon?*

In genau demselben Sinne äußerte sich Marga Spiegel Ende 1996 auch in einem Interview: "Sie haben gesagt, niemand habe davon etwas gewußt. Das kann doch nicht sein. Für einen solchen Apparat für die Vernichtung von sechs Millionen Menschen, Juden, müssen doch viele Tausende Menschen nötig sein, um ihn aufzubauen und in Gang zu halten, für die Züge, für die Errichtung der Vergasungsstätten, für das Gas. Wenn schon ein ganz kleiner Lastwagenfahrer eines winzigen westfälischen Dorfes davon erzählte, wieviele müssen das dann wohl gewußt haben?[168] Und die Transporte gingen in Abständen von sechs Wochen. Ein Ehepaar wohnte auch bei uns in der Baracke. Ich bin mit ihnen gegangen, habe sie zur Sammelstelle begleitet, weil sie ihr Päckchen nicht tragen konnten. Wir gingen still durch die vereisten Straßen. Oh, es war schrecklich! Ich werde nie die Gesichter vergessen der vielen anderen, die zusammengepfercht wurden am Schlachthof. Sie haben tausend Tode gelitten...

In meinem Kopf hämmert es. Wieder gehen meine Gedanken zurück? Warum? Wenn es in der deutschen Amtssprache hieß, daß die "Evakuierung der Juden" dem Arbeitseinsatz dienen sollte, weshalb wurden dann auch Greise und Kinder, Kriegskrüppel und Kranke mitgenommen? Es konnte eigentlich kein Zweifel an dem System der Deportationen entstehen. Einmal ging ein Transport nur mit alten Leuten. An einem anderen Tag wurden 300 Kinder abgeholt, vom Säuglingsalter bis zu 15 Jahren. Sie haben sie einfach von ihren Eltern weggeholt. Ich werde bis an mein Lebensende keine Erklärung dafür finden, wie dieses Unmenschliche, Unsagbare, noch nie Dagewesene im 20. Jahrhundert geschehen konnte."

---

[167] Zum Wissen der Deutschen über den Holocaust vgl. Hellmuth Auerbach, in: Legenden, Lügen, Vorurteile, hrsg. von Wolfgang Benz, dtv Tb 3295, 2. Aufl. München 1992, S. 112-114 mit weiterführender Literatur.
[168] Vgl. hierzu oben S. 52, wo die Autorin berichtet, Herr Pentrop habe von der Judenvernichtung gewußt.

"Ich sagte schon, daß wir zu dieser Zeit keine Zeitungen kaufen durften, keine Radios hatten. Für das, was wir eigentlich wissen mußten, hatten wir nur eine Möglichkeit. Wir nannten es "Mundfunk". Ab und zu sickerten Gerüchte durch, die man natürlich nicht auf ihren Wahrheitsgehalt überprüfen konnte.

Später, nach dem Krieg, ließ mir das überhaupt keine Ruhe, was sich in den Sommermonaten 1942 wirklich abgespielt hatte. Ich las es in Geschichtsbüchern, in Bibliotheken und in Archiven. Ich schlug nach, daß damals die Heeresgruppe Süd auf Stalingrad[169] losging, las, was japanische Streitkräfte vormals erobert hatten und daß sich die Machtausbreitung der Achsenmächte ihrem Höhepunkt näherte. Tschechische Patrioten hatten Himmlers Mitarbeiter Heydrich[170] erschossen. Darauf folgte die furchtbare deutsche Rache. Das Dorf Lidice[171] wurde dem Erdboden gleichgemacht, die Einwohner ausgerottet. Dann kam die Einführung des Judensterns in Frankreich und Holland.[172] Die deutsche

---

[169] Stalingrad als Wende des Krieges gegen die Sowjetunion. Die Stadt wurde am 2. 9. 1942 von der 6. deutschen Armee erreicht. Durch die ab 19.11. erfolgende russische Offensive wurde die Stadt am 22. November eingeschlossen. Die 6. Armee kapitulierte am 31. 1. und 2.2. 1943.

[170] Reinhard Heydrich (1904-1942) war Schlüsselfigur auch bei der Planung und Durchführung der nationalsozialistischen Judenpolitik. Er wurde am 31. 7. 1941 beauftragt, alle erforderlichen Vorbereitungen in "sachlicher und materieller Hinsicht zu treffen, für eine Gesamtlösung der Judenfrage im deutschen Einflußgebiet in Europa", aus: Walk, wie Anm. 30, IV Nr. 217 S. 345. Heydrich leitete u.a. die sogenannte Wannseekonferenz am 20. Januar 1942. Auf den "Reichsprotektor von Böhmen und Mähren" wurde am 27. Mai 1942 ein Attentat in Prag verübt, dem er am 4. Juni des Jahres zum Opfer fiel. Sein Tod löste "Lidice" aus, vgl. nächste Anmerkung. Zu ihm K. Deschner: Heydrich. Statthalter der Macht, München 1983. Zum Attentat vgl. C. Mac Donald: Heydrich. Anatomie eines Attentats, München 1990. Zum Gedenken an Heydrich wurde die "Aktion Reinhard" benannt, der die meisten Juden im Generalgouvernement im Rahmen der 'Endlösung' zum Opfer fielen, vgl. hierzu Artikel: Aktion Reinhard, in: Enzyklopädie, Bd. 1, wie Anm. 69, S.14-18, mit weiterführender Literatur.

[171] Lidice, Dorf 15 km nw von Prag. Als Rache für die Ermordung von Heydrich wurde das Dorf dem Erdboden gleichgemacht, alle 192 Männer ermordet, dazu 71 Frauen. Von den 198 ins KZ Ravensbrück überführten Frauen überlebten 143, von den 98 in Erziehungsheime gebrachten Kinder 16. Vgl. K. Vogel: Lidice, ein Dorf in Böhmen. Rekonstruktion eines Verbrechens, Berlin 1989.

[172] Der Judenstern wurde am 29. April 1942 in den Niederlanden eingeführt, am 7. Juni 1942 in den besetzten Gebieten Frankreichs. Vgl. Artikel: Kennzeichnung der Juden, in: Enzyklopädie, Bd. 2, wie Anm. 69, S. 749-754 mit weiterführender Literatur.

Vergasungs- und Erschießungsindustrie in Polen lief auf vollen Touren[173], konnte ich nachlesen. Erste Selektion in Auschwitz![174] Seyß-Inquart, Reichskommissar für die Niederlande[175], organisiert Geiselerschießungen und Judendeportationen. Wenn ich von diesen Ereignissen mehr gewußt, wenn ich nur fünf Minuten lang angesehen hätte, wie man beispielsweise in Auschwitz den Ermordeten die Goldzähne herausbrach, ob ich dann noch die Anstrengungen zur Erhaltung meiner Person, meines kleinen Lebens und das meines Kindes unternommen hätte?

Zu dieser Zeit, als es schon dem Ende zuging, waren die Transporte in die Lager schon alle gelaufen. Ich kann niemals begreifen, daß so wenige Menschen zugeben, etwas gewußt zu haben. Sie haben doch die Züge gesehen, die Güterzüge, wie sie verrammelt an den Bahnhöfen vorbeifuhren. Sie haben es doch einfach nur nicht sehen wollen. Diese Gedanken lassen mich auch nach so vielen Jahren nicht zur Ruhe kommen."

## Zur Unvergleichbarkeit des Holocaust

"Haben sich die Millionen Opfer gelohnt? Hat sich die Menschheit geändert, den Rassenhaß besiegt, hat sie gelernt um einen furchtbaren Preis?", fragte Marga Spiegel schon 1965 am Ende ihres Überlebensberichtes.

Hieran knüpfen Überlegungen an, die die Zeitzeugin Ende 1996 auf Tonband äußerte: "Der Hoffnungsgedanke lebte sehr stark in mir, daß die Menschheit gelernt haben mußte, daß sie so etwas nie wieder zulassen würde. Aber sie hat nicht viel daraus gelernt. Wie traurig macht es mich noch im Alter, am Ende meiner Zeit, daß rechtsradikale Kräfte in unserem Lande sich wieder breitmachen und auch stärker geworden sind, die Haß predigen, Ausländerwohnungen in Brand stecken und auch offen ihren Judenhaß zeigen. Nach fast 50 Jahren werden fast schamlose Versuche unternommen, Auschwitz in die normale Verbrechensge-

---

[173] Zu den Erschießungen vgl. Helmut Krausnick: Hitlers Einsatzgruppen. Die Truppe des Weltanschauungskrieges 1938-1942, Fischer Tb 4344, Frankfurt 1993. – Zu den Vergasungen, vgl. Artikel: Gaskammern, in: Enzyklopädie, Bd. 1, wie Anm. 69, S.504-507.

[174] Zu Auschwitz vgl. Enzyklopädie, Bd. 1, wie Anm. 69, S. 110-121, mit weiterführender Literatur.

[175] Seyß-Inquart (1892-1946) war vom 19. Mai 1940 an Reichskommissar in den Niederlanden. Zu ihm vgl. H.J. Naumann: Arthur Seyß-Inquart, Graz 1970.

schichte der Menscheit einzuordnen.[176] Man sagt, Menschen hätten einander stets gefoltert und ermordet und tun das noch heute, etwa: Was geschah denn in Amerika mit den Indianern? Was geschah in Vietnam und Kambodscha? Wie viele Menschen starben denn nicht in Stalins Sklavenlagern? Auschwitz sei nichts mehr und nichts anderes als ein Glied in der Kette von Greueltaten und Gräßlichkeiten, die die Geschichte der Menschheit ausmachten, behauptet man. So verleugnet die Welt ihren unvergleichbaren Sündenfall und schließt sich dadurch von der möglichen Erlösung aus. Ich weiß, daß das jüdische Volk seit 2000 Jahren vielseitige Erfahrungen machen mußte mit dem gehässigen und schändlichen Erfindungsreichtum der Menschheit. Keine Todesart, kein Marterinstrument ist ihm fremd geblieben. Wir wurden immer wieder verfolgt, und irgendwie blieb uns manchmal auch die Flucht. Aber Auschwitz lag außerhalb unseres Vorstellungs- und Fassungsvermögens, denn Auschwitz lag außerhalb aller menschlichen Erfahrung.

Ich habe mich immer wieder gefragt, warum ich am Leben geblieben, durch Zufall nicht in einem Lager umgekommen bin. Ich habe damit auch die Pflicht übernommen, dafür zu sorgen, daß die Menschen daran denken und daraus lernen müssen. Wir müssen es dokumentieren und hinausschreien, daß dieser Krieg, diese Vernichtung, dieses systematische Morden nicht in der Absicht geführt wurde, ein anderes Volk zu besiegen oder zu unterwerfen. Die Eroberer gierten nicht nach Gütern und Gold, nach Land oder Naturschätzen. Es wurde nicht der Körper verbrannt, um die Seele für ein ewiges Leben zu retten. Hier wurden die Gefangenen nicht gefoltert, um sie zur Preisgabe ihres Geheimnisses zu zwingen. Sie hatten keine Geheimnisse. Bei diesen Morden wurde keine der früher bekannten Kategorien im Verbrechensregister angewandt. In Auschwitz wurde Völkermord betrieben, die Vernichtung eines Volkes um seiner selbst willen. Diesem Volk, dem jüdischen Volk, wurde das Recht auf Leben verweigert. Es sollte in

---

[176]  Hier nimmt Marga Spiegel zum eigentlichen Thema des sogenannten Historikerstreits Stellung. Vgl. hierzu: "Historikerstreit". Die Dokumentation der Kontroverse um die Einzigartigkeit der nationalsozialistischen Judenvernichtung, Serie Piper München 1987. Vgl auch Mahnmal-Debatte, Goldhagen-Diskurs und Streit um die Wehrmachtsausstellung, zuletzt Moshe Zimmermann: Perspektiven der Holocaust-Rezeption in Israel und Deutschland, in: Aus Politik und Zeitgeschichte B 14/98. Beilage zur Wochenzeitung: Das Parlament, vom 27. März 1998, S. 19-29.

seiner Gesamtheit ausgemerzt werden, vom Fötus im Mutterleib bis zum Greis an der Schwelle des Todes. Die sogenannte Endlösung war Völkermord in Reinkultur. Das Werk sollte schonungslos vollendet werden, aber möglichst mit sauberen Händen, ohne persönliche Lust oder Leidenschaft, bürokratisch-industrieller Völkermord durch eine hochzivilisierte Nation.

Gerade heute kommt es mir immer wieder so vor, als werde versucht, ein Unrecht mit dem anderen aufzurechnen. Aber Zeitgenossen, die Auschwitz und die Inquisition oder Stalins Schandtaten oder Vietnam als gleich bezeichnen wollen, haben nichts gelernt und auch nichts verstanden, auch wohlmeinende Menschen nicht, wenn sie nach der Schändung eines jüdischen Friedhofs oder eines Massakers an Tamilen oder Türken oder anderer Minderheiten vor einem neuen Auschwitz warnen. Auschwitz – das läßt sich nicht wie andere Schandtaten als eines von vielen Krebsgeschwüren an dem kranken Körper dieser Welt verorten. Es ist nicht der gleiche Rauch, der von den Scheiterhaufen der Inquisition und aus den Schornsteinen der Krematorien von Auschwitz aufstieg. Ich weiß, daß mein Bericht zuletzt sehr von Gefühlen bestimmt, daß alles in mir sehr ungeordnet ist, auch heute noch, fünfzig Jahre danach. Dies alles in mir abzuklären, ist einfach unmöglich für mich. Dies übersteigt die Kraft eines alten Menschen, der gezwungen war, dies alles zu erleben. Meine Empfindungen bleiben. Meine kranke Seele kann zeit meines Lebens nicht mehr geheilt werden. Das ist die Tragik: in einem Land zu leben, in dem einem die Wurzeln gekappt sind. Mit jedem Ermordeten geht ein Stück Wurzelende verloren. Dies ist anders als beim normalen Sterben. Hier wird der Schmerz, wenn liebe Menschen von uns gehen, allmählich geringer. Bei den im Holocaust Ermordeten bleibt er.

Es ist schwer, oft ein Martyrium, in diesem Land zu leben, Bürger dieses Landes zu sein, aber Mißtrauen gegen ältere Menschen zu haben und sich immer wieder die gleiche Frage zu stellen: Kann es sich bei ihnen um Täter handeln?"

### *Hat das Überleben meinen Charakter verändert?*

"Ich mache jetzt vielleicht den letzten Versuch, meine Gedanken aufzuzeichnen. Ich mußte in den letzten Wochen sehr viel darüber nachdenken, wie sich der Charakter eines jeden Juden, der vielleicht durch mehrere Lager gegangen ist und durch einen Zufall am Leben geblieben, nicht ermordet worden ist, wie sich dabei sicher jeder von uns, wie sich vor allem mein eigener Charakter verändert hat. Ich wollte wissen, seit wann es so in mir aussieht. Ich kann den Beginn dieser Veränderung nicht ausmachen. Nur frage ich mich immer wieder: Warum sind noch heute, nach all den Jahren, fünfzig Jahren, solche Rachegedanken in mir? Ich wollte Hitler sicher schon damals beseitigt sehen – auf welche Art auch immer. Wenn ich jetzt über die in mir gärenden Empfindungen nachdenke, wird mir klar, wie sehr ich mich verändert habe. Ich bin dazu erzogen worden, niemals und niemanden zu hassen. Mord ist ein furchtbares Verbrechen – und dann ertappte ich mich dabei, an Rache zu denken. Aber schließlich siegte doch in mir der Wunsch, zu meinen Mitbürgern wieder Vertrauen zu gewinnen, vor allem zu den jüngeren.

## Verfolger und Retter

Zwiespältige Gefühle ergreifen mich, wenn ich an meine Verfolger und Retter denke. Sie gehören demselben deutschen Volk an. Schon deshalb verbieten sich für mich Pauschalurteile. Die grausame Erinnerung an die Verfolgung stand in mir auf, als mir das großformatige Foto von Konrad Wettlaufer mit seinem Hitlerbärtchen auf einer ganzen Buchseite in der Chronik Oberaula, die ich besitze, vor Augen trat.[177] Hier ist auch nachzulesen, daß er sich, als das Hitlerreich in Blut und Chaos unterging, seiner Führerverantwortung feige entzog.[178]

---

[177] Herget u. a., wie Anm. 1, S. 1077.
[178] Chronik Oberaula, wie Anm. 20, heißt es S. 975, kurz bevor die Amerikaner in Oberaula einrückten, "hatte sich Bürgermeister Konrad Wettlaufer, der als Ortsgruppenleiter auch die politische Führung in Oberaula hatte, für einige Tage von Oberaula entfernt". So umschreibt die Chronik in beschönigender Weise, wie sich der örtliche NS-Machthaber und Judenfeind in der Stunde der Bewährung aus seiner Verantwortung davonstahl und das ihm anvertraute Amt im Stich ließ. 12 Jahre lang hatte der von den Nationalsozialisten eingesetzte Bürgermeister in ihrem Sinne im Dorf gewirkt, etwa 1934 den "Turnverein, Sportverein und Schützengilde ... zum Zwecke der gemeinsamen Ertüchtigung der Jugend im Sinne des neuen Staates zur Turn- und Sportgemeinde Oberaula zusammengeschlossen", ebenda S.1040. Bis zu seiner unrühmlichen Fahnenflucht 1945 versah der NS-Multifunktionär auch das Amt des 1. Vorsitzenden des neuen Vereins, ebenda S. 1043.

Bei dem erwähnten Bild stört mich vor allem die Unterschrift: "Bürgermeister in Oberaula von 1933 bis 1945". Gewiß, das war Konrad Wettlaufer auch. Aber vor allem war er für mich der Ortsgruppenleiter des Dorfes, ein unerbittlicher Judenhasser, von uns allen gefürchtet wie kein anderer. Er vor allem war verantwortlich für die Inhaftierung und den in der Haft erfolgten Tod von Heilbrunn Coppels Schwiegersohn. Konrad Wettlaufer bewirkte auch die zweimalige "Schutzhaft" meines Vaters. Selbst als dieser schon nach Ahlen verzogen war, ließ die Verfolgungswut des Ortsgruppenleiters nicht nach. Über seinen Kreisleiter veranlaßte er die Verhaftung meines Vaters im weit entfernten westfälischen Ahlen. Noch kein halbes Jahr dort und unter Nichtjuden kaum bekannt, kam mein Vater als erster aller Ahlener Juden in ein KZ, das er nicht mehr lebend verließ. In Sachsenhausen sei er "an inneren Blutungen gestorben", wurde ich benachrichtigt. Dies war am 12. Juli 1938, fünf [Irrtum: vier] Monate vor dem Novemberpogrom.

Dem unerbittlichen Verfolger gegenüber stehen unsere Retter. Aus Verantwortungsbewußtsein, Glaubens- und Gewissensgründen, vielleicht auch im Bewußtsein des schrecklichen Unrechts, dessen Zeugen sie wurden, waren es stille Helden, die im Schatten blieben, ja um unseret- und ihrer selbst willen damals im Schatten bleiben mußten. Für mich waren sie Widerstandskämpfer. Sie setzten ihr Leben und das ihrer Angehörigen so entschlossen aufs Spiel wie die Verschwörer beim Attentat auf Hitler. Nicht jeder Widerstandskämpfer half Juden retten, aber jeder Judenretter leistete Widerstand. Was unsere Retter taten, war in ganz Deutschland einmalig. Es kam hundertfach vor, daß einzelne Juden von Deutschen vor den Verfolgern versteckt wurden unter beiderseitiger Lebensgefahr, aber daß eine ganze Familie so überlebte, sei, berichtete mir unser Verwandter Werner Weinberg aus Rheda, selbst Holocaustüberlebender[179], nach dem Kriege, sonst nicht bekannt. Nichts zeigt die Größe unserer Retter in hellerem Licht. Unsere Bewahrung bleibt für mich bis heute eine Wunder, an das ich, als es begann, eigentlich nicht geglaubt habe."

---

[179] Zu ihm sein Buch: Self-Portrait of an Holocaust Survivor, Jefferson und London 1985.

Mich bedrückt heute, daß durch mein Buch "Retter in der Nacht" der Eindruck entstanden ist, unser Überleben sei vor allem mein Werk. Richtig ist dagegen, daß der Gedanke, sich der tödlichen Verfolgung zu entziehen, allein von meinem Mann kam. Ich machte mit, weil er es so wollte, glaubte aber eigentlich nicht an das Gelingen.

Was meinen Mann zum Handeln trieb, waren, meine ich, die großen kindlichen Augen unserer Tochter. Er sagte einmal: "Wenn mir meine Kleine sagte, sie habe Hunger, und ich könnte ihr nichts zu essen geben – das hielte ich nicht aus." Ohne die Verantwortung für das Kind hätte er vielleicht alles nie unternommen.

Er hatte nach dem ersten Hinweis auf die Todestransporte das durch nichts mehr zu erschütternde sichere Gefühl, daß uns allen der Tod bevorstand, wenn wir uns den Transporten nicht entzögen. Mein Mann war ein ungemein natürlicher Mensch, beileibe kein Intellektueller, aber er durchschaute instinktiv, was die Nationalsozialisten planten. Als es im Februar 1943 hieß, die Arbeitspapiere sollten überprüft werden, wußte er, was die Stunde geschlagen hatte. Für ihn war dies das Signal unterzutauchen. Ich war dagegen, ja stritt mit ihm: "Hier steht doch schwarz auf weiß, daß nur die Papiere überprüft werden sollen." Er glaubte dem nicht, und er hatte recht. Er durchschaute die Finte. Der Transport, der letzte, der Dortmund verließ, ging nach Auschwitz. Vielleicht hätte er selbst dort überlebt, was freilich unwahrscheinlich ist. Aber Karin und ich hätten keine Chance gehabt. Mütter mit Kindern wurden immer sofort ins Gas geschickt.

Ich wäre dem Herdentrieb gefolgt wie alle anderen, vor allem, wenn ich mit meinem geliebten Schwesterlein hätte gehen können. Vielleicht rettete es mir das Leben, daß sie so früh von Essen aus deportiert wurde.[180]

Dies war die zweite Wende im Leben meines Mannes, was sein Verhältnis zum Hitlerreich betraf. Die erste war die Pogromnacht 1938: in ihr zerbrach, als er in seiner eigenen Wohnung überfallen und bitterlich geschlagen wurde, seine bis dahin unerschütterliche Gewißheit, als Frontkämpfer des Weltkrieges und Träger des Eisernen Kreuzes mit seiner Familie geschützt und unantastbar zu

---

[180] Dies geschah am 27. Oktober 1941, vgl. Hermann Schröter: Geschichte und Schicksal der Essener Juden, Essen 1980, S. 366.

*Abbildung 20: Jüdischer Patriotismus im Ersten Weltkrieg: Kriegsfreiwilliger Siegmund Spiegel unten Mitte mit Kameraden 1917*

sein. Jetzt im Oktober 1941 wußte er, daß es um das nackte Leben ging. Unermüdlich fuhr er mit dem Rad, den Judenstern verdeckt, über das Land zu Bauern, die ihn von früher her schätzten. Zugute kam ihm dabei seine tiefe Vertrautheit mit Land und Leuten. Auch in dunkler Nacht fand er die Wege. Hier im südlichen Münsterland bei Hubert Pentrop erhielt er auch das Angebot, geschützt und versorgt zu werden, wenn dies nötig sei. Immer wieder versicherte er sich: "Et blifft doch debie?" Daß es dabei blieb, war die Hoffnung, die dann auch nicht trog.

Immer wieder trainierte er unsere knapp fünfjährige Karin für ihre neue Identität. Mir stand hier meine Wahrheitsliebe im Wege. Ich hätte dies nicht so vermocht.

Kurz, daß wir überlebten, war in erster Linie das Verdienst meines Mannes. Ich hatte am Anfang nur keine andere Wahl als ihm zu folgen.

Als dann die Deportationen liefen, half uns das Versprechen unserer späterer Retter über das Gefühl der Verlorenheit und hoffnungsloser Ohnmacht ein wenig hinweg. Doch etwas tun zu können, gab uns inneren Halt.

Wie unendlich schwer es war, sich dem allgemeinen Trieb, mit allen anderen mitzugehen, zu entziehen, zeigte sich an meinem

Schwager Isidor. Mein Mann verstand sich mit diesem seinen Bruder wie mit niemandem sonst. Das Verhältnis war so eng, daß wir manchmal im Scherz sagten, es sei verwunderlich, daß sie sich nicht auch um dasselbe Mädchen bemüht hätten. Zwei Tage, bevor der Transport abgehen sollte, suchte mein Mann den von Ahlen nach Schwerte ausgewiesenen Bruder noch einmal auf. Er wolle untertauchen, sagte er. Den Bruder zu überreden, sich dem Verhängnis ebenfalls zu entziehen, vermochte er nicht. Isidor folgte der Aufforderung, sich zu stellen. Er wurde mit seiner Frau und seinen beiden Kindern deportiert. Alle vier kamen ums Leben, wurden ermordet."[181]

### Die Qual des Erinnerns und der Wille zu vergessen

"Seit mehr als sechs Wochen", sprach Marga Spiegel an der Jahreswende 1996/97 auf das Tonband, "kann ich mich nicht mehr dazu überwinden, meinen Bericht weiter aufzuzeichnen. Ich habe es mir so oft fest vorgenommen, aber schon bei dem Gedanken daran empfand ich Übelkeit und Herzklopfen. Ich werde noch einmal versuchen, es fortzusetzen, aber es zehrt sehr an meinen Kräften. Die ganze Zeit kehrt immer wieder zurück und läßt mich nachts vor Alpträumen nicht schlafen." Und dann wieder: "Daß es mir so schwer gefallen ist, diese Erinnerungen wieder heraufzubeschwören – ich hätte das selbst nicht für möglich gehalten." Noch einmal: "Es ist mehr als eine Woche her, seit ich versucht habe, meine Aufzeichnungen zuende zu bringen. Sie haben mich weit in die Vergangenheit zurückgerissen. Ich fiel in regelrechte Depressionen, konnte nachts nicht schlafen. Ich glaubte, es einfach beenden zu müssen. Aber wofür? Für wen? Doch dann kam wieder die Mahnung: Ich bin die einzige des ganzen Kreises, der damals um mich war, die noch am Leben ist. Vielleicht habe ich eine Verpflichtung. Ich muß es einfach fortsetzen. Die Stimme läßt mir keine Ruhe. Es ist eine Art Selbstzerfleischung. Es ist grausam, wenn man sich mit etwas widerwillig beschäftigt und sich selbst wehtut. Es ist eine Abnormalität. Doch ich muß es tun, auch wenn

---

[181]   Es handelt sich um seine Frau Emma, geb. Sternberg, geb. am 4.9.1902, die Tochter Edith, geb. 25.7.1927, und den Sohn Richard, geb. 25.7. 1930. Sie wohnten bei Familie Sternberg in Schwerte, Sedanstraße 5, vgl. Liselotte Hagenah: Geschichte der Juden in Schwerte, Schwerte 1988, S. 91.

es nur für meine kleine Tochter ist, die damals in den Strudel der Ereignisse hineingezogen wurde."

"Was mich heute noch oft bedrückt, ist die Frage, warum ich am Leben geblieben bin, gerade ich. Und dann sage ich mir manchmal, vielleicht dazu, um es aufzuzeichnen. Es ist meine Pflicht. Es gibt all die Ermordeten nicht mehr. Und es wird auch bald die nicht mehr geben, die dieses erlebt haben, keine Zeitzeugen mehr.[182] Ich war wieder einmal nicht fähig, weiter zu berichten. Aber dann hämmerte es in mir: Nur wer das Schicksal beschreibt, kann es festhalten. Wenn jemand die Toten vergißt, läßt er sie ein zweites Mal sterben."

Diese gebietende Pflicht zur Erinnerung kommt in dem von Marga Spiegel auf einem Briefumschlag notierten Ausspruch des Philosophen Santayana zum Ausdruck: "Die sich der Vergangenheit nicht erinnern, sind dazu verurteilt, sie noch einmal zu erleben."

Die der Tochter und den Toten gegenüber empfundene Pflicht, sich zu erinnern, setzt Marga Spiegel jedoch gleichzeitig unter Druck. Angesichts einer sie quälenden Erinnerungslücke über die Frankfurter Gymnasialzeit[183] kann sie schriftlich äußern: "Ich habe zuviel vergessen oder verdrängt" und eine Erklärung in der sie in ihrer Gymnasialzeit zunehmend belastenden Krankheit der geliebten Mutter finden und in dem immer unerträglicher werdenden Leben in Oberaula. An anderer Stelle kann die Autorin das Vergessen auch bejahen: "Wir müssen Dinge vergessen wollen. Sonst können wir nicht weiterleben." Und dann bricht es assoziierend aus der Holocaustüberlebenden heraus: "Leben wir weiter? Normal jedenfalls nicht. Da fehlen die Äste des Baumes, neue Triebe, die nicht wachsen konnten."

Marga Spiegel war also bei diesen Versuchen um die Vergangenheit hin und hergerissen zwischen der selbstauferlegten Pflicht des Zeugnisses und der Qual der Rückkehr in die Zeit der tödlichen Bedrohung. Sie wußte gleichzeitig um die Gefahren des Er-

---

[182] Ähnlich fühlt Marga Spiegels Ahlener Schicksalsgefährte Imo Moszkowicz: "Wahrscheinlich bin ich einer der letzten Zeugen, denn im Lager war ich einer der jüngsten Häftlinge, bin somit wohl eine historische Figur geworden", vgl. Anm. 35, S. 18.

[183] Gymnasialzeit und Abitur von Marga Rothschild lassen sich laut Auskunft von Frau Kämpfer vom Institut für Stadtgeschichte in Frankfurt in den Frankfurter Schulakten nicht mehr nachweisen. Freundliche Auskünfte vom 17. 6. und 17.7. 1998.

innerns und die Notwendigkeit zu vergessen. Anfang Mai 1998 schrieb sie denn auch an den Herausgeber: "Vielleicht bewahrt mich mein Amitaba (Schutzengel) davor, mehr aufzugreifen als ich ertragen kann. Es wird nötig sein. einfach zu vergessen, zu verdrängen, den Versuch zu machen, es ungeschehen zu machen, es nicht erlebt zu haben."[184] Auf der anderen Seite hat sich das Geschehene zu tief in sie hineingefressen. Für Marga Spiegel wie für andere Holocaustüberlebende hat das viel gebrauchte Sprichwort von der heilenden Zeit keine Gültigkeit: "Das Sprichwort, daß die Zeit heilt, bewahrheitet sich nicht, schlägt sogar ins Gegenteil um. Als ich jünger war," sagte sie, "die Kinder aufzog, noch mit dem Einrichten eines Hauses beschäftigt war, verdrängt man gern schlechte Erlebnisse. Allein – ohne meinen Mann – wird alles deutlicher, bedrückt mich und läßt sich nicht abschütteln." Jetzt schon 15 Jahre allein – ohne meinen Mann – wird alles deutlicher, bedrückt mich stärker und läßt sich nicht mehr abschütteln bis an das Ende meiner Tage."

Aus dieser nicht abzuschüttelnden Last der Vergangenheit und nie endenden Trauer um ihre Toten erwuchs Marga Spiegel aber auch die Verpflichtung zur Erinnerung an diese in Wort und Tat. Dies drückt die Autorin in einem Schreiben an die Redaktion des münsterischen Bistumsblattes, in dem ihre Aufzeichnungen zuerst erschienen, zur Woche der Brüderlichkeit 1965 wie folgt aus:

"Wenn wirklich nur einige Menschen etwas von meinen Aufzeichnungen profitieren, d.h. wenn gerade die jungen Menschen auch nur ahnen können, welch furchtbare Bestien in menschenähnlichen Körpern verborgen sind, können gerade sie Obacht geben, wann und wo sich Gruppen bilden könnten, auf deren Fahnen von Anbeginn an Mord und Verderben für unser Volk steht. Dann wäre meine Mühe nicht umsonst gewesen und würde Früchte tragen ...

Wir pflanzen zur Zeit in Israel sogenannte "Märtyrerwälder". Selbstredend habe ich und alle meine Bekannten dafür gezeichnet,

---

[184] Auch hier gibt es Parallelen zu Imo Moszkowicz. Dieser überlegt: "Warum schreibe ich das alles auf, was vor einem halben Jahrhundert mein Leben bestimmte? Es ist schon soviel geschrieben worden, und ich sollte mich der Last und Qual des Mich-erinnern-Müssens nicht hingeben", weil, fügt er hinzu, "ein konsequentes Abtauchen in die damalige Zeit eine Marter wäre, die es mir unmöglich machen könnte, die damit aus dem Unterbewußtsein auftauchenden tausendfachen Gedanken in Worte zu fassen." Aus: Der grauende Morgen, wie Anm. 35, S. 15 und S.19.

was eben in unserer Macht steht. – Ich habe mir nun eine große Aufgabe gesetzt, und zwar möchte ich für unsere jüdischen Menschen in meinem Heimatort Oberaula und auch den umgekommenen jüdischen Menschen aus Ahlen, denen kein Angehöriger verblieb, um ihnen einen Erinnerungsbaum auf ihren Namen zu pflanzen, einen Hain widmen. Er bestünde aus 800 Bäumen und ich müßte 8000 DM aufbringen, damit er für alle Zeit und Ewigkeit diesen Ärmsten, ihrem seligen Angedenken gewidmet wäre. Ich würde so gerne mein Vorhaben in die Wirklichkeit umsetzen und erbitte ganz freien Herzens Ihre Hilfe. Ich weiß, daß Sie mir helfen werden und auch sicher können, soweit es möglich ist. Ich versuche gleichzeitig auch hier bei großen Unternehmen höhere Beträge dafür zu erbetteln. Bitte helfen Sie mir… Ich hasse das Wort "Wiedergutmachung"! Man kann nicht gutmachen, Menschen nicht bezahlen! Aber ich bitte, nicht für mich, bitte von christlicher Seite um Hilfe für unseren jüdischen Staat, für seine Bepflanzung und Erhaltung, bitte im Namen unseres gemeinsamen Vaters!"[185]

---

[185] Es geschah bei uns im Münsterland. Der Leidensweg einer jüdischen Familie 1939-1945. Tatsachenbericht von Marga Spiegel. 17 Folgen in: Kirche und Leben. Bistumsblatt Münster. Dekanat Münster, 20. Jg. 1965 (K 4153 C Ausg. AB Münster), hier S. 10 am 7. 3. 1965.

## Nachwort auf eine Unbegreiflichkeit
## von Imo Moszkowicz[*]

Als kleiner Bub hatte ich das ganz bestimmte Gefühl, daß alle Juden in Ahlen Spiegel heissen. Auch schien mir, daß sie alle die Vornamen Adolf, Alfred, Norbert, Helene, Siegmund trugen. Und alle waren Pferdehändler oder Metzger. Nein, ein Siegmund, der Nees'ken gerufen wurde, war ein Taschentuchhändler! Den hatte ich am liebsten, denn immer wartete in seinen schweren Taschen, in denen er seine Muster schleppte, auch ein verkatzeltes Bonbon auf mich. Und immer sagte er, daß dieses eine letzte Bonbon für das ganze anstehende Jahr reichen müsse. "Denn wer weiss denn, wann wir uns wiedersehen werden!? Und dann magst Du vielleicht gar keine Süssigkeiten mehr!"

Er wurde in der Pogromnacht umgebracht; seinen geschundenen Körper sah ich unbedeckt auf der Strasse liegen. Er war der erste Ermordete, den ich in meinem Leben sah, nicht ahnend, daß noch ungezählte folgen sollten.

Mit diesen Zeilen will ich lieber an die Süsse der Bonbons erinnern als an diese unwürdigen Anblicke Erschlagener. Ich kann es jedoch nicht vermeiden zu berichten, daß ich bei jedem, den ich so hingeschlagen liegen sah, immer auch an Nees'ken (Siegmund) Spiegel denken musste. Und so manchesmal – wenn der Hunger besonders nagend war – auch an seine 'letzten Bonbons'.

Ich will mich also zwingen, mich an Erträglicheres zu erinnern, um nicht in jenen Untiefen der Vergangenheit zu versinken, die sich immer unaufgefordert in meine Gegenwart drängen.

Tagtäglich, nach Schulschluß, ging ich mit dem 'kleinen' Alfred Spiegel, mit dem ich die gleiche Schulbank beim Lehrer Tint drückte, in die Nordstrasse. Er nahm mich zum mittäglichen Essen in seine elterliche Wohnung, die oberhalb des Metzgerladens lag. Der Weg zum Knüppelsberg, wo wir damals noch wohnen durften, war fast eine Stunde lang. Und da das zu viel war für ein hungriges Kind, nahmen die wohlhabenden Juden, die im Zentrum der Stadt wohnten, meine Brüder und mich zum Essen auf. Bald schon fand ich heraus, daß es die Weglänge nicht war, sondern die für Juden wichtige gute Tat, die Mitzwah. So half man armen kinderreichen jüdischen Familien, um degradierende Aufdringlichkeit möglichst zu vermeiden.

---

[*]  Der bekannte Regisseur ist ein enger Freund von Marga Spiegel

Die Spiegels waren, gemessen an den oststämmigen Juden, wohlhabend und wohl auch 'sehr bedeutend', fand ich mit kindlicher Neugier bald heraus, und glaubte zugleich entdeckt zu haben, daß ihre selbstverständliche Position in der Öffentlichkeit dadurch markiert war, daß sie seit Generationen ortsansässig waren. Als Muttersprache hatten sie alle den westfälischen Dialekt, und niemand kam -damals, als die Hoffnung auf eine Normalität für uns Juden noch nicht staatlich verboten war! – auf den folgenschweren Gedanken, daß sie nicht nach Ahlen gehörten, denn sie waren ja seit Generationen hier zu Hause.

Daß es ausser den Spiegels in Ahlen auch die Rosenbergs, die Falkensteins, die Windmöllers, die Gumperts, die Freunds, die Sängers in unserem Städtchen gab, die das gleiche angestammte Recht, hier zu Hause zu sein, hatten, das entdeckte ich erst, als sich die verwobenen familiären Zusammenhänge der vielen Spiegels so nach und nach für mich lichteten. Sie waren die jüdische Gemeinde, sie vertraten eine Jüdischkeit, die über Generationen in Ahlen und Umgebung in schönster Selbstverständlichkeit gewachsen war, getragen von jener Würde, die meine Eltern, die Rybaks, die Streiters, die Agranovs durch die Angst vor Pogromen, die sie im Osten hatten durchstehen müssen, nie hatten finden können. Sie versuchten sich anzupassen und schleppten so Rudimente der angeborenen Stetl-Ghetto-Liebenswürdigkeit mit sich, von Unterwürfigkeit belastet.

Ich entdeckte (der ich, noch ein Kind, noch nicht mit Vergleichen umzugehen wußte) die Unterschiedlichkeit zwischen reich und arm, zwischen den Ahlener Juden, die man Jeckes 'schimpfte', und uns Ostjuden. Ich entdeckte aber auch, daß es da besondere Qualitäten gab, die sich im selbstverständlichen Beweis von Zuneigung und Herzlichkeit zeigten, und die ihren beglückenden Wert darin hatten, daß sie dafür keinerlei Besonderheiten beanspruchten: die Spiegels waren allesamt beliebt, weil sie ihre Zuneigung zu ihren Nachbarn, ihren Kunden, unverhohlen zeigten. Wer konnte damals ahnen, daß man diese Sympathien eines grausamen Tages mit abgrundtiefem Hass beantworten würde.

Als Marga Rothschild den Menne (Siegmund) Spiegel heiratete, kam ein weiterer Impuls jüdischer Kultur nach Ahlen, der mir klar machte, daß es ausserhalb von Ahlen eine bemerkenswerte Welt gab, eine, nach der ich mich wohl immer schon unbewußt sehnte.

Man muß bitte verstehen, daß – zu jener Zeit – meine kindliche Welt in Neubeckum, wo die Sonne aufging, begann und irgendwo hinter Drensteinfurt, wo sie unterging, aufhörte. Mit Marga war etwas Fremdes und Unbekanntes in die gewohnte Idylle eingebrochen, obwohl sie – bei näherem Hinsehen und Kennenlernen – nicht anders war als alle die anderen jüdischen Frauen in unserer Gemeinde, vielleicht nur um einiges blonder.

Mit eifersüchtigem Neid beobachtete ich die beginnende Freundschaft zwischen Marga Spiegel und meinem geliebten Lehrer Tint. Hier begegnete sich eine intellektuelle Welt auf feinsinnige Weise, die mich faszinierte und die ein krasses Gegenteil zu den heftigen und lauten Disputen war, die meine älteren Brüder oftmals mit dem immer streitsüchtigen Hans Gumpert führten. Mir wurde ein erster Blick in eine Welt geboten, die bis dahin für mich keinerlei Umrisse hatte; ich lernte jedoch schnell, daß der Begriff 'Liebenswürdigkeit' als Substanz das Wort 'Würde' enthielt, und daß die Sprache nicht nur dazu dient, sich lapidare Mitteilungen zu machen, sondern auch unsere Empfindungen und unser Denken zu transportieren vermag. Hierin zeigte sich mir erstmals, daß es so etwas wie ein kreatives Glücksgefühl gibt, das mir – viele Jahre später, in meinem neuen Leben – half, nicht zu verzagen und nicht zu häufig zu versagen.

Mir wurde klar, daß – was auch immer in Ahlen, unserer Jüdischkeit wegen, mit uns geschah – wir östlichen Juden nicht fremd in dieser Stadt sein mußten, denn wir lebten hier zumindest in einem geistigen Zuhause, das – was immer ich in meiner suchenden Neugier darunter zu verstehen begann – ein wesentlicher Bestandteil unserer kargen Lebensform war. Mir war wichtig zu erkennen, daß es auch ausserhalb unserer gewohnten Umgebung etwas geben muß, das meinen Heisshunger auf das Leben zu stillen vermochte. Die Selbstverständlichkeit, mit der die neue Marga sich in Ahlen einwohnte, zeigte mir, daß Juden die schöne Fähigkeit haben, überall zu Hause sein zu können, gleich woher sie kommen. So beschloß ich in meinen Kindheitsträumen, die ganze Weite dieser Welt zu entdecken und nur gelegentlich nach Ahlen zurückzukommen, was ich jedoch – nachdem ich gelernt habe, trotz der schwer lastenden Vergangenheit, mit meiner Erinnerung einigermaßen umzugehen – tagtäglich tue.

In die Vorzeit des sich ankündigenden Gejagtseins drängt sich ein Bild, das mein tägliches Durchwandern meiner Kindheit besonders prägt: das Bild eines Gottesdienstes in unserer altersschiefen Synagoge. Da hatten die Spiegel-Männer immer den Hauptanteil am Minjan, der zum Gebet benötigten Zehnerzahl.

Voller Verlangen, daß auch ich bald schon den Gebetsmantel um meine Schultern legen dürfe und man mir erlaube, mich in jener schaukelnden Inbrunst wiegen zu dürfen, beobachtete ich die Männer, die jedoch ausserhalb der Synagoge keinerlei Orthodoxie folgten, denn sie waren Assimilierte: man war Jude und genoss ein selbstverständliches Jüdischsein. Dazu gehörte vor allem, daß man sich längst schon an den Hass der Welt gewöhnt hatte und damit umzugehen verstand. Die Ostjuden dagegen waren kaum fähig, ihre angeborene Pogromangst endlich abzulegen, und verharrten, wie mir schien, in einer Art Ghetto-Mentalität; sie trugen die von Gott gewollte Armut – wie mein Vater unsere Situation oftmals zu erklären versuchte – ergeben vor sich her, auf ein Wunder wartend.

Jedoch bald schon verwischte die spürbar einsetzende Verfolgung durch die Nazis die Schranken zwischen West- und Ostjuden. Es entstand eine bis dahin unbekannte selbstverständliche jüdische Gemeinsamkeit, die – von Hilfsvereinen gestützt – versuchte, der Verfemung des Jüdischseins entgegenzuwirken. Vergeblich! Der Terror setzte sich unaufhaltsam durch. Menne Spiegel begann in der immer aussichtsloser werdenden Situation sein angeborenes jüdisch-westfälisches Selbstbewußtsein mit einer nicht vorstellbaren Tollkühnheit zu aktivieren und überlistete seine Verfolger mit Hilfe westfälischer Landsleute, die sich als wahre RETTER IN DER NACHT bewiesen.

Es will mir nicht aus dem Sinn, in dieser heroischen Tat nicht auch jenen rebellischen Widerstand zu erkennen, den einstmals der 'Tolle Bomberg' gegen widerwärtige Obrigkeiten demonstrierte. Mit einer ihm ähnlichen Schalkhaftigkeit und von derbem westfälischen Witz gestützt, konnte es Menne Spiegel gelingen, unmittelbar unter den Augen der Jäger 'Versteck zu spielen'. Bedenkt man die damit verbundene Gefahr, daß Schützer und Beschützte am 'blutbespritzten Nazisäbel' – wie es im vielgesungenen Hetzlied heisst – hätten enden können, dann wird das ganze Maß der Tollkühnheit sichtbar.

Lebte ich nicht schon immer mit der Annahme, daß Menne, wenn er mit dem Südstraßen-Norbert witzelte, unbewußt einen

Bezug zwischen sophistischer jüdischer (talmudischer) Logik und der Schelmenhaftigkeit eines 'Tollen Bomberg' herstellte! Mir schien schon als Kind, daß er ein legitimer Erbe dieser Romanfigur sein müsse, und selbst heute, nach einem halben Jahrhundert, ist das immer noch ein Gedanke, den ich nicht ungern denke. Natürlich ist mir sehr klar, daß die Realität der gnadenlosen Verfolgung ihm mehr als hart zusetzte, so daß selbst sein angeborener Humor nicht mehr ausreichen konnte, sein Leid – und das seiner Familie, seiner Verwandten, aller Juden überhaupt – zu ertragen.

Dankbar bin ich, daß ich von Menne und Norbert Spiegel erfahren durfte, was jüdischer Humor, in westfälischen Witz eingebunden, vermag, und ich lernte auch von beiden, darüber zu lachen.

Oftmals hielt Menne mit derben westfälischen Witzen gegen Norberts Schnurrpfeifereien, und ich erinnere mich sehr genau, daß Menne einmal einen Bauernwitz erzählte, über den alle zwar schallend lachten, den ich aber nicht verstand. Die Vorgeschichte habe ich vergessen, aber die Pointe, die in tiefstem Plattdütsch geliefert wurde, habe ich bis heute behalten, obwohl ich zu diesem Dialekt keinerlei Beziehung aufbauen konnte. Es blieb der einzige Satz, den ich im Platt zu sagen weiß: "Buer, mack Heck loss, oder i driet di in Bukweiten!"

Margas Kapriolen bei der Beschaffung von falschen Ausweisen gehören wohl auch in den schalkhaften Bereich eines 'Tollen Bomberg aus Bombergania'. Und wie der Graf Clemens August von Galen, damaliger Bischof von Münster, in dieses Überleben eingewoben ist, kann keine Fantasie eines Geschichtenerfinders als lebensrettende Möglichkeit erzeugen, ohne sich den Vorwurf der Übertreibung dafür einzuhandeln. Sie ist jedoch so wahr, wie jene kühnen Proteste wahr sind, die dieser Graf im Versuch, die Menschlichkeit zu behüten, voller Empörung von der Kanzel wetterte.

Mit diesem Mut zum Widerstand paart sich, denke ich, auch der Widerstand von Menne und Marga Spiegel. Sie ließen sich nicht verjagen, ließen sich nicht ins Gas treiben.

Mitsamt ihren Helfern, die sich und das Leben ihrer Familien im Widerstand gegen eine nicht-duldbare Ungeheuerlichkeit einsetzten, zeugen alle gemeinsam von einer übermenschlichen Tat, wie sie leider zu selten war, aber eben doch möglich.

# Anhang

## 1. Ahnentafel von Marga Rothschild verheiratete Spiegel

*Juda* geb. 1598, da er 1668 angab, 70 Jahre alt zu sein und seit 47 Jahren in Oberaula zu leben. Er starb vor 1671. 1626 zahlte er die hohe Jahresabgabe von 28 Reichstalern und war damit reichster der drei Juden Oberaulas.

Juda wurde auch Judtmann und Süßmann genannt. 1663 besaß er einen Schutzbrief.

Im Sommer 1667 stürzte er schwer, wurde bettlägerig, mußte zuhause bleiben und ging an Krücken.

Juda hatte vier Kinder. Das 3. Kind war

*Süßmann senior* Er hatte sieben Kinder und starb wohl nach 1701/1703. Ein Sohn dürfte sein

*Judtmann Judt, auch Süßmann genannt.* Er beantragte 1729 einen Schutzbrief. Judtmann Judt hatte drei Kinder und eine Magd. Ein Sohn von ihm war

*Joseph Jud,* geb. 1731 in Oberaula, seit 1756 mit Schutzbrief. 1801 war er nicht mehr geschäftsfähig.

Von seinen beiden Söhnen starb Aron, geb. 1770, schon 1800/1801.

Joseph Juds einziger Erbe wird

*Juda Jud,* geb. 1774 gest. 1847. Juda Jud nahm wohl 1812 den erblichen Familiennamen Rothschild an.

Er war seit 1800 verheiratet mit Beine geb. Israel, die 1823 starb.

Juda Rothschild galt amtlich als "notorisch reich". Das Ehepaar Juda und Beine Rothschild hatte sechs Kinder.

Das älteste Kind war

*Süßmann Rothschild* (12.11.1807 - 9.10.1865) Er war verheiratet mit Hannchen geb. Blumental (1817-1881).
Süßmann und Hannchen Rothschild hatten 14 Kinder. Das 1. Kind war
*Juda Rothschild* (22.11.1855-5.6.1932) Er war verheiratet mit Fanny geb. Katz (1859-18. März 1935)
Juda und Fanny Rothschild hatte 8 Kinder.
Das älteste Kind war
*Siegmund Rothschild* 23.3.1882 - 12.7.1938 KZ Oranienburg) Er war seit Mai 1911 verheiratet mit Cilly, geb. Rosenstock (23.12.1888 - 18.3.1937).
Siegmund und Cilly Rothschild hatten zwei Töchter
1. *Marga* geb. 21.6.1912, verheiratet mit Siegmund Spiegel aus Ahlen.
2. *Inge Johanna* geb. 23.1.1921, ermordet KZ Auschwitz. Zeitpunkt unbekannt. Sie war verheiratet mit Leo Spiegel aus Ahlen.
*Quellen:* Barbara Greve: Bruchstücke... in: Nachbarn, wie Anm. 1, S. 562-579.– Barbara Greve: Handschriftliche Mitteilungen.– Rothschild Family Tree, angefertigt von Ed und Emmy Rothschild 1984 (im Besitz von Marga Spiegel).

## 2. Schutzbrief für Juda Rothschild 1801.

*Nach Prüfung des Antrages durch die Ortsbehörde, Vorliegen eines Kautionsscheines durch die Judenschaft und der Zusage, im ganzen 250 Gulden zu erlegen, erhält Juda Rothschild einen Schutzbrief des Kurfürstentums Hessen-Kassel*
*1801 September 5*
Untertänigster Bericht der Oberrentkammer, die gnädigste Vollziehung des Schutzbriefes für den Juden Juda Jud in Oberaula (betreffend)
Kassel, 5. September 1801
Da der nach Oberaula huldreichst rezipierte Jude Juda Jud die Dispensationsgelder an die Kammerkasse erlegt und die Silberlieferung zur Fürstlichen Münze geliefert hat, so verfehlen wir nicht, den für denselben ausgefertigten Schutzbrief in Gemäßheit der höchstgen Resolution vom 28. April des Jahres zur höchsten Vollziehung in der tiefsten Ehrfurcht zu überreichen, worin lebenslang beharrend.

Untertänigster Bericht der Oberrentkammer, den vom
2. Juden-Sohn Juda Jud untertänigst erbetenen Schutz nach
Oberaula betreffend.

Kassel, den 16. April 1801

Der in rubro bemeldte Jude hat in der hierbei zurückgehenden
und zum untertänigsten Bericht kommunizierten Vorstellung
um die huldreiche Erteilung des Schutzes nachgesucht und zur
Begründung seines Gesuchs angeführt, daß, nachdem sein älterer
Bruder vor einigen Wochen gestorben, sein Vater in seinem
Handel ohne Hilfe sei und er als einziger Erbe seines Vaters
nach dessen Ableben ein nicht unbeträchtliches Vermögen zu
erwarten habe, welches aber dieser in einem Alter von 71 Jahren
zu administrieren außerstande sei.

Die vorgestellten Motive werden nach einem hierüber einge-
forderten Bericht der Beamten in Oberaula bestätigt und dem Sup-
plikanten außerdem vom Amtsschultheiß Schanz das Zeugnis beigelegt, daß er sich gut betragen und das gesetzmäßige Alter erreicht habe.

Da nun von seiten des Orts gegen seine Aufnahme nichts ein-
gewendet und der Kautionsschein der Judenschaft beigebracht ist,
der Schutzkompetent sich auch erklärt hat, gleich anderen zweiten
Judensöhnen 100 Gulden pro Dispensation und 100 Gulden für
Fabrikwaren zu erlegen, auch eine Silberlieferung von 50 Mark in
dem bestimmten Preis für Fürstliche Münze zu leisten, so wollen
wir auf die huldreichste Erteilung des erbetenen landgräflichen
Schutzes für denselben in tiefster Genasgebigkeit und Devotion
antreten, womit wir zeitlebens beharren.

*Quelle:* Greve, wie Anm. 2, S. 577 (Text in der Schreibweise modernisiert).

## 3. Leumundszeugnis des Bürgermeisters Weidemann für Juda Rothschild und seinen Sohn Aron 1824

Daß der israelitische Handelsmann und Staatsbürger Juda Rothschild so nahe 54 Jahre alt und derselbe und seine Voreltern in
Oberaula gezogen und geboren sind, auch derselbe ein großes
Vermögen besitzt und derselbe sich in der Gemeinde gut betragen; auch wurde derselbe voriges Jahr in Witwerstand gesetzt mit
sechs Kindern; ferner sei der älteste Sohn Aron Rothschild 22 Jahre alt und sei der einzige Sohn, welcher zum Handel gewidmet

sei und die übrigen Söhne, wie das Gesetz besagt, in der Lehre in Frankenberg, um die Profession als Färber und Lohgerber zu erlernen.

Was aber das Betragen des Aron Rothschild wie auch dessen Vater betrifft, so kann man denselben mit Wahrheit nicht das geringste von Schlechtigkeiten nachsagen. Auch wäre zu wünschen, daß demselben sein Gesuch höheren Orts möge gestattet werden. Ein solches wird demselben hiermit auf Verlangen pflichtgemäß attestiert.

Oberaula am 28. Oktober 1824

Der Bürgermeister Weidemann

*Quelle:* Greve, wie Anm. 2, S. 578 (Schreibweise modernisiert).

# 4. Juden im Kreis Ziegenhain um 1900

| Gesamtzahl der jüdischen Einwohner | | | | israel. Volkssch. | |
|---|---|---|---|---|---|
| Gemeinde | 1885 | 1895 | 1905 | 1897 | 1900 |
| Treysa | 160 | 193 | 160 | 42 | 38 |
| Ziegenhain | 92 | 93 | 78 | 20 | 19 |
| Neukirchen | 104 | 113 | 93 | 16 | 14 |
| Schwarzenborn | 29 | 21 | 16 | | |
| Allendorf a. L. | 5 | 9 | 0 | | |
| Berfa | 3 | 0 | 0 | | |
| Breitenbach | 55 | 75 | 80 | | 20 |
| Frielendorf | 137 | 129 | 144 | 25 | 25 |
| Gilserberg | 46 | 71 | 60 | 13 | 18 |
| Großropperhausen | 44 | 44 | 32 | | |
| Hausen | 30 | 24 | 30 | | |
| Lingelbach | 4 | 0 | 0 | | |
| Merzhausen | 36 | 39 | 45 | 15 | 13 |
| Niedergrenzebach | 0 | 0 | 1 | | |
| **Oberaula** | **91** | **90** | **70** | **24** | **19** |
| Ottrau | 33 | 32 | 38 | | |
| Röllshausen | 0 | 0 | 1 | | |
| Schrecksbach | 10 | 6 | 5 | | |
| Siebertshausen | 5 | 0 | 0 | | |
| Wiera | 2 | 0 | 0 | | |
| Willingshausen | 33 | 27 | 27 | | |
| **Summe** | **920** | **966** | **880** | | |

*Quelle:* Thomas Weidemann: Politischer Antisemitismus im Deutschen Kaiserreich, aus: Nachbarn, wie Anm. 1, S. 137.

Von der Ostprovinz Posen abgesehen lebten in der preußischen Provinz Hessen-Nassau mehr Juden als irgendsonst in der Monarchie, so 1875 2,63% der männlichen und 2,34% der weiblichen Bevölkerung.

Die Übersicht macht aber auch deutlich, daß die Zahl der Juden im Kreis Ziegenhain und in Oberaula im allgemeinen stagnierte und meist auch leicht, in Oberaula stärker zurückging.

# 5. Einübung zum Patriotismus für Deutschland in jüdischen Grundschulen

*228. Das Gelübde.*

1. Ich hab mich ergeben
   mit Herz und mit Hand
   dir Land voll Lieb' und Leben,
   mein deutsches Vaterland!
2. Mein Herz ist entglommen,
   dir treu zugewandt,
   du Land der Frei'n und Frommen,
   du herrlich Hermannsland!
3. Ach Gott, tu erheben
   mein jung Herzensblut
   zu frischem, freud'gem Leben,
   zu freiem, frommem Mut!
4. Laß Kraft mich erwerben
   in Herz und in Hand,
   zu leben und zu sterben
   fürs heil'ge Vaterland!
5. Will halten und glauben
   an Gott fromm und frei,
   will, Vaterland, dir bleiben
   auf ewig fest und treu.

Hans Ferdinand Maßmann.

*229. Mein Vaterland.*

1. Dem Land, wo meine Wiege stand,
   ist doch kein andres gleich;
   es ist mein liebes Vaterland
   und heißt – das Deutsche Reich.
2. Wie lieblich sind hier Berg und Tal,
   die Wälder, wie so schön!
   Wie lockend auch im Sonnenstrahl
   die rebumkränzten Höhn!

3. In Städten rauscht vorbei der Strom,
   trägt reicher Kaufherrn Gut,
   und freundlich spiegelt Burg und Dom
   sich in der blauen Flut.

4. Mein Kaiser aber thront als Held
   in tapfrer Heldenschar
   und führt in seinem Wappenfeld
   den sieggewohnten Aar.

5. Drum fragt man mich nach meinen Land,
   brennt mir das Herz sogleich,
   und stolz dem Frager zugewandt,
   ruf' ich: "Das Deutsche Reich!"

Julius Sturm

*Quelle:* Bernd Lindenthal: Zwischen Hoffnung und Wahnsinn über Juden in Treysa – Von den Anfängen bis 1942, aus: Nachbarn, wie Anm. 1, S. 291.

*Eine Seite aus dem "Deutschen Lesebuch für die israelitische Volksschule", Druck von Weber & Weidemeyer in Cassel, nach 1910 erschienen. Das jüdische Bildungswesen hatte zwei Ziele: "die Anhänglichkeit an die väterliche Religion zu erhalten und die Treue gegen das deutsche Vaterland zu fördern." (ebd. S. 565)*

# 6. Die Reichstags- und Reichspräsidentenwahlen im Kreis Ziegenhain von 1930 bis 1933

| | Reichstagswahl am 14.9.1930 | | | Reichspräsidentenwahl 1. Wahlgang 13.3.1932 | | | | Reichspräsidentenwahl 2. Wahlgang 10.4.1932 | | | | Reichstagswahl am 31.7.1932 | | | Reichstagswahl am 6.11.1932 | | | Reichstagswahl am 5.3.1933 | | |
|---|---|---|---|---|---|---|---|---|---|---|---|---|---|---|---|---|---|---|---|---|
| | Anzahl der gültigen Stimmen | Anteil der NSDAP (absolut) | Anteil der NSDAP (in Prozent) | Stimmen für Hindenburg abs. | % | Stimmen für Hitler abs. | % | Stimmen für Hindenburg abs. | % | Stimmen für Hitler abs. | % | Anzahl der gültigen Stimmen | Anteil der NSDAP (absolut) | Anteil der NSDAP (in Prozent) | Anzahl der gültigen Stimmen | Anteil der NSDAP (absolut) | Anteil der NSDAP (in Prozent) | Anzahl der gültigen Stimmen | Anteil der NSDAP (absolut) | Anteil der NSDAP (in Prozent) |
| Machtlos | 88 | 30 | 34,1 | 28 | 26,9 | 75 | 72,1 | 33 | 31,4 | 72 | 68,6 | 102 | 82 | 80,4 | 101 | 76 | 75,2 | 104 | 95 | 91,3 |
| Mengsberg | 297 | 106 | 35,7 | 97 | 31,0 | 190 | 60,7 | 109 | 34,5 | 203 | 64,2 | 322 | 223 | 69,2 | 297 | 185 | 62,3 | 350 | 288 | 82,3 |
| Merzhausen | 473 | 230 | 48,6 | 169 | 35,9 | 290 | 61,6 | 175 | 36,4 | 297 | 61,7 | 503 | 321 | 83,8 | 487 | 337 | 69,2 | 506 | 412 | 81,4 |
| Michelsberg | 145 | 76 | 53,8 | 42 | 27,3 | 95 | 61,7 | 49 | 30,6 | 109 | 68,5 | 158 | 130 | 82,3 | 167 | 141 | 84,4 | 181 | 170 | 93,8 |
| Molschied | 135 | 66 | 48,9 | 37 | 22,6 | 121 | 73,8 | 55 | 33,3 | 105 | 64,2 | 183 | 119 | 65,0 | 170 | 103 | 60,8 | 156 | 119 | 76,3 |
| Nausis | 198 | 135 | 68,2 | 56 | 25,8 | 149 | 68,7 | 52 | 24,6 | 159 | 75,4 | 210 | 165 | 88,1 | 212 | 162 | 76,4 | 235 | 208 | 88,5 |
| Neuhaitendorf | 94 | 72 | 76,6 | 2 | 2,2 | 87 | 96,7 | 3 | 3,2 | 92 | 96,8 | 98 | 97 | 99,0 | 95 | 94 | 98,9 | 94 | 94 | 100,0 |
| Niedergrenzebach | 380 | 53 | 14,7 | 220 | 57,7 | 144 | 37,8 | 237 | 58,8 | 166 | 40,9 | 412 | 177 | 43,0 | 404 | 184 | 45,5 | 413 | 209 | 50,6 |
| Oberaula | 600 | 266 | 44,7 | 213 | 28,5 | 505 | 67,9 | 210 | 28,9 | 517 | 70,3 | 771 | 588 | 76,3 | 729 | 572 | 78,5 | 775 | 654 | 84,6 |
| Obergrenzebach | 363 | 162 | 44,6 | 69 | 16,8 | 299 | 72,9 | 84 | 22,2 | 293 | 77,3 | 413 | 322 | 78,0 | 379 | 300 | 79,1 | 435 | 377 | 86,7 |
| Oberjossa | 93 | 29 | 31,2 | 48 | 44,0 | 57 | 52,3 | 52 | 48,6 | 53 | 49,5 | 103 | 71 | 68,9 | 89 | 67 | 75,3 | 121 | 85 | 70,2 |
| Olberode | 188 | 43 | 22,9 | 112 | 52,3 | 84 | 41,1 | 108 | 48,2 | 109 | 48,7 | 230 | 135 | 58,7 | 231 | 131 | 56,7 | 294 | 155 | 66,2 |
| Ottrau | 341 | 121 | 35,5 | 116 | 30,9 | 246 | 66,1 | 88 | 24,2 | 270 | 74,4 | 372 | 292 | 78,5 | 376 | 264 | 70,2 | 399 | 344 | 86,2 |
| Ransbach | 37 | 15 | 40,5 | - | - | 30 | 90,9 | - | - | 35 | 100,0 | 39 | 34 | 87,2 | 34 | 29 | 85,3 | 40 | 36 | 90,0 |
| Rebelsdorf | 391 | 239 | 61,1 | 57 | 13,8 | 347 | 84,2 | 57 | 13,7 | 360 | 85,3 | 409 | 367 | 89,7 | 413 | 390 | 87,2 | 430 | 383 | 89,1 |
| Röllshausen | 510 | 261 | 51,2 | 156 | 29,7 | 358 | 68,2 | 187 | 31,2 | 358 | 68,8 | 645 | 392 | 71,9 | 526 | 395 | 74,8 | 544 | 427 | 78,5 |
| Rörshain | 110 | 34 | 30,9 | 30 | 32,2 | 79 | 65,3 | 56 | 44,4 | 70 | 55,6 | 124 | 76 | 61,3 | 128 | 87 | 68,0 | 127 | 96 | 75,6 |
| Rommershausen | 173 | 21 | 12,1 | 87 | 36,5 | 44 | 25,3 | 97 | 53,6 | 74 | 40,9 | 180 | 71 | 39,4 | 183 | 51 | 31,3 | 186 | 127 | 68,3 |
| Rückershausen | 97 | 71 | 73,2 | - | - | 79 | 82,3 | 1 | 1,1 | 92 | 98,9 | 98 | 97 | 99,0 | 93 | 88 | 94,6 | 102 | 99 | 97,1 |
| Sachsenhausen | 123 | 30 | 24,4 | 47 | 32,9 | 85 | 60,1 | 49 | 32,7 | 100 | 66,7 | 141 | 99 | 70,2 | 143 | 115 | 80,4 | 194 | 187 | 96,4 |
| Salmshausen | 51 | 36 | 70,6 | 8 | 21,7 | 53 | 85,5 | 7 | 13,2 | 46 | 86,8 | 57 | 53 | 93,0 | 53 | 53 | 100,0 | 56 | 57 | 98,3 |
| Schönau | 100 | 59 | 59,0 | 7 | 5,8 | 109 | 90,8 | 15 | 11,7 | 111 | 86,7 | 131 | 108 | 82,4 | 129 | 108 | 83,7 | 138 | 136 | 98,6 |
| Schönborn | 59 | 9 | 15,2 | 32 | 45,1 | 31 | 43,7 | 33 | 43,8 | 35 | 50,7 | 74 | 56 | 75,7 | 70 | 57 | 75,3 | 71 | 71 | 89,9 |
| Schönstein | 89 | 49 | 71,0 | 22 | 28,6 | 54 | 65,8 | 30 | 34,1 | 58 | 65,9 | 79 | 85 | 82,3 | 94 | 62 | 65,9 | 92 | 83 | 90,2 |
| Schorbach | 171 | 79 | 46,2 | 32 | 17,4 | 142 | 77,2 | 38 | 19,3 | 157 | 79,7 | 196 | 162 | 82,5 | 210 | 181 | 86,2 | 219 | 212 | 96,8 |
| Sehlertroos | 200 | 115 | 57,5 | 47 | 21,5 | 155 | 75,3 | 53 | 23,6 | 177 | 78,0 | 241 | 185 | 76,8 | 237 | 188 | 79,3 | 244 | 221 | 90,6 |
| Seigertshausen | 288 | 134 | 46,5 | 50 | 15,2 | 235 | 71,6 | 66 | 20,6 | 243 | 75,9 | 326 | 265 | 81,3 | 329 | 248 | 75,4 | 397 | 351 | 88,4 |
| Siebertshausen | 65 | 15 | 23,1 | 24 | 38,7 | 26 | 41,9 | 29 | 43,9 | 28 | 42,4 | 65 | 32 | 49,2 | 63 | 26 | 41,3 | 66 | 44 | 66,7 |
| Spieskappel | 309 | 89 | 28,8 | 107 | 32,8 | 175 | 53,7 | 145 | 41,3 | 197 | 56,1 | 381 | 240 | 63,0 | 367 | 248 | 67,6 | 373 | 275 | 73,7 |
| Steina | 107 | 39 | 36,4 | 25 | 21,7 | 81 | 70,4 | 31 | 29,8 | 79 | 72,5 | 140 | 80 | 70,2 | 111 | 82 | 73,9 | 137 | 111 | 81,0 |
| Todenhausen | 154 | 31 | 20,1 | 35 | 23,0 | 82 | 53,9 | 40 | 26,8 | 108 | 72,5 | 189 | 110 | 65,1 | 170 | 118 | 69,2 | 175 | 131 | 74,6 |
| Wahlshausen | 177 | 69 | 50,3 | 49 | 23,4 | 153 | 73,2 | 59 | 26,1 | 166 | 73,4 | 219 | 171 | 78,1 | 213 | 164 | 77,0 | 232 | 192 | 82,7 |
| Wasenberg | 491 | 329 | 67,0 | 58 | 9,6 | 459 | 85,6 | 52 | 8,9 | 528 | 90,6 | 585 | 514 | 87,7 | 580 | 475 | 81,9 | 617 | 567 | 91,9 |
| Weißenborn | 193 | 126 | 65,3 | 47 | 19,7 | 172 | 72,3 | 56 | 25,9 | 158 | 73,1 | 236 | 191 | 80,9 | 223 | 184 | 82,5 | 259 | 225 | 86,9 |
| Wera | 302 | 119 | 39,4 | 77 | 23,3 | 218 | 66,1 | 94 | 27,0 | 252 | 72,4 | 329 | 221 | 67,2 | 323 | 238 | 73,7 | 348 | 291 | 83,6 |
| Willingshausen | 404 | 217 | 53,7 | 121 | 28,7 | 265 | 62,9 | 117 | 28,0 | 294 | 70,5 | 430 | 287 | 66,7 | 404 | 266 | 70,8 | 429 | 367 | 85,5 |
| Winterscheid | 68 | 18 | 26,5 | 39 | 35,4 | 66 | 61,7 | 39 | 35,8 | 70 | 64,2 | 110 | 69 | 52,7 | 102 | 65 | 63,7 | 111 | 74 | 56,7 |
| Zella | 208 | 95 | 45,7 | 78 | 35,6 | 133 | 60,7 | 77 | 33,8 | 146 | 64,0 | 229 | 167 | 72,9 | 223 | 172 | 77,1 | 255 | 200 | 78,4 |

*Quelle: Bernd Lindenthal: Der politische Wille im Kreis Ziegenhain 1930 – 1933, in: Nachbarn, wie Anm. 1, S. 221.*

# 7. Vorfahrentafel von Siegmund Spiegel

*Stammvater bzw. frühest feststellbarer Vorfahr*
Moyses Hertz. Er erhält am 11. September 1764 Geleit nach Enniger. Geburtsjahr und Todesjahr unbekannt. Er stirbt zwischen 1797 und 1818, als seine Frau als Witwe erscheint. Verheiratet mit Bune Israel aus Berkig (?), die am 17. August 1823 an Schwindsucht stirbt.
Das Ehepaar hat wenigstens 6 Kinder.
Das älteste ist

*Simon Moyses/ Simon Spiegel.* Er erhält 1797 das Geleit seines Vaters. Geb. 1767 November in Enniger, dort auch 1843 gestorben. Er nimmt vor dem 29. 10. 1823 den Namen Spiegel an, unterschreibt aber noch 1827 auch als Simon Moses.

Verheiratet mit Täubgen (Taube) Abraham aus Oelde, 1770 geboren. Das Ehepaar hat wenigstens 7 Kinder.

Das 6. Kind ist

*Nathan Spiegel.* Geb. 1809 März, Sterbedatum noch unbekannt. Verheiratet mit Sara Levi aus Beckum, Tochter des Levi und der Schaloti aus Beckum. Heirat am 22. November 1837. 2. Ehe am 20. 2. 1863 mit Julie Ostheim geb. Löwenstein aus Harsewinkel, Witwe des Metzgers Ostheim. Mit Sara Levi hatte Nathan Spiegel 11 Kinder.

Das 7. Kind ist

*Simon Spiegel.* Geb. 1846 Januar 3 in Enniger. Gest. 1922 April 13 in Ahlen. Verheiratet mit Sofie Heimann aus Werne, geb. 1853 Mai 11 in Werne, gest. 1914 Juni 2 in Ahlen. Das Ehepaar hatte 6 Kinder.

Das 6. ist

*Siegmund Spiegel.* Geb. 1899 Mai 18 in Ahlen. Gest. 1982 Februar 24. Verheiratet am 8. 1. 1937 mit Marga Rothschild aus Oberaula, geb. 1912 Juni 21 in Oberaula. Das Ehepaar hatte zwei Kinder

1. Karin geb. 1938 Januar 14
2. Daniel geb. 1946 Mai 28

# 8. Moyses Hertz, der Ahnherr der Familie Spiegel

*Gutachten des Bürgermeisters Brüning über die Juden in Enniger 1818*

Indem ich die nach der nebenbemerkten verehrlichen Verfügung geforderten Nachweise über die jüdische Bevölkerung in Enniger gehorsamst hierbei vorlege, berichte ich:

ad A: Es waren im Jahre 1803 schon zwei jüdischen Familien in Enniger. Diese wohnten zu der Zeit jedoch in einem Hause und betrug die Zahl der Juden inklusive Kinder – 10.

Vor der Zeit existierte in Enniger nur eine Judenfamilie. Das Familienhaupt davon, Moyses Hertz, hat unterm 11. Sept. 1764 von der Münsterschen Hofkammer für 20 Pistolen ein Geleit erhalten, worin auf einen Reichsabschied und auf eine erlassene Judenverordnung Bezug genommen wird, wovon in meiner Registratur keine Nachricht vorhanden. Dem Sohne des vorgedachten mit Namen Simon Moyses ist von der Münsterschen Hofkammer im Jahre 1797 gratis eine Geleit erteilet, wodurch das des Vaters annulliert worden.

ad B. Außer den hier angeführten Abgaben und Lasten praestierten die Juden in Enniger weiter nichts, und soviel aus dem Geleidsbrief zu ersehen, ist dem Sohne des Simon Moyses das Geleit gratis ertheilt worden.

ad C: Bei dem gänzlichen Mangel an Akten von der Judenschaft voriger Zeiten kann ich über das hier Gesagte weiter keine Auskunft geben....

ad D: Besonders unter der Fremdherrschaft erlassene Verfügungen sind mir sowie Ausnahmen vom Bürgerrecht nicht bekannt.

ad E: In Enniger existiert überhaupt keine Synagoge.

ad G: Gegenwärtig wird in Enniger kein jüdischer Schullehrer gehalten. Die schulfähigen jüdischen Kinder frequentieren die Ortsschule, worin sie allem Unterricht, außer dem religiösen beiwohnen. Über die Empfänglichkeit, Ab- oder Zuneigung derselben für die moralische Bildung kann ich aus dem Grund zur Zeit keine Auskunft geben, weil der Schullehrer zu Enniger vor 3 Wochen gestorben.

ad H: Es ist nicht zu verkennen, daß die Juden im Allgemeinen zu Betrügereien geneigt sind. Sie haben wenig Ehrgefühl und erröten kaum, wenn sie über einer Betrügerei ertappt werden. Der Landbewohner wird am meisten von den hausierenden Juden aufs Ohr gehauen, indem sie gewöhnlich verlegene oder doch schlechte Ware insgemein sehr hoch ausbringen, weil sie kreditieren, und dabei bersonders bei den weiblichen Dienstboten alles mögliche verkaufen. Die Juden in Enniger sind indessen zu unvermögend, als daß sie sich mit Geldwechsel, Geldvorschießen und Wechselkaufen abgeben können. Und sind auch keine besondere Betrügerei und Rechtsstreit bisher von ihnen bekannt geworden.

ad I: Die sittliche Verbesserung der Juden dürfte hauptsächlich in ihrer Erziehung zu suchen sein. Es fehlt denselben besonders auf dem Lande ein gründlicher Unterricht. Die Hauslehrer sind gemeiniglich selbst ungebildete herumlaufende Juden, die sich für das Lehrfach nicht vorbereitet haben, sondern in der Qualität eines Lehrers ihren Unterhalt suchen. Zweckmäßig dürfte es daher sein, wenn die Erziehung der Juden und die Bildung ihrer Lehre unter Staatsaufsicht gestellt oder daß die Juden auf dem Lande gehalten würden, ihre Kinder in die Ortsschule zu schicken. Vor allen Dingen aber müßte für die Anschaffung einer in deutscher Sprache aufgefaßten der jüdischen Religion angemessenen Sittenschrift gesorgt werden, und solche ihnen von ihren geistlichen Behörden zum Gebrauch anempfohlen oder anbefohlen werden. Dem Landmann aber würden sie nicht halb so schädlich sein, wenn ihnen der Hausierhandel mit allerhand Waren verboten würde. Und da der von Christen betriebene Hausierhandel wohl für die Landbewohner als auch für die städtischen und ländlichen Kommunen sehr Nachteiliges hat, so dürfte auch dieser mit abgeschafft werden.

Vor ungefähr 60 Jahren hat sich die erste Judenfamilie in Enniger angesiedelt. Übrigens sind keine älteren Verordnungen und Literatur hier vorhanden.

*Quelle:* Heinrich Petzmeyer: Sendenhorst. Geschichte einer Kleinstadt im Münsterland, Sendenhorst 1993, S. 281 f.

## 9. Bildstock in Enniger 1873
## Gedenkstein auch an das Schicksal der Juden

Als Mahnmal an die am 22. April 1873 ermordete Elisabeth Schütte, Tochter eines Kötters, gaben die Eltern der Ermordeten diesen Bildstock in Auftrag. Er wurde in Nähe des Tatortes errichtet, geriet aber in diesem Jahrhundert in Vergessenheit und wurde unter Bäumen und Zweigen unsichtbar. Die Nische, in der sich die Madonna auf der Weltkugel befindet, ist überkrönt von einer mächtigen Kreuzblume. Das neugotische Bildwerk wurde im Jahre 1983 im Zuge der Aktion des Kreisheimatvereins und mit Hilfe des Heimatvereins Enniger von Wolfgang Lamché restauriert und in Nähe der Bäuerlichen Genossenschaft wieder aufgestellt. Die Inschrift auf der Vorderseite des Sockels: "Ich habe gekämpft den guten Kampf, den Lauf vollendet, den Glauben bewahrt, hinfort bleibt mir allemal die Krone der Gerechtigkeit". Auf der Rückseite war zu lesen: "Zur Erinnerung an die Sodalin Elisabeth Schütte, geboren am 10. Mai 1841, an dieser Stelle grausam ermordet

*Bildstock in Enniger*

im Kampfe um ihre Tugend, den 22. April 1873". Des Mordes verdächtigt wurde ein in Enniger wohnender Jude, der auch verhaftet wurde, aber mangels an Beweisen vom Gericht freigesprochen werden mußte. Ihm schrieb man diese Tat als Ritualmord zu. Es begann am Ort eine grausame Judenverfolgung, die den Abzug aller Juden, die hier eine eigene Synagoge unterhielten, zur Folge hatte. So erinnert dieser Bildstock zugleich an ein dunkles Kapital in der Geschichte Ennigers.

*Quelle:* Egon Ahlmer: Bildstöcke und Wegekreuze in Ennigerloh. Schriftenreihe der Ämtersparkasse Oelde-Ennigerloh, Nr. 7 Oelde 1984, S. 76 f.

# 10. Die Vorfälle in der Wohnung von Marga und Siegmund Spiegel in der Pogromnacht am 9./10. November 1938 in der Ostbredenstraße in Ahlen vor Gericht

a. Eidesstattliche Erklärung von Siegmund und Marga Spiegel am 25. September 1945

Wir, die Unterzeichneten, erklären an Eidesstatt, daß der Georg Szimczak in der Nacht des 9. Nov. 38 mit einigen seiner Komplizen in unsre Wohnung eingedrungen war, um dort seinen sadistischen Gefühlen freien Lauf zu lassen.

Szimczak und Genossen schlugen auf uns ein mit Schlaggegenständen verschiedener Art (Gummiknüppel, Tischbeine usw.). Sie machten selbst vor meiner Schwester nicht halt, die unsere kleine Tochter Karin vor den Schlägen und Scherben zu retten versuchte.

Viele Wochen nach dieser Aktion konnten wir noch die blauen Flecken an unserem ganzen Körper feststellen.

(eigenhändige Unterschrift)
Siegmund Spiegel
Marga Spiegel.

*Quelle:* Staatsarchiv Münster, Staatsanwaltschaft Münster, Nr. 162 I S. 6.

b. Aussage Siegmund Spiegels vor Gericht über die Vorfälle während der Pogromnacht 1938 in seiner Wohnung
1946 September 21 Ahlen

Auf Vorladung erscheint der Kaufmann Siegmund Spiegel, 47 Jahre alt, wohnhaft in Ahlen, Vorhelmerweg 19, und sagt ... aus:

Am 9. Nov. 1938 wohnte ich hier in Ahlen auf der Ostbredenstr.[]

... gegen 24 Uhr läutete bei mir plötzlich die Hausglocke. Da sie mehrmals gegen die Haustür klopften und stießen, machte der Hausbewohner die Tür offen. Sie kamen dann zu mir auf der 1. Etage. Die Korridortüre hatte ich schon geöffnet. Bemerken möchte ich, daß es sich hier um fünf SA-Männer handelt, die in Uniform waren. Erkannt habe ich von diesen

SA-Männern Georg Szymczak. . . .

Als die SA-Männer nun zu mir in die Wohnung kamen, frugen sie zuerst: "Was bist Du?" Ich gab darauf zur Antwort, daß ich Pferdehändler sei. "Nein", sagten sie darauf, "Du bist ein Mörder."

In diesem Moment schlugen sie auch schon auf mich, meine Frau und meine Schwägerin Inge Rothschild ein. Bei dieser Gelegenheit zerschlugen sie mir auch zum Teil meine Wohnung, meine Wohnungseinrichtungsgegenstände und die elektrischen Deckenbeleuchtungen.

Sie haben sich etwas 20 bis 30 Minuten in meiner Wohnung aufgehalten und haben sich dann entfernt. . . .

v. g. u.

S. Spiegel. (eigenhändig mit Tintenbleistift)

*Quelle:* Staatsarchiv Münster, Staatsanwaltschaft Münster, Nr. 162 I S. 12 r

c. Die Verurteilung des Pogromnachttäters Georg Schimschak durch die Strafkammer des Landgerichts Münster am 6. Juli 1948

Im Namen des Rechts . . . hat die IA Strafkammer des Landgerichts in Münster . . . am 6. 7. 1948 für Recht erkannt. . . . Es werden verurteilt die Angeklagten

1. Schimschak wegen schweren Landfriedensbruchs in Tateinheit mit dem Verbrechen gegen die Menschlichkeit zu einer Gefängnisstrafe von (9) neun Monaten, (fol. 128)

Gründe:

Der Angeklagte Schimschak war seit 1930 Mitglied der SA und seit 1932 Mitglied der NSDAP. In der SA bekleidete er den Dienstrang eines Obergruppenführers. Vom 26. 9. 1945-28. 4. 1948 war er in einem Internierungslager inhaftiert.

In der Tatnacht verlangte er mit einer 4 Mann starken Gruppe Einlaß in das von der jüdischen Familie Siegmund Spiegel bewohnte Haus. Nachdem der Hauswirt geöffnet hatte, stürmte die Gruppe in die Wohnung der jüdischen Familie, mißhandelte den Siegmund Spiegel, der sich ihnen entgegenstellte, und dessen Ehefrau und Schwägerin und zerstörte einen grossen Teil der Möbel und des Hausrats in der Wohnung. An diesen Zerstörungen beteiligte sich auch aktiv der Angeklagte Schimschak (fol. 130 r)...

Auf Befragen konnte Siegmund Spiegel "jedoch nicht mit Sicherheit sagen, daß der Angeklagte Schimschak sich auch an den Misshandlungen beteiligt habe. Er wisse jedoch mit Sicherheit, daß keiner der 4 Männer untätig geblieben sei. Die Zeugin Marga Spiegel bestätigte diese Angaben.

Gegen die Glaubwürdigkeit der Zeugen bestehen keine Bedenken. Beide waren bei ihrer Vernehmung in der Hauptverhandlung sachlich und vorsichtig und offensichtlich bemüht, den Angeklagten nicht stärker zu belasten, als sie mit Sicherheit bezeugen konnten (fol. 130 v).

... Bei der Strafzumessung ist bei allen Angeklagten mildernd berücksichtigt worden, daß ihre Taten von den Machthabern der damaligen Zeit geduldet und insbesondere durch jahrelange intensive antisemitische Hetzpropaganda gefördert worden sind und daß sie ihre Taten im Einverständnis mit der damals herrschenden Partei begangen haben, sodaß ihre persönliche Schuld geringer erscheint. Auch die lange seit der Tat verflossene Zeit war mildernd zu berücksichtigen. Erschwerend fiel ins Gewicht, daß die Ausschreitungen in Ahlen ein besonderes Maß von Brutalität und Grausamkeit gezeigt haben, und daß die Angeklagten durch ihre Taten den deutschen Namen vor der Welt geschändet haben.

Bei den Angeklagten Schimschak und V. wurde ausserdem mildernd berücksichtigt, daß sie beide wegen ihrer Teilnahme an diesen Ausschreitungen jahrelang in Internierungshaft eingesessen haben. (fol. 136 v-137 r)

*Quelle:* Staatsarchiv Münster, Staatsanwaltschaft Münster, Nr. 162 I. S. 128; 130; 136 f

d. Strafverteidiger Dr. N. beantragt am 27. Juli 1949 die Wiederaufnahme des Verfahrens und die Erneuerung der Hauptverhandlung

Nach massiven Anschuldigungen gegen den Zeugen Imo
Moszkowicz kommt der Rechtsanwalt auch auf jüdische
Zeugen an sich und das Ehepaar Spiegel zu sprechen.
"Die Aussagen dieses" – gemeint ist Moszkowicz – "und
der anderen jüdischen Zeugen können nur richtig gewertet
werden, wenn man sie in dem Zeitrahmen betrachtet, in
welchem sie gemacht sind. Es kann gar nicht geleugnet
werden, daß die Beschuldigungen der jüdischen Zeugen
ausschlaggebend beeinflußt, daß sie sogar geboren wurden
in dem Bestreben, für die an den Familienangehörigen
verübten Untaten und den selbst erlebten Schrecken Rache
zu üben. Ihr abgrundtiefer Haß ... fand seinen Niederschlag
zunächst in den beiden eidesstattlichen Versicherungen
der Zeugen Spiegel und M. Von den hier aufgestellten
Behauptungen ist, wie inzwischen feststeht, nur eine richtig,
nämlich die Teilnahme des Angeklagten Schimschak an den
Ausschreitungen in der Wohnung des Spiegel. Alle übrigen
Beschuldigungen sind Ausdruck von Rachegefühlen und
einer Zeit, welche für alle geschehenen Verbrechen nach
Vergeltung schrie. Es wird wohl heute niemand mehr in
Abrede stellen, daß viele in der damaligen Zeit gesproche-
nen Urteile einer gewissen Korrektur bedürfen, weil sie
unter dem unmittelbaren Eindruck furchtbarer Verbrechen
und dem Schatten von Haß und Vergeltungssucht gefällt
worden sind. ... Alle in den folgenden Jahren aufgestellten
Beschuldigungen stützen sich auf haltlose Gerüchte und
Vermutungen, die den jüdischen Zeugen zugetragen sind.
Sie sind mit Recht zum großen Teil auch nicht Gegenstand
der Anklage gemacht worden. Aber auch die Anklage läßt
sich nach dem Ergebnis der letzten Beweisaufnahme und
den jetzt gewonnenen Erkenntnissen über den Wert von
jüdischen Belastungszeugen nicht mehr aufrecht erhalten."

Dr. N. (eigenhändig)
als amtlich bestellter Vertreter

*Quelle:* Staatsarchiv Münster, Staatsanwaltschaft Münster, Nr. 162 I
S. 246-247 r

e. Der Oberstaatsanwalt in Münster beantragt, das Amnestiegesetz vom 31. 12. 1949 auf Georg Schimschak anzuwenden
1950 Januar 13

Das Amnestiegesetz könnte angewendet werden, "es sei
denn, daß Schimschak aus Grausamkeit, aus ehrloser Gesinnung oder aus Gewinnsucht gehandelt haben würde. Daß
der verurteilte Schimschak aus einem dieser drei Beweg-
gründe gehandelt hat, ist in den Urteilsgründen nicht zum
Ausdruck gekommen."
Es wird dann vor allem gefragt, ob "ehrlose Gesinnung"
vorgelegen haben könnte. Diese sei jedoch "nicht mit
einwandfreier Sicherheit" gegeben, weil Schimschak "bei
der jüdischen Aktion" (sic! nicht: Aktion gegen die Juden)
auf Weisung gehandelt habe, es "durchaus möglich" sei,
daß Schimschak "sich infolge jahrelanger Beeinflussung
durch die NS-Ideologie, verbunden mit der plötzlich und
unerwartet ausgegebenen parteiamtlichen Weisung, sich
zu der Tat hat hinreißen lassen", weiter, daß er deshalb an
der Tat – gemeint sind hier die Ausschreitungen gegen die
Familie Moszkowicz – "nicht beteiligt war, weil er sie für
seine Person innerlich mißbilligte", daß schließlich bei der
Frage der Anwendbarkeit einer Amnestie der Grundsatz
"in dubio pro reo" von besonderer Bedeutung" sei. Da "bei
dem Verurteilten auch ein Handeln aus Grausamkeit oder
Gewinnsucht nicht festzustellen" sei, "dürfte die Anwendbarkeit der Amnestie zu bejahen sein."

*Quelle:* Staatsarchiv Münster, Staatsanwaltschaft Münster, Nr. 162,
II S. 80-81

f. Nach Rückverweisung an die Strafkammer IA des Landgerichts Münster stellt diese in Auslegung der Urteils der gleichen Kammer vom 6. Juli 1948 "ehrlose Gesinnung" und damit die Zulässigkeit der Strafvollstreckung fest.
1950 Februar 1

Zwar sprächen "schwerwiegende Gründe dafür, daß eine
stille schweigende Übereinkunft, wenigstens in der Form
eines Eventualvorsatzes bestanden haben könnte, daß die
in der Wohnung angetroffenen Personen mißhandelt wer-

den sollten oder mißhandelt werden würden", aber dies sei "nicht mehr feststellbar".

Dennoch stellt die Strafkammer fest:

"Der Verurteilte hat sich, wie im Urteil festgestellt wird, sehr intensiv an den Ausschreitungen beteiligt. Er ist in die Wohnung des Juden Spiegel eingedrungen, er hat den Einlaß in das Haus durchgesetzt und sich selbst an den Zerstörungen im Inneren der Wohnung beteiligt.

Er hat damit bewußt seiner Haßeinstellung gegen das Judentum durch Betätigung einer sinnlosen Zerstörungswut erkennbaren Ausdruck gegeben und hierdurch um ethisch niedrig stehender Interessen willen höhere Werte aufs Spiel gesetzt. Daran daß er sich dieser Divergenz bewußt war, kann nicht gezweifelt werden. Auch der fanatische Parteigänger weiß, daß er das Eigentum anderer Menschen, mag er sie aus politischen, rassischen oder sonstigen Gründen noch so gering schätzen, unter allen Umständen achten muß.

Das Verhalten des Angeklagten ist nicht nur vom heutigen Standpunkt aus als ehrlos zu bewerten, sondern wurde bereits zur Zeit der Tat von dem überwiegenden Teil der Bevölkerung, auch soweit er damals der NSDAP angehörte, abgelehnt, verurteilt und als nationale Schmach empfunden. Massgebend ist nicht die damalige Einstellung ideologisch verblendeter Angehöriger der NSDAP, sondern die Bewertung der Tat durch die unverbildeten Teile des Volkes. . . .

Es ist abschließend festzustellen, daß der Angeklagte aus ehrloser Gesinnung gehandelt hat . . . Die Strafvollstreckung ist zulässig.

Gegen diese Entscheidung kann das Rechtsmittel der sofortigen Beschwerde eingelegt werden.

*Quelle:* Staatsarchiv Münster, Staatsanwaltschaft Münster, Nr. 162 II fol. 89 r; 94 r; 96 r; 97 r

g. Am 15. 2. 1950 legt Dr. P., Rechtsanwalt und Notar in Lünen, namens anliegender Vollmacht sofortige Beschwerde ein

*Quelle:* Staatsanwaltschaft Münster Nr. 162 II fol. S. 600

h. Der 2. Strafsenat des OLG Hamm stellt am 23. 2. 1950 fest, daß Georg Schimschak gemäß § 2 Abs. II S. 1 des Straffreiheitsgesetzes vom 31. 12. 1949 zu amnestieren sei.

Nach der Definition des Senates setzt "ehrlose Gesinnung" ein über den Unrechtsgehalt der abgeurteilten Tat hinausgehendes, zusätzliches kriminalpsychologisches Unwerturteil voraus, wobei die Kernfrage die ist, ob der Verurteilte der Amnestie würdig ist oder nicht."

(Im Falle der Mißhandlungen der Moszkowiczs) wurde der Angeklagte nicht tätlich. "Daraus mag es sich erklären, daß er nur eine scheinbare Aktivität entfaltet, sich in Wirklichkeit aber zurückgehalten hat."

Bei "der menschenunwürdigen Behandlung wehrloser Frauen und Kinder", d. h. bei den Moszkowiczs, habe Schimschak "nicht den Mut aufgebracht", dem "Einhalt zu gebieten," bei den Spiegels habe er sich "übel aufgeführt" und "sich als Radaubruder betätigt." ...

Indessen läßt sich bei der Gesamtwürdigung von Tat und Täter nicht sagen, daß der Verurteilte aus so niedrigen Instinkten gehandelt und sich so aktiv betätigt hatte, daß man sagen könnte: Er verdient die tiefe Mißachtung der Allgemeinheit und ist der Rechtswohltat der Bundesamnestie nicht würdig."

*Quelle:* Staatsarchiv Münster, Staatsanwaltschaft Münster Nr. 162 II fol. 105 r; 106 r; 107 r.

## 11. Eine antisemitische Aktion gegen die Familie Spiegel 1966

Dem Pferdehändler Siegmund Spiegel klang aus dem Telephon vertraute Botschaft entgegen, die er längst vergessen hatte: "Ihr kommt noch alle dran, nehmt euch nur in acht." Und ein paar Tage später, in einer Septembernacht: "In zehn Minuten bist du reif, Jude."

Dann war der Anrufer reif: Spiegel hatte die Polizei seiner Heimatstadt Ahlen im Münsterland verständigt, die ein sogenanntes Fanggerät am Telephon des Händlers installieren ließ. Nach jenem Nachtgespräch konnte der Anrufer lokalisiert werden. Die Spur führte in die Polizeistation von Ahlen.

Dort schob zur fraglichen Zeit allein der Hauptwachtmeister Wilfried Schindler , 26, Wache. Polizist Schindler gestand und wurde gefeuert.

Nazi-Verfolgter Spiegel: "Ich begreife das alles nicht. Gerade hier bei uns hätte ich so was nie erwartet."

Dem jüdischen Pferdehändler Siegmund Spiegel, 67, und seiner Frau Marga, geborene Rothschild, 52, erschien der unvermutete Haßausbruch per Telephon vor allem deshalb unbegreiflich, weil ihnen in einer Zeit, als Antisemitismus eine Tugend war, viele geholfen hatten: Vom Februar 1943 bis Kriegsende war das Ehepaar Spiegel mit seiner 1938 geborenen Tochter Karin von mehreren Bauern im Ahlener Hinterland versteckt und so vor Gestapo und Gaskammer bewahrt worden. In dieser Zeit kamen 37 Angehörige der Spiegel-Familie in Konzentrationslagern um.

Die Familie Spiegel durchlitt alle Phasen der Judenverfolgung. In der Kristallnacht wurde Siegmund Spiegel, Kriegsfreiwilliger des Ersten Weltkrieges, von SA-Leuten verprügelt. 1939 erhielten sie Ausweise mit dem Aufdruck "J" und den Zusatznahmen Sara und Israel. Dann wurden sie nach Dortmund vertrieben, wo der Mann in einer Juden-Kolonne Zwangsarbeit auf einer Zeche verrichten mußte.

Im Februar 1943 erhielt Spiegel den gefürchteten Zettel mit dem unverfänglichen Text: "Sie haben sich zwecks Prüfung Ihrer Arbeitspapiere vormittags neun Uhr am Schlachthof, Dortmund, zu melden." Der Mann mit dem Judenstern wußte, was das bedeutete.

Doch es traf ihn nicht unvorbereitet. Bei gelegentlichen Hamsterfahrten aufs Land – den Judenstern verdeckte er mit vorgehaltener Aktentasche – hatte der Bauer Hubert Pentrop in Nordkirchen ihn vor den Judentransporten gen Osten gewarnt: "Geh nicht mit. Von dort hört man nichts Gutes." Und: "Komm zu mir, ich verstecke dich."

Für diesen Fall hatte Spiegel seine Tochter Karin auf Frage und Antwort gedrillt: Sie müsse, wenn der Vater einmal "Soldat werden" würde und sie mit der Mutter zum Bauern ginge, immer sagen, ihr Name sei Karin Krone.

Dann begann die Odyssee der drei Juden durch die Dörfer des Münsterlandes. Sie wurden von der Polizei gesucht, konnten keine Papiere vorweisen, bekamen keine Lebensmittelkarten. Wer sie aufnahm, riskierte Haus, Hof und Familie, wenn nicht das Leben.

"Zuerst war es ziemlich aufregend", erinnert sich heute Anni Richter, ältestes von acht Kindern des inzwischen verstorbenen Ehepaares Heinrich und Maria Aschoff, auf dessen Hof Mutter und Tochter Spiegel monatelang unter falschem Namen lebten.

Die Ausgestoßenen konnten sich auf dem großen Hof frei bewegen. Anni Richter, damals BDM-Mädchen und in die Heimlichkeiten eingeweiht: "Es fiel gar nicht so auf. Wir hatten immer viel Besuch."

Doch eines Tages saß ein Polizist in der Küche, hatte das Judenkind auf dem Schoß und fragte nach seinen Namen. Marga Spiegel: "Mir blieb fast das Herz stehen." Aber die Fünfjährige antwortete prompt: "Krone."

Siegmund Spiegel fand im Laufe der Jahre bei mehreren Bauern des Münsterlandes Unterschlupf. Zuerst im Dorf Dolberg, dann auf dem abseits gelegenen Gehöft von Hubert Pentrop, der dem Juden schon frühzeitig Asyl angeboten hatte.

Pentrop heute: "Das war so'n Samstagabend, ich vergesse das ja nie, da kommt er mit seinem Koffer an. Ich sag: "Kerl, wo kommst weg?" Und er gab dem Verfemten eine Kammer, deren Tür nur auf ein verabredetes Klopfzeichen geöffnet wurde.

Im Gegensatz zu Frau und Tochter mußte Spiegel sich stets verborgen halten; er war im wehrfähigen Alter, was bei Fremden Verdacht hätte erwecken können, und außerdem bei den Bauern in der Umgebung wohlbekannt. Heimlich wurde ihm Essen gebracht, nur nachts konnte er sich die Füße vertreten.

Dennoch wagte "Frau Krone" es, den Pentrop-Hof zu besuchen. Bevor aber Spiegel seine Tochter – die glaubte, er sei Soldat – sehen durfte, war eine makabre Maskerade vonnöten: Er zog Pentrops Feuerwehruniform an, hängte sich das Eiserne Kreuz – das er im Ersten Weltkrieg erwarb und stets mit sich führte – um den Hals und trat vor Karin als "Urlauber" hin.

Nicht immer funktionierte die Geheimhaltung. So hatte ein Pflichtjahrjunge auf Pentrops Hof die Klopfzeichen an der geheimnisvollen Kammertür belauscht; eines Tages klopfte er selbst. Ahnungslos öffnete Spiegel. Noch am gleichen Abend verließ der Ertappte die Zufluchtsstätte. Auf dem Gehöft von Heinrich Silkenbömer fand Spiegel Unterkunft in einer Kammer. Ein Strick am Fensterkreuz sicherte den Fluchtweg nach draußen.

Unterdes wurde Karin Spiegel in ihrem Stammquartier bei den Aschoffs krank, ein Arzt verordnete Hospitalbehandlung. Es gelang der Mutter, das Kind unter falschen Angaben in einer Klinik in Ascheberg unterzubringen. Um nicht durch zu langen Aufenthalt an einem Ort Verdacht zu erregen, wechselten Mutter und Tochter nach der Genesung des Kindes nach Werne zum Bauern Sickmann über.

Bernhard Sickmann, furchtlos und fromm wie Pentrop, nahm die Bedrängten ohne Federlesens auf: "Wir haben sie als Besuch aufgenommen, und damit war die Sache fertig."

So überstanden die drei Gehetzten – nach weiteren Stationen auf Gehöften um Ahlen – die Wirren des letzten Kriegswinters. Ostern 1945 war im Münsterland alles vorbei, die Familie Spiegel kehrte nach Ahlen zurück.

21 Jahre danach aber schlug ihnen mehrstimmig der Judenhaß entgegen. Denn nachdem der Polizist Schindler von seinen Kollegen entlarvt worden war und die Affäre beigelegt schien, klingelte bei Spiegel abermals das Telephon, diesmal am frühen Morgen.

Anonyme Anrufer teilten der entsetzten Familie mit, es sei noch nicht aller Tage Abend.

Spiegels Haus an der Beethovenstraße in Ahlen wurde unter Polizeischutz gestellt.

*Quelle:* Der Spiegel, vom 17. Oktober 1966. Dies blieb nicht die letzte Bedrohung. Noch 1997 benötigte Frau Spiegel Polizeischutz.


# 12. Die Darstellung der Judenverfolgung in Oberaula in der Chronik Oberaula 1995

"Wirtschaftlicher Niedergang und politische Wirren in der Zeit der Weimarer Republik führten schließlich zu einer Tragödie, die zuvor niemand – nicht in Deutschland – für möglich gehalten hatte und schließlich mit der Ausrottung sowie Auflösung vieler jüdischen Gemeinden in Deutschland, auch der Oberaulaer, endete."

Nach dem ausführlich wiedergegebenen Beschluß, die "Synagogengemeinde Schwarzenborn" der "Israelitengemeinde Oberaula" einzugliedern, fährt die Darstellung fort:

"Frau Marga Spiegel, geboren am 21. Juni 1912 in Oberaula, Tochter des Kaufmanns Siegmund Rothschild in Oberaula, hat in dem erschütternden Bericht "Retter in der Nacht" (Röderberg-Verlag GmbH, Frankfurt/Main) als Betroffene und Überlebende diese schreckliche Zeit, in der sich auch die Bedrängnis, das still halten müssen und die allgegenwärtige Gefahr deutscher anders gesinnter Menschen widerspiegelt, beschrieben; ein Zeitdokument über die Zeit hinaus.

*Vorne links die Synagoge, anschließend Bäckerei Schneider. Der Besitzer bewarf nach Aussagen Marga Spiegels sie und andere jüdische Kinder, die die Synagoge besuchen wollten, mit Steinen.*

Während der "Reichskristallnacht" vom 9. auf den 10. November 1938 wurde auch in Oberaula die Synagoge zerstört (nach dem 2. Weltkrieg abgebrochen), holte man jüdische Mitbürger gewaltsam aus ihren Wohnungen, mißhandelte sie und beschädigte ihre Geschäfte. Es waren nur einige Deutsche aus Oberaula und solche von außerhalb, die sich daran beteiligten oder glaubten, angeblich alte Rechnungen begleichen zu können.

Dies war auch der Anfang vom Ende der israelitischen Gemeinde in Oberaula. Einige ihrer Angehörigen wanderten aus, andere zogen in Städte, wieder andere harrten aus im Vertrauen, daß dies vorübergehen werde und sie verschont würden. Oft waren es gerade die Ärmsten, die weder Mittel noch Gelegenheit zum Aus-

*Die Synagoge zu Oberaula, ca. 1944 – rechts Lehrerwohnung, links Synagogenraum; davor Oberaulaer Kinder. Sie konnten unbeschwert auch in der Kriegszeit spielen, während die gleichaltrige Karin Spiegel unter anderem Namen zur gleichen Zeit vor den zum Judenmord verpflichteten Vertretern des damaligen Staates versteckt werden mußte.*

wandern hatten, und die Treuesten, die zurückblieben. Die anderen verkauften ihre Häuser und Ländereien, lösten Geschäfte auf oder ließen sie zurück.

Deutschen Mitbürgern waren die Hände gebunden. Auch sie standen bereits unter Bewachung von NS-Funktionären und der Gestapo. Kaum jemand sprach später von jenen Stillen im Lande, wie es sie immer gibt – die auch damals, als es für sie selbst gefährlich war, beistanden, mittrugen, soweit dies möglich war.

Was aus den deportierten Juden geworden war, wohin man sie gebracht hatte, war während des Krieges bei der strengen Geheimhaltung darüber in der Bevölkerung kaum bekannt.

Nach Kriegsende und Rückkehr Überlebender aus den Konzentrationslagern, durch Presse- und andere Nachrichten erfuhr man von den Vorgängen der Massenvernichtung deutscher und anderer europäischer Juden. In Oberaula sickerte nach und nach durch, was mit ihren jüdischen Mitbürgern passiert war und welches Schicksal sie erlitten hatten.

Immobilien und Ländereien hatten gegen Zahlung der Kaufsummen Oberaulaer Bürger (zum Teil bekannte oder befreundete Familien der Oberaulaer Juden) bzw. das Deutsche Reich – Reichsfinanzverwaltung – oder auch die Gemeinde Oberaula erworben.

Nach dem Ende des 2. Weltkrieges wurden diese Häuser und Ländereien der Juden unter dem Aspekt früherer Zwangsverkäufe durch die JRSO (Jewish Restitution Successor Organization), eine Treuhandverwaltung, veräußert. Deutsche Käufer aus der Zeit dieser Erwerbungen hatten, wenn sie von Juden gekauften Haus- und Grundbesitz nicht zurückgeben wollten, nun ein zweites Mal den Preis hierfür zu zahlen.

*Quelle:* Chronik, wie Anm. 20, S. 957-960.

Diethard Aschoff

# Zu diesem Buch

Das vorliegende Buch besteht, wie für den aufmerksamen Leser erkennbar, aus mehreren Schichten. Sein ältester Teil: „Es geschah bei uns im Münsterland", hier S. 45-120, wurde erstmals 1964/1965 in 17 Folgen in der münsterischen Bistumszeitung „Kirche und Leben" veröffentlicht. 1969 erschienen diese Folgen zusammengefaßt als Buch, dem die Autorin den Titel „Retter in der Nacht" gab. Diese Retter waren katholische Bauernfamilien. Sie folgten ihrem Gewissen und schützten Marga Spiegel, ihre Tochter und ihren Mann oft unter Lebensgefahr, als der Holocaust 37 Verwandte der Familie verschlang.

Die 1999 zum 100. Geburtstag ihres Ehemannes Siegmund Spiegel erschienene 3. und bald darauf nötig gewordene verbesserte 4. Auflage des Buches verlängerte die Erinnerungen Marga Spiegels in die Zeit ihrer Kindheit und Jugend in ihrem Heimatdorf Oberaula im ehemaligen Kreis Ziegenhain zurück. Eingeschlossen ist auch ihr Leben als junge Ehefrau und Mutter in der westfälischen Mittelstadt Ahlen. Dieser Teil findet sich hier S. 3-44. Nach Ahlen war Marga Rothschild gezogen, nachdem sie im Januar 1937 Siegmund Spiegel geheiratet hatte. In ihre Ahlener Zeit fällt auch der Novemberpogrom 1938 und die Ausweisung aller Juden aus der Stadt im Oktober 1939.

Der dritte Teil des autobiographischen Zeugnisses der Autorin enthält „Nachgedanken" über die Zeit vom 1945 bis 1998, vom Ende des Krieges bis zur Neuauflage des Buches, ein Rückblick auf das eigene Schicksal und den Holocaust, hier S. 121-134.

"Es kommt mir selbst unwahrscheinlich vor, daß die Anfänge schon mehr als 60 Jahre zurückliegen. Ich habe die Begebenheiten aus meiner Erinnerung so wahrheitsgemäß wie möglich nach dem Gedächtnis rekonstruiert. Daß es mir so schwer gefallen ist, diese Erinnerungen wieder heraufzubeschwören – ich hätte das nicht für möglich gehalten. Denn die Zeit, – die vielen, vielen Jahre, ein Menschenalter lang –, das darüber hinweggegangen ist, hat es mir nicht leichter gemacht, mich in die Begebenheiten zurückzuversetzen."

Was die hier verschriftlichten Tonbandaufnahmen über das Leben Marga Rothschild-Spiegels vor dem Untertauchen bringen, ist eine wichtige Quelle zur Zeit. Die Autorin legt hier Zeugnis ab über eine sowohl in Oberaula als auch in Ahlen bis in die jüngste Zeit hinein verdrängte Vergangenheit.[186] Dies war freilich fast überall in Deutschland ähnlich. "Die so öffentlichen Taten hatten keine Täter mehr", schreibt Hans W. Gummersbach mit besonderem Blick auf Ahlen. "Das Vergessen wurde schnell in den Rang einer Tugend erhoben."[187]

Oberaula war ein stadtfernes, auf dem Weg zur Kleinstadt begriffenes Bauerndorf mit 1200 Einwohnern in Nordhessen, Ahlen eine von einer Großzeche [188] beherrschte Mittelstadt am Nordostrand des Ruhrgebietes. Ihre Einwohnerzahl hatte sich in der Generation zwischen 1900 und 1930 fast vervierfacht.[189] Trotz der Unterschiede griffen in Dorf und Stadt, was Juden angeht, die gleichen Mechanismen. Etwa für den Novemberpogrom 1938 wurden in beiden Orten Leute, die von außerhalb kamen, verantwortlich gemacht.[190] Daß genau dies eine typische Selbstschutzbehauptung war, ist zumindest für Ahlen eindeutig erwiesen. 1985 gab ein Täter zu: "Es waren nur Ahlener."[191]

Ganz ähnlich steht es mit der "Bewältigung" dieser Vergangenheit. Über eine Generation lang, die Zeit, als die Täter noch im aktiven Leben standen, wurden weder in Oberaula noch in Ahlen "historisch fundierte Forschungen über die Jahre 1933 bis 45"

---

186   Herget, wie Anm. 1, S. 65. Gummersbach: Forschungen, wie Anm. 50, S. 8f
187   Gummersbach, Forschungen, wie Anm. 50, S. 8.
188   Ebd. S. 26-33.
189   1900 hatte Ahlen 6460 Einwohner, 1930 25064, ebd. S. 52.
190   Für Oberaula "Chronik Oberaula", abgedruckt oben, S. 161-164; Goletz, wie Anm. 20, S. 958, für Ahlen, Gummersbach: Forschungen, wie Anm. 50, S. 178. Der "Nachbarstadt"-Theorie huldigte auch Moszlowicz, wie Anm. 35, S. 178
191   Gummersbach: Forschungen, wie Anm. 50, S. 178.

vorgelegt.[192] Während dies in Ahlen zum 50. Jahrestag des Novemberpogromes 1988 nachgeholt wurde[193], steht die Aufarbeitung der NS-Zeit in Oberaula immer noch aus.[194] Was die Chronik Oberaula 1995 über die Judenverfolgung in der Gemeinde auf anderthalb Seiten bringt, ist ein geradezu schulbuchreifes Kapitel von Vergangenheitsverdrängung und Selbstrechtfertigung.[195]

1970 formulierte Emil Ludwig Fackenheim nach den von Juden zu befolgenden 613 Geboten sein berühmtes 614. Gebot für seine Glaubensbrüder: "Juden ist es verboten, Hitler einen nachträglichen Sieg zu verschaffen." Er fährt dann fort, was meist nicht mehr zitiert wird:

"Ihnen ist es geboten, als Juden zu überleben, ansonsten das jüdische Volk unterginge.

Ihnen ist es geboten, sich der Opfer von Auschwitz zu erinnern, ansonsten ihr Andenken verloren ginge.

Ihnen ist es verboten, am Menschen und an der Welt zu verzweifeln und sich zu flüchten in Zynismus oder Jenseitigkeit, ansonsten sie mit dazu beitragen würden, die Welt den Zwängen von Auschwitz auszuliefern.

Schließlich ist es ihnen verboten, am Gott Israels zu verzweifeln, ansonsten das Judentum unterginge."[196]

Der aus Deutschland gebürtige jüdische Denker hat sich in Auseinandersetzung mit Hegel und der klassischen deutschen Philosophie, geprägt von Martin Buber und Franz Rosenzweig, aber auch von den Auschwitzüberlebenden Elie Wiesel und Primo Levi, vielleicht am tiefsten mit der Bedeutung des Holocaust für die Weltgeschichte, die Theologie und das jüdische Volk beschäftigt.[197]

---

[192]  Ebd. S. 8 für Ahlen; mit Beispielen S. 9, Anm. 2; für Oberaula Herget u.a., wie Anm. 1, S. 657

[193]  Gummersbach, wie Anm. 16

[194]  "Das Verhalten der Bevölkerung" zu den Juden "bedürfte", stellt B. Greve, wie in Anm. 1, Anm. 101, fest, "für die Region dringend weiterer Aufarbeitung".

[195]  "Chronik Oberaula", wie Anm. 20, S. 957-960. Grundsätzlich hierzu Jürgen Weber: Vergangenheitsbewältigung in: Legenden, Lügen, Vorurteile. Ein Wörterbuch zur Zeitgeschichte, hrsg. von Wolfgang Benz, dtv Tb 3295 2. Aufl. 1992, S. 196-200 mit weiterführender Literatur.

[196]  E.L. Fackenheim: God's Presence in History, New York 1970, S. 84; zitiert nach Christoph Münz: Der Welt ein Gedächtnis geben. Geschichtstheologisches Denken im Judentum nach Auschwitz, Gütersloh 1995, S. 287.

[197]  Münz, wie Anm. 196, S. 266-302.

Marga Spiegel, die den Holocaust im Untergrund überlebte, aber 37 Verwandte verlor, tat, als sie 1964/65 ihre Erinnerungen erstmals zu Papier brachte, schon bevor das innerjüdische Denken über die Schoah einsetzte, instinktiv das, was Fackenheim hier von einem Juden fordert: sie erzählt und bezeugt einfach, wie es war, was sie erlebte, was sie empfand und dachte. Sie erinnerte, oft unter Schmerzen, damit an das, was nicht vergessen werden darf. Sie blieb schlicht Jüdin, verfiel nicht in Zynismus oder Verzweifelung und glaubte weiter an den Gott ihrer Väter. Sie ist Zeugin für den Abgrund und schlägt doch die Brücke, wie es denn auch bei Elazar Benyoetz 1990 in Bezug auf den Holocaust heißt: "Es gibt keine zuverlässigere Brücke über einen Abgrund als ein Wort, das ihm entstieg".[198]. Dies gilt auch von Marga Spiegel: Retter in der Nacht. Dies Buch ist ihr Wort.

## 1. "Retter in der Nacht" im Rahmen der Überlebensberichte westfälischer Juden

"Retter in der Nacht" ist aus vielen Gründen ein in Westfalen einzigartiges Holocaustzeugnis: der Bericht, 1965 erschienen, ist zunächst einmal ein ganz ungewöhnlich frühes Zeugnis. Es wurde ein halbes Menschenalter vor der im Januar 1979 ausgestrahlten amerikanischen Fernsehserie HOLOCAUST abgelegt, die eine Wende in der Beschäftigung mit der Geschichte der Juden in Deutschland einleitete.

Noch schwerer ins Gewicht fällt die Tatsache, daß Marga Spiegels Bericht über das Überleben im illegalen Untergrund aus eigenem Antrieb geschrieben wurde, um vor Mit- und Nachwelt Zeugnis abzulegen. Es handelt sich also bei dem Report im historisch spezifischem Sinn um Tradition, nicht um "Überrest", wie dies alle Quellen sind, die aus anderer Absicht entstanden sind wie Gerichts- und Verwaltungakten, aus denen wir den Großteil unserer Kenntnisse über den Holocaust beziehen. Was jedoch das Einzigartige an "Retter in der Nacht" ausmacht, ist seine Eigenschaft als Zeugnis einer in Westfalen selbst Überlebenden und die relative Breite des Berichtes, der auch atmosphärische Details überliefert. Daß er ein frühes, von innen her veranlaßtes Zeugnis

---

[198] Ebd. S. 233.

einer in Westfalen nur ganz selten vorkommenden Form des Überlebens in der Schoah darstellt, macht das absolut Singuläre von "Retter in der Nacht" aus. Es gibt in Westfalen nichts Vergleichbares.

Um die Besonderheit des "Spiegelreports" zu würdigen, sei ein kurzer Blick auf das Umfeld gestattet, auf den Holocaust in Westfalen in seinen zahlenmäßigen Dimensionen, die autobiographische Überlieferung und den Stand der Aufarbeitung.

## 2. Das Umfeld

Zunächst zu den Zahlen: Im ganzen 20. Jahrhundert lag die Zahl der westfälischen Juden prozentual nur halb so hoch wie im Reichsdurchschnitt. Mit 21 577 registrierten Juden erreichte sie 1925 bei der letzten Volkszählung vor der NS-Zeit nur 0,5 % der Gesamtbevölkerung. 1933 wurden 18 819 "Glaubensjuden" gezählt, 0,37 % der Bevölkerung, und 1939 7552 "Glaubensjuden", was damals 0,156 % der westfälischen Bevölkerung ausmachte, daneben noch 590 "andere" Juden. Im ganzen sind also nach NS-Definition 8102 jüdische Menschen in die bald einsetzende Katastrophe hineingezogen worden.

Die reichsweit geltende Überlebensquote von 7,08 % der 1939 in Deutschland lebenden Juden vorausgesetzt, haben in Westfalen 576 Juden den Holocaust überlebt. Eine gewisse Fehlerquote eingerechnet, dürften dies zwischen 550 und 600 Menschen gewesen sein.[199]

Zeugnisse darüber, was diese nach eigenem Bekunden in der Verfolgungszeit erlebt haben, werden seit einiger Zeit systematisch gesammelt. Inzwischen dürften rund 200 autobiographische Äußerungen unterschiedlicher Herkunft, Art und Wert vorliegen, neben Aufzeichnungen, Berichten und Erinnerungen vor allem Zeugenaussagen vor Gericht, daneben zunehmend auch verschriftlichte Interviews, d. h. Aufzeichnungen nach mündlich er-

---

[199] Näheres bei Diethard Aschoff: Autobiographische Zeugnisse westfälischer Juden über ihre Deportation und KZ-Haft, in: Verdrängung und Vernichtung der Juden in Westfalen, hrsg. v. Arno Herzig, Karl Teppe, Andreas Determann, Münster 1994, S. 173–175, leicht verbessert ders.: The Current State of the Study of Jewish History in Westphalia, in: Shofar. An Interdisciplinary Journal of Jewish Studies, Vol. 15, No. 4, Summer 1997, S. 44.

fragter Geschichte, der sogenannten Oral History, schließlich auch briefliche Mitteilungen.[200]

Gegenüber den Zeugnissen über Deportation und KZ-Haft bilden Berichte über das Überleben im Untergrund eine kleine Minderheit. Sie sind bisher noch nicht westfalenweit erfaßt.[201] Unter diesen Erinnerungen über das illegale Leben kann noch am ehesten der Bericht der Münsteranerin Henriette Hertz: "Nicht nach Riga"[202] mit Marga Spiegels: "Retter in der Nacht" verglichen werden. Freilich sind die Unterschiede beträchtlich: Frau Hertz blieb nicht in Westfalen, sondern flüchtete ins Rheinland und überlebte dort mit Hilfe von Bekannten und Verwandten in der Anonymität einer Großstadt. Marga Spiegel überstand die Zeit durch die Hilfsbereitschaft ihr zuerst fremder Bauern im heimischen Münsterland auf dem platten Lande. Henriette Hertz war allein, Marga Spiegel mit ihrer Tochter Karin zusammen, zum Teil auch mit dem Ehemann. "Nicht nach Riga" erschien relativ spät, 1986, und ist in gewisser Weise dem neu erwachten Interesse an jüdischer Geschichte nach Ausstrahlung des Filmes Holocaust zu verdanken. Der Hertz-Report ist letztlich durch einen Schülerwettbewerb angeregt worden. Er ist darum nicht aus dem inneren Drang der Überlebenden entstanden, das Widerfahrene "loszuwerden", sondern "nach einigem Zögern" auf die Bitte um eine Stellungnahme.[203]

Die Gegenüberstellung mit dem noch am ehesten vergleichbaren Überlebensbericht im Untergrund zeigt das Einmalige, ja Einzigartige des "Spiegelreports" in besonderer Weise. Nach Konrad Kwiet brachten in Deutschland nur etwa 10-12000 jüdische Menschen die Kraft auf, sich durch Flucht in den Untergrund der Deportation zu entziehen. Nur ein Drittel von ihnen überlebte.[204] Welche Gefahren zu überstehen waren, zeigt auch der hier vorliegende Bericht.

---

[200] Aschoff: Zeugnisse, wie Anm. 199, S. 206 f.

[201] Hinweise auf Überlebende finden sich ebd. S. 172 Anm. 18, darunter freilich viele, die in den Niederlanden versteckt waren, wo sie bessere Überlebenschancen hatten als im Reich.

[202] Birgit Lammersmann/Karin Wißmann: Nicht nach Riga!, in: Schon fast vergessen. Alltag in Münster 1933-1945, Münster 1986, S. 139-183.

[203] Ebd. S. 140.

[204] In: Gehen oder bleiben, in: Der Judenpogrom, hrsg. von Walter Pehle, Frankfurt 1988, S. 142. Vgl. Avraham Barkai: Das letzte Kapitel, in: Deutsch-jüdische Geschichte in der Neuzeit, Band 4, München 1997, S. 350 f, zum Leben im Untergrund.

Die Mittelstadt Ahlen spielt, was jüdische Geschichte in der Holocaustperiode angeht, in Westfalen eine außergewöhnliche Rolle. Ahlen war, wie Marga Spiegel einmal vor Gymnasiasten der Stadt feststellte, die "erste Stadt, die dem Führer das Geschenk machen konnte, 'judenrein' zu sein." [205] Vor allem aber haben zwei Mitglieder der ehemaligen jüdischen Gemeinde, die zu Beginn der Hitlerzeit 160 Seelen zählte[206], über die Verfolgung aufgrund besonderen Schicksals ein besonderes Zeugnis abgelegt, Marga Spiegel mit dem hier neu herausgegebenem Überlebensbericht im münsterländischen Untergrund und Imo Moszkowicz mit erschütternden Erinnerungen an seine Deportation nach Auschwitz, den anderthalb Jahren in Buna und dem Todesmarsch bis Reichenberg in den Sudeten. Zum Teil schon seit längerem nachlesbar[207], sind sie jüngst erweitert als Biographie unter dem Titel: Der grauende Morgen erschienen.[208] Sowohl an Gewicht des Inhalts als auch an Detailreichtum nehmen die Zeugnisse der beiden einst zur selben Ahlener Gemeinde zählenden Überlebenden in Westfalen einen besonderen Rang ein, Zeichen geistiger Auseinandersetzung mit einem unerhörten Schicksal.[209]

## 3. Zum Problem der Selbstäußerung

Im letzten Kapitel ihrer Erinnerungen beschreibt Marga Spiegel ihre Situation nach der Befreiung. Die Rückkehr aus dem Untergrund in die scheinbare Normalität des Lebens danach war kein "happy end", so glücklich die Rettung auch empfunden wurde und so dankbar die Überlebenden denen waren, die sie vor dem Tod bewahrt hatten. Marga Spiegel, ihr Mann und ihre Tochter blieben die einzigen aus den Großfamilien Rothschild und Spiegel, die dem Holocaust entkommen waren. Das dichte Netz der Verwandtschaft, in dem sie gelebt hatten, die sie umgebenden Gemeinden, die Freundeskreise, in denen sie sich geborgen gefühlt

---

[205]  Ahlener Tagblatt vom 5. März 1996. Diese "Vorrangstellung" der Stadt drückt Imo Moszkowicz gleichfalls aus: "Die Stadt Ahlen wollte als erste im ganzen Lande ihrem Führer melden, daß sie 'judenrein' sei. Das gelang ihr im Herbst '39", in: Moszkiowicz, wie Anm. 35, S. 45.

[206]  Gummersbach: Forschungen wie Anm. 50, S. 52.

[207]  Ebd. S. 272-278

[208]  Wie Anm. 35.

[209]  Marga Spiegel und Imo Moszkowicz sind familiär befreundet, vgl. Moszkowicz, wie Anm. 35, S. 152 f., vgl. oben S. 135 – 139

hatten, bestanden nicht mehr. Das Netz der Beziehungen, in denen sich Menschen aufgehoben wissen, war nicht etwa nur brutal zerschnitten, es existierte einfach nicht mehr.

Marga Spiegel stellt am Ende ihres Berichtes nur lapidar fest: "Wir blieben allein". Sie überläßt es den Lesern, sich auszumalen, was dies für sie bedeutet haben muß. Sie beschreibt nur die völlige Leere: "zu abgestumpft, zu schwach", "keines eigenen Entschlusses mehr fähig", "nur gewohnt zu gehorchen", zu schweigen. "Und jetzt, da wir nicht mehr schweigen mußten, hatten wir das Schreien verlernt". 1945 konnte darum für Marga Spiegel noch nicht die Stunde des Zeugnisses sein.

Das Leben ging weiter, forderte seinen Tribut. Der Ehemann baute seinen Pferdehandel wieder auf, das Haus mußte eingerichtet und instandgehalten werden, die Tochter brauchte Zuwendung. Es meldete sich ein zweites Kind. All dies erforderte die ganze Kraft.

Daneben holten die Schatten der Vergangenheit die Familie wieder ein. Seit Herbst 1945 lief ein Prozeß wegen der schweren Ausschreitungen beim Novemberpogrom 1938 in Ahlen. Der sich bis 1950 hinziehende Prozeß verlief für die jüdischen Opfer der Pogromnacht enttäuschend, ja frustrierend: "An keinem unserer Verfolger wurde Vergeltung geübt, auch wenn wir seine Taten noch so genau kannten," schrieb Marga Spiegel 1965. Auf den Prozeß wird noch einzugehen sein.

Die Autorin hatte nach 1945, um sie selbst zu zitieren, "das Schreien verlernt", ihre Aussagen, was sie beim Pogrom erlebt hatte, fanden vor Gericht nur geringes Gehör. Doch trotz dieser Erfahrungen verstummte Marga Spiegel nicht. Das, was sie erlebt hatte, ließ ihr keine Ruhe: "Ich habe seither tausendfach darüber nachgedacht, ob das alles wirklich das Ende war", bemerkt sie am Ende ihrer Erinnerungen. Irgendwann in der Folgezeit – sie kann sich nicht mehr an den Zeitpunkt besinnen – wurde Marga Spiegel jedenfalls innerlich bereit, ihre Schicksalsjahre im Untergrund aufzuzeichnen, vielleicht im Zusammenhang mit dem erklärten Willen des neu gegründeten Staats Israel, Judenrettern während des Holocaust ein bleibendes Denkmal zu setzen. Davon wird noch die Rede sein.

Die deutsche Öffentlichkeit war damals für ein jüdisches Schicksal aufgeschlossener als in der Zeit vor- und nachher: 1963-1965 fand der große Auschwitzprozeß statt, in dem zum ersten

Mal der Gesamtkomplex des Holocaust exemplarisch aufgerollt wurde, 1965 kam es im Bundestag zu der ersten heftig geführten Verjährungsdebatte wegen der NS-Mordtaten.[210]

Im zeitlichen Vorfeld war der Eichmannprozeß mit der Hinrichtung Eichmanns am 1. Juni 1962 zuende gegangen. 1963 hatte Rolf Hochhuths historisches Drama "Der Stellvertreter" für leidenschaftliche Stellungnahmen gesorgt.[211] Auch hier war es um Rettung von Juden gegangen.

Gleichzeitig stand die Neubestimmung des christlich-jüdischen Verhältnisses 1965 auf dem Zweiten Vatikanischen Konzil zur Debatte, auch wenn die richtungsweisenden Beschlüsse erst im Oktober des Jahres gefaßt wurden und sich naturgemäß erst später auswirkten.

Als Marga Spiegel ihren Rettungsbericht zwischen Januar und Mai 1965 in "Kirche und Leben" veröffentlichte, traf sie in gewisser Weise einen Nerv der Zeit.

Dies alles erklärt freilich nicht den Bericht. Die ganz überwiegende Anzahl derer, die überlebt hatten, scheute den Schritt in die Öffentlichkeit und schwieg. So ist die Bereitschaft, die Erinnerungen an die persönlich erlebte Verfolgung ihrer Familie schon 1964/65 aufzuzeichnen, neben der Entscheidung, zusammen mit Ehemann und Tochter sich der Deportation zu entziehen und in den Untergrund zu gehen, der zweite ganz ungewöhnliche Entschluß ihres Lebens. Mit dem Willen, hier Zeugnis abzulegen, steht sie damals noch fast allein in Westfalen. Vergleichbar ist nur der freilich noch frühere KZ-Bericht ihrer Bocholter Schicksalsgenossin Jeanette Wolff: Sadismus oder Wahnsinn.[212] Daß diese Frauen die innere Kraft aufbrachten, das sonst allerorten herrschende Schweigen über die jahrelang über ihnen hängende Todesdrohung so früh zu durchbrechen und dies auch noch so umfassend in eigenen Büchern zu tun, macht ihre singuläre Stellung in der westfälischen Holocaustüberlieferung aus.

---

[210] Werner Bergmann und Rainer Erb: Antisemitismus in Deutschland 1945-1996, in: Vorurteil und Völkermord. Entwicklungslinien des Antisemitismus, hrsg. v. Wolfgang Benz und Werner Bergmann, Bonn 1997, S. 402 f; 422 f.

[211] Ebd. S. 422 f.

[212] Vgl. Erlebnisse in den deutschen Konzentrationslagern im Osten, Dresden, o. J. (1946/47), später unter dem Titel: Mit Bibel und Bebel, hrsg. v. H. Lamm, Bonn 1980, neu aufgelegt.

# 4. "Retter in der Nacht" als Quelle

Die Bedeutung von Marga Spiegels Überlebensbericht als Quelle für die Geschichte der westfälischen Juden zur Zeit des Holocaust stand nie in Zweifel.

"Retter in der Nacht" wurde schon in Ulrich Knippings "Geschichte der Juden in Dortmund während des Dritten Reiches", der wegweisenden frühesten Darstellung jüdischer Geschichte in einer westfälischen Großstadt in der Holocaustperiode, durch den Abdruck eines größeren Abschnitts gewürdigt[213], in der ersten Zusammenfassung über autobiographische Holocaustliteratur in Westfalen hervorgehoben[214] und erhielt in der vorerst letzten stadtgeschichtlichen Untersuchung der Juden in der Zeit des 3. Reiches, der noch ungedruckten Dissertation von Hans W. Gummersbach, ebenfalls einen besonderen Platz.[215]

Quellenkritisch ist bei der vorliegenden Ausgabe zu unterscheiden zwischen der ursprünglichen Aufzeichnung von 1964/65 als einem aus eigenem Antrieb der Verfasserin entstandenen Bericht und den hier erstmals veröffentlichten Ergänzungen über ihre Zeit in Oberaula und Hersfeld sowie den abschließenden Reflexionen über ihr Schicksal und den Holocaust. Der Bericht von 1965 hat eine größere zeitliche Nähe zum Erlebten und darum eine höhere geschichtliche Qualität als die aus den Tonbandaufzeichnungen gewonnenen Erinnerungen über die Zeit der Verfasserin vor ihrer Eheschließung und Übersiedlung nach Ahlen.

Die in diese Auflage neu aufgenommenen Ergänzungen gehen auf eine 1996 an Marga Spiegel herangetragene Anregung des Herausgebers zurück, das seit längerem vergriffene Buch seiner Bedeutung wegen neu edieren zu lassen und mit zusätzlichen Erinnerungen zu vervollständigen. Karl-Heinz Volkert, Mitglied des Präsidiums der Deutsch-Israelischen Gesellschaft, unterstützte das Vorhaben vor allem dadurch, daß er die anfangs wegen ihres Alters zögernde Autorin dafür gewann, Tonbänder zu besprechen, und diese dann auch verschriftlichen ließ. Die in einem längerem Prozeß so entstandenen Aufzeichnungen wurden dann im

---

[213] Ulrich Knipping: Die Geschichte der Juden in Dortmund während der Zeit des Dritten Reiches, Dortmund 1977, S. 140-142, vgl. auch S. 210.
[214] Wie Anm. 212. Dieter Aschoff: Autobriographische Berichte westfälischer Juden des 20. Jahrhunderts, in: Heimatpflege in Westfalen 6, 1981, S. 4-5
[215] Gummersbach: Forschungen, wie Anm. 50, S. 282-288.

Sinne Marga Spiegels in eine chronologische Reihenfolge gebracht und in vielen Gesprächen mit ihr ergänzt und präzisiert. Alles so Entstandene wurde ihr vorgelegt, von ihr geprüft und zum Teil verbessert. Änderungswünsche wurden in ihrem Sinne durchgeführt. Was hier vorliegt, ist demnach authentisches und von ihr verantwortetes Lebenszeugnis Marga Spiegels.

Die christlich-jüdischen Beziehungen in Oberaula während der Weimarer Republik beurteilt Marga Spiegel in ihrer Erinnerung anders als die heutige Geschichtsforschung. Während die Autorin die sich steigernde Ausgrenzung bemerkt, sehen die Verfasser der Geschichte der Juden im Kreis Ziegenhain die "jüdischen Bürger Oberaulas weitgehend in das Dorfleben integriert".[216] Als Beleg führen sie einen nur jüdische Kandidaten enthaltenden Wahlvorschlag der späten Weimarer Republik an.[217] In einem anderen Wahlvorschlag mit dem Kennwort Handwerk und Gewerbe kandidierte neben drei christlichen Bewerbern auch Marga Spiegels Vater Siegmund Rothschild.[218] Juden waren in jener Zeit Mitglieder im Sport-, im Knüllgebirgs- und Kriegerverein.[219] Marga Spiegels Eltern gehörten dem Heimatverein an.[220] Daß ein Jude, Jakob Heilbrunn II, das zentral gelegene Gasthaus "Zur Stadt Cassel" führte, wäre bei starken antijüdischen Ressentiments im Dorf kaum möglich gewesen. "Es war Treffpunkt des geselligen Lebens".[221]

Daß Marga Spiegel, wenn sie an der Jahreswende 1996/97 an ihre Oberaulaer und Bad Hersfelder Zeit zurückdachte, 60 und mehr Jahre danach, sich in Einzelheiten geirrt haben kann, ist zu selbstverständlich, um dies eigens zu betonen. Dagegen kann kaum bezweifelt werden, daß diese Erinnerungen trotz der langen inzwischen verflossenen Zeit mit aufs tiefste in ihr Leben eingreifenden Erlebnissen und Erfahrungen das Atmosphärische so wiedergeben, wie sie dies damals empfunden hat. Mag auch der Versuch des Hitlerregimes, die Juden zu vernichten, die Familien Rothschild und Spiegel so schwer getroffen haben, auf die Rück-

---

216 Herget u. a., wie Anm. 1, S. 667.
217 Ebd. S. 669.
218 Ebd. S. 670 f.
219 Ebd. S. 671.
220 Vgl. oben S. 17
221 Herget u. a., wie Anm. 1, S. 671. Differenzierter urteilt B. Greve, wie Anm. 9, S.211, über die Integration hessischer Juden in das Dorfleben.

besinnung damit den dunklen Schleier des Schmerzes, der Trauer und des Entsetzens gelegt und einzelne Erlebnisse nachträglich neu belichtet haben – daß die wachsende Ausgrenzung in Oberaula, Bad Hersfeld und Frankfurt sich unauslöschlich in das Bewußtsein des jungen Mädchens eingeprägt haben, ist kaum bestreitbar. Für die antisemitische Stimmung der Zeit hatte Marga Rothschild ohne Zweifel ein feines Empfinden.

Einiges war zu berichtigen, so etwa die Angaben Marga Spiegels über die Zahlen der jüdischen Familien in Oberaula und die Größe des Ortes. Gerade bei Zahlenangaben heben Fehleinschätzungen die innere Glaubwürdigkeit von Holocaustberichten nicht auf. So ist schon früh von jüdischer Seite betont worden, daß Zahlenangaben der Opfer meist nicht stimmen, die Atmosphäre jedoch von den Zeugen treffend vermittelt wird.[222] Dies gilt auch von diesem Buch.

Hierzu gehören auch vom Gedächtnis vorgenommene und damit gegenüber der recherchierbaren Chronologie[223] irrig gespeicherte Zeitverschiebungen. In den Tonbandaufzeichnungen ist etwa die goldene Hochzeit der Großeltern väterlicherseits in die NS-Zeit gesetzt, obwohl sie schon 1931 gefeiert wurde.

Erkennbar sind auch eine Reihe historischer Irrtümer, etwa zur spanischen Inquisition, zu den Umständen des Attentats auf den Botschaftssekretär vom Rath in Paris und den Folgen des Attentats auf Reinhard Heydrich. Hierauf wird in den dazu gegebenen Anmerkungen jeweils aufmerksam gemacht.

Ebenso wie Irrtümer trotz des von Marga Spiegel betonten Bemühens um wahrheitsgetreue Erinnerung sind Lücken selbstverständlich und unvermeidlich, selbst bei scheinbar wichtigen Lebensstationen. So erwähnt die Autorin nicht, daß ihr Vater als erster jüdischer Bürger Oberaula schon im Herbst 1934 für sich und seine Angehörigen Reisepässe nach Palästina beantragte, möglicherweise als Konsequenz aus seiner Inhaftierung, der erzwungenen Exmatrikulation seiner Tochter Marga und den vielfältigen

---

[222] Ball-Kadun, Anm. 28, S. 165; vgl. Gummersbach: Forschungen, wie Anm. 50, S. 18; 304, Nachbarn, wie Anm. 1, S. 665: Um 1930 besaß Oberaula 1200 Einwohner bei 21 jüdischen Haushalten mit etwa 70 Seelen. Juden stellten rund 6% (5,83%) der Gesamtbevölkerung. Ungenau und fehlerhaft sind u. a. auch die Angaben Marga Spiegels zur allgemeinen Vorgeschichte der Novemberpogroms.
[223] Imo Moszkowicz stellt, wie Anm. 35, S. 19, kategorisch in bemerkenswerter Einsicht fest: "Eine Chronologie wird mir nicht gelingen."

Schikanen gegen die Familie in Oberaula.[224] Auch daß elf SA-Leute und Parteigenossen 1935 mehrfach nachweisbar bei Marga Spiegels Vater und Meyer Rosenberg eingebrochen haben, vor Gericht gestellt wurden und außerordentlich glimpflich davonkamen[225], fand in den hier gebrachten Erinnerungen keinen Platz.

Vielleicht darf man, was die Glaubwürdigkeit Marga Spiegels angeht, die Feststellung der Strafkammer des Landgerichts Münster anführen. Diese gab am 6. Juli 1948 zu den Aussagen des Ehepaares Spiegel zu den Vorkommnissen in der Pogromnacht 1938 zu Protokoll: "Gegen die Glaubwürdigkeit der Zeugen bestehen keine Bedenken. Beide waren bei ihrer Vernehmung sachlich und vorsichtig und offensichtlich bemüht, den Angeklagten nicht stärker zu belasten, als sie mit Sicherheit bezeugen konnten."[226]

Höher als bei den Erinnerungen an die Zeit vor ihrer Eheschließung in ihrer nordhessischen Heimat liegt der Zeugenwert des Kernstückes der Autobiographie Marga Spiegels, des Untergrundberichts "Retter in der Nacht" 1943-1945. Dies gilt nicht nur deshalb, weil er schon 1964/65 aufgezeichnet wurde, sondern weil im Gegensatz zu dem Ahlener Kristallnachtprozeß keinerlei auch nur denkbare Veranlassung für sie bestand, das Geschehene anders darzustellen als sie es erlebt hatte. Niemand wird durch den Überlebensbericht für die Zeit 1943-1945 belastet. Er ist vor allem Ausdruck des Dankes an ihre Retter, wie dies ja auch der Buchtitel dokumentiert. "Retter in der Nacht" ist ein Zeugnis des unbedingten Überlebenswillens einer tödlich bedrohten Familie und der selbstlosen Hilfsbereitschaft ihrer Retter.

## 5. Münsterländische Bauern als "Edle der Völker"

Anderthalb Jahre nach dem erstmaligen Erscheinen von Marga Spiegels Überlebensbericht im münsterischen Bistumsblatt im Frühjahr 1965 brachte der SPIEGEL unter der Rubrik "Deutschland. Gesellschaft. Antisemitismus" unter dem Titel "Wo kommst weg?" eine knappe Zusammenfassung der Erlebnisse der Familie Spiegel.[227] Die Zeitschriftenserie wird in dem SPIEGEL-Artikel jedoch nicht erwähnt.

---

224  Vgl Greve, wie Anm. 19, S. 221.
225  Ebd. S. 225.
226  Staatsarchiv Münster, Staatsanwaltschaft Münster, Nr. 162 I S. 130 v.
227  SPIEGEL vom 17. Oktober 1966, S. 89 f., vgl. oben S. 158 – 161.

Dies gilt auch für einen auf dpa gegründeten Zeitungsbericht in der Westdeutschen Allgemeinen Zeitung (WAZ). Dieser erschien auf den Tag genau drei Jahre nach dem SPIEGEL-Artikel am 17. Oktober 1969. Er trug die Überschrift: "Bauern versteckten Juden auch vor einquartierten SS-Männern" mit der Fortführung: "In den Kriegsjahren 1943-1945 – Unter Einsatz des eigenen Lebens gerettet." Anlaß des Zeitungsartikels war die Übergabe von Dankesurkunden an die Retterfamilien durch Israels Botschafter Asher ben Natan.

Diese besondere Würdigung von Judenrettern während des Holocaust geht zurück auf ein Gesetz der Knesset, des israelischen Parlaments, vom 19. August 1953. Nach diesem "Gesetz zum Andenken an die Märtyrer und Helden – Yad Vashem 5713-1953" soll auch das Gedächtnis der "Edlen aller Völker" geehrt werden, "die ihr eigenes Leben auf Spiel setzten, um Juden zu retten". [228] Hier sind im Dossier 463 unter den "Judenrettern aus Deutschland", wie ein Buchtitel zu ihnen lautet, auch alle diejenigen genannt, die Marga Spiegel, ihr Kind und ihren Mann "in der Nacht" bewahrt haben, in alphabetischer Reihenfolge:

1. Heinrich Aschoff aus Herbern (9.8.1893–10.12.1958)
   Ehefrau Maria (4.1.1899 – 5.12.1953)
2. Hubert Pentrop aus Nordkirchen (14.1.1895–12.4.1978)
   Ehefrau Josefine (30.09.1902 – 6.9.1992)
3. Bernhard Sickmann aus Werne (1.9.1898–26.5.1987)
   Ehefrau Johanna (4.6.1897 – 3.11.1965)
4. Heinrich Silkenbömer aus Nordkirchen (14.6.1886–6.2.1968)
   Ehefrau Therese (17.6.1888 – 21.10.1969)
5. Hermann Südfeld aus Südkirchen (3.4.1879–6.6.1950). [229]
   Ehefrau Franziska (23.4.1885 – 30.12.1950)

Diese fünf münsterländischen Bauern und ihre Familien stehen hier neben so bekannten Judenrettern wie Berthold Beitz, Propst Grüber, Hermann Langbein, Gertrud Luckner, Hermann

---

[228] Yad Vashem. Die Judenretter aus Deutschland, hrsg. von Anton Maria Keim, München 2. Aufl. 1984, S. 9. – Der Begriff der "Edlen unter den Völkern" geht auf einen Talmudsatz aus Chasidai Umot Haolam zurück: "Die Gerechten unter den Völkern der Welt haben einen Platz in der kommenden Welt", vgl. Art.: Gerechte unter den Völkern, in: Enzyklopädie, Band 1, wie Anm. 69, S. 518-523. Ihr hoher Rang trifft nur "auf diejenigen zu, die ihr eigenes Leben aufs Spiel setzten, um einen Juden zu retten", ebd. S. 519.
[229] Yad Vashem, wie Anm. 228, S. 18; 138; 139; 114; 142 f.

# ATTESTATION

Le présent Diplôme atteste qu'en
sa séance du 8 Juillet 1969
la Commission des Justes près
l'Institut Commémoratif des
Martyrs et des Héros Yad Vashem a décidé sur foi de témoi-
gnages recueillis par elle, de rendre
hommage à
HEINRICH ASCHOFF
qui, au péril de sa vie, a sauvé
des Juifs pendant l'époque d'ex-
termination et de l'autoriser
à planter un arbre en son
nom dans l'Allée des Justes
sur le Mont du Souvenir a
Jérusalem.

Fait à Jérusalem, Israël, le
20 juillet 1969

POUR L'INSTITUT YAD VASHEM

POUR LA COMMISSION DES JUSTES

*Urkunde für Heinrich Aschoff als "Gerechten der Völker" 1969*

Anerkennung und Dank sprach der israelische Botschafter Asher Ben Natan. Von links nach rechts: Anne Südfeld (für ihren Ehemann Bernh. Südfeld), Bernhard Sickmann, Anni Richter (für ihren Vater Heinrich Aschoff), Asher Ben Nathan und Franz Silkenbömer (für seinen Vater Heinrich. WAK-Fotos: Dotter

*Ehrung der "Retter in der Nacht" durch Israel Botschafter Asher ben Natan 1969*

Maas und den durch den Film von Stephen Spielberg bekanntesten von allen, Oskar Schindler.[230]

Die Aufnahme in den hohen Stand beruht auf einer vorangegangenen eingehenden Prüfung. Die Angaben Marga Spiegels wurden als wahrheitsentsprechend erachtet. So ist das Dossier 463 in Yad Vashem nicht nur Grundlage für die Ehrung der Retter von Marga Spiegel, ihres Kindes und ihres Mannes, sondern gleichzeitig auch das Gütesiegel unbestreitbarer Glaubwürdigkeit durch den Staat Israel für ihren Bericht.

Bei den Rettern wurde vor ihrer Tat kaum die Judenfrage im Sinne der auch im Bistum Münster geführten internen Auseinandersetzung der katholischen Kirche reflektiert.[231] Der inner-

---

[230] Die genannten Persönlichkeiten finden sich in alphabetischer Reihenfolge mit kurzer Beschreibung, warum sie ausgezeichnet wurden, in: Vad Vashem, wie Anm. 228; vgl. auch Alexander Bronowski: Es waren so wenige. Retter im Holocaust, Stuttgart 1991, S. 160-162: Prälat Hermann Maas.

[231] Vgl. Wilhelm Damberg: Katholiken, Antisemitismus und Ökumene, in: Cle-

halb der Kirche unterschiedene "doppelte Antisemitismus"[232] war ihnen gewiß unbekannt, auch wenn die "Nathanaelfrage" (Joh. 1,45 f) in allen Kirchen die Diözese am 26. Juni 1938 abgekündigt werden mußte[233] und die Retter als treue Kirchgänger die Botschaft der Kirche wohl gehört haben mochten. Die Rettung der Familie Spiegel war kaum in erster Linie kirchlich-theologisch bedingt, auch wenn rassischer Antisemitismus schon seit etwa 1900 im kirchlich-katholischen Lager grundsätzlich verurteilt wurde.[234] Den lebensgefährlichen Akt des Schutzes "lebensunwerten Lebens" verdankt Marga Spiegel, ihr Mann und ihr Kind auch kaum dem Handeln im Sinne fundamentaler Menschenrechte, sondern schlichter undogmatischer Hilfsbereitschaft für tödlich gefährdete Menschen, wobei die tiefe Verwurzelung Siegmund Spiegels im Land und das vorher in langen Jahren aufgebaute Vertrauen eine entscheidende Rolle spielten. Hinter der Rettung standen vor allem von der nationalsozialistischen Ideologie nicht verführbare Menschen, die ihrem Gewissen verpflichtet blieben, charakterfest, mutig und treu.

"Wer ein Leben rettet, rettet die ganze Welt", steht auf den Medaillen zur Auszeichnung der "Gerechten". In gewisser Weise haben die "Retter in der Nacht" nicht nur das Leben von Marga Spiegel, ihrer Tochter und ihres Mannes gerettet, sondern, soweit es in ihren Kräften stand, "die Ehre der Menschheit"[235] und ein Stück Ehre ihres Landes und ihrer Religion. Sie haben, wie es in der talmudischen Begründung des Begriffs des Gerechten unter den Völkern heißt, "einen Platz in der kommenden Welt".[236]

## 6. Die drei bisherigen Veröffentlichungen der Erinnerungen Marga Spiegels

Ihren "Tatsachenbericht", wie Marga Spiegel ihre Erstveröffentlichung 1965 nannte, brachte das münsterische Bistumsblatt "Kirche und Leben" in 17 Folgen in wöchentlichem Abstand zwischen

---

mens August von Galen: Menschenrechte – Widerstand – Euthanasie – Neubeginn, hrsg. v. Joachim Kuropka, Münster 1998, S. 53-70.
[232] Ebd. S. 54.
[233] Ebd. S. 57-60.
[234] Ebd. S. 65.
[235] Gerechte, wie Anm. 228, S. 523.
[236] Ebd. S. 519.

dem 10. Januar und 2. Mai 1965 unter dem Titel heraus: "Es geschah bei uns im Münsterland. Der Leidensweg einer jüdischen Familie".[237]

# Es geschah bei uns im Münsterland

## Der Leidensweg
## einer jüdischen Familie
## 1939 - 1945
## ❾ Tatsachenbericht von Marga Spiegel

*"Es geschah bei uns im Münsterland"*

Vier Jahre später erschienen die Erinnerungen in Frankfurt erstmals als Buch unter dem Titel "Retter in der Nacht. Wie eine jüdische Familie überlebte".[238] Mit dem gleichen Titel kam 1987 in Köln eine "2. verbesserte Auflage" heraus.[239] Die Absicht ist deutlich. Marga Spiegel wollte ihren Rettern, "einfachen Christen, die nicht bereit waren, das Bild des Tieres anzubeten", wie Prälat Hermann Maas in Anspielung auf Daniel 3 formulierte, ein bleibendes Denkmal setzen.

In der 1969 erschienenen ersten Buchausgabe, im Frankfurter Röderberg-Verlag in der "Bibliothek des Widerstandes" erschienen, wird erstaunlicherweise die Erstveröffentlichung in der münsterischen Bistumszeitung nicht erwähnt. Neben kleineren Verän-

---

[237]  Es geschah bei uns im Münsterland. Der Leidensweg einer jüdischen Familie 1939-1945. Tatsachenbericht von Marga Spiegel. 17 Folgen in: Kirche und Leben. Bistumsblatt Münster. Dekanat Münster, 20. Jg. 1965 (K 4153 C Ausg. AB Münster) Die 17 Folgen erschienen zwischen dem 10. Januar und 2. Mai 1965 im Wochenabstand, jeweils auf S. 10 des Blattes.
[238]  Röderberg-Verlag, Frankfurt 1969. Zitiert: 1969.
[239]  2. verbesserte Auflage. Mit einer Chronik der faschistischen Judenverfolgung, Röderberg im Pahl-Rugenstein-Verlag, Köln 1987, zitiert als "1987".

derungen, auf die noch einzugehen sein wird, und der Verbesserung von Druckfehlern enthält die Buchausgabe ein Vorwort des Prälaten Dr. Hermann Maas[240] und einen Anhang: "Das Schicksal der Juden am Rhein im nationalsozialistischen Einheitsstaat", eine Kurzfassung des Beitrags von Kurt Düwell aus dem Katalog der Monumenta Judaica. 2000 Jahre Geschichte und Kultur der Juden am Rhein, Handbuch, Köln 1963.[241]. Angefügt sind Bild- und Druckdokumente, in der Regel in Faksimile[242]. Von besonderem Wert sind die von der Autorin selbst zur Verfügung gestellten Fotos aus der Zeit im Versteck.[243]

Die zweite Buchausgabe, 1987 im Pahl-Rugenstein-Verlag in Köln erschienen, der Röderberg übernommen hatte, ist ein im Text unveränderter Nachdruck der ersten Auflage von 1969. Die Bilddokumente sind ergänzt und nicht mehr geschlossen wie 1969 im Anhang wiedergegeben, sondern in den fortlaufenden Text eingestreut. Statt des erwähnten Abschlußkapitels von Kurt Düwell findet sich nun an derselben Stelle eine "Chronik der faschistischen Judenverfolgung"[244]. Sie wurde aus "Kennzeichen J" des Röderberg-Verlages 1979 gekürzt übernommen. Von einer verbesserten Auflage, wie behauptet, kann keine Rede sein. Der Text ist identisch. Daß die überall auffindbaren Daten der Judenverfolgung im 3. Reich gegenüber der Zusammenfassung von Kurt Düwell eine Verbesserung darstellen, kann kaum behauptet werden. Die Fehler der Ausgabe von 1969, etwa das falsche Geburtsdatum Marga Spiegels trotz des Faksimiles der Kennkarte[245] finden sich in beiden Buchausgaben, desgleichen, daß Marga Spiegels Vater Siegmund Rothschild am 12. Juli 1937 in Sachsenhausen-Oranienburg umkam. Richtig ist derselbe Tag ein Jahr später.

[240] 1969, wie Anm. 238, S. 7 f.
[241] Ebd. S. 79-87.
[242] Ebd. S. 89-104.
[243] Ebd. S. 98-104.
[244] 1987, wie Anm. 239, S. 74-96.
[245] Ebd. S. 10 und S. 96.

# 7. Zeitschriftenversion und Buchausgaben – die Veränderungen

1965 nennt Marga Spiegel ihre Retter "gutgläubige Menschen" und fügt hinzu: "und wir können ihre Hilfe nie vergelten." Diesen Satz ließ die Autorin in der Buchausgabe ihrer Erinnerungen weg[246], vielleicht deswegen, weil ihr der Dank nun durch den neuen Titel der Buchausgabe ausgedrückt schien: "Retter in der Nacht".

Kaum erklärt zu werden braucht, daß in der Zeitschrift- und Buchausgabe die in den laufenden Text eingefügte Bild- und Dokumentenauswahl unterschiedlich ist: einem Verlag steht anderes Material zur Illustration zur Verfügung. Außerdem steuerte die Autorin 1969 wichtige persönliche Unterlagen bei, etwa ihre mit dem 'J' überdruckte Kennkarte vom 25. Februar 1939[247], Fotos aus dem Untergrund[248], ihre NS-Papiere, die sie Ende 1944 wieder zu einer amtlichen Person machten[249] und anderes. Geändert sind auch viele Zwischenüberschriften: In der Buchausgabe sind die Kapitel umfänglicher, Überschriften mithin seltener.

Wesentlicher sind die außerordentlich zahlreichen Umformulierungen, Veränderungen, Auslassungen und Hinzufügungen der beiden identischen Buchausgaben gegenüber der Serie in "Kirche und Leben".

In der hier vorliegenden Edition sind nur die größeren Abweichungen vorgemerkt, etwa wenn Sätze weggelassen und ganze Abschnitte umformuliert wurden. Einen gewissen Ermessensspielraum möge der kritische Leser hier zugestehen. Geringere Veränderungen, etwa wenn nur Worte ausgetauscht oder der Satzbau bei gleichbleibendem Inhalt abgeändert wurde, sind in den folgenden Anmerkungen nicht berücksichtigt. Dies hätte den Anmerkungsapparat außerordentlich stark ausgeweitet, ohne daß ein erhöhter Erkenntnisgewinn erzielbar wäre. Der Stil der Umänderungen wird auch in den jetzt gebrachten Anmerkungen erkennbar. Wer sich die Mühe machen will, den Neubearbeitungsprozeß im einzelnen zu erkennen, hat ja stets die Möglichkeit, die in vielen Bibliotheken noch greifbaren Buchausgaben neben den

---

[246]  Buchausgabe 1987, wie Anm. 239, S. 39, Zeile 7.
[247]  Ebd. S. 10 f.
[248]  Ebd. S. 2; 26; 27.
[249]  Ebd. S. 64.

hier zugrunde gelegten "Urtext" des Überlebensberichtes zu legen und beide Versionen zu vergleichen.

Eine generelle Tendenz in den Abänderungen, Neuformulierungen und Auslassungen läßt sich kaum erkennen, am ehesten vielleicht noch darin, daß Marga Spiegel verständlicherweise 1965 noch stärker als später vom Gefühl des Gerettetseins geprägt ist und darum wohl ein wenig emotionaler formuliert als in den Buchausgaben. In diesen sind auch häufiger Sätze aus der Zeitschriftenversion ausgelassen.

Wie wenig eine durchgängige inhaltliche Linie bei den Veränderungen konstatierbar ist, zeigen Unterschiede in den Wendungen, in denen der Dank gegen Gott für seine Führung ausgedrückt wird. In der Buchausgabe schreibt Marga Spiegel: "Gott mußte ein Einsehen haben, er durfte doch nicht den Menschen beistehen, die wehrlose Frauen, Kinder und Greise ermordeten! Aber sollten gerade wir ausersehen sein zu überleben?" 1965 heißt es stattdessen: "So waren unsere Gedanken an diesem Weihnachtsfest 1943. Und trotzdem weckten sie neue Zuversicht in uns, neue Hoffnung trotz so vieler Schicksalsschläge."

An anderer Stelle wird gerade der Gottbezug der für das katholische Bistumsblatt geschriebenen Erstausgabe in der Buchversion weggelassen[250]: "Gottlob erwies sich diesmal die Sorge der drei Hausbewohner als unbegründet." Oder[251]: "Wieder hatte uns Gott geholfen, eine Gefahr zu überstehen".

Ein paar Zeilen weiter läßt die Buchfassung den anfangs zitierten Satz von den Rettern als "guten gläubigen Menschen" und der Unmöglichkeit, die erwiesene Hilfe zu vergelten, aus.[252] Den ganzen Abschnitt schließt Marga Spiegel 1965 mit dem später fehlenden Satz[253]: "Sie aber zeigten keine Furcht und verwirklichten an uns ein gläubiges Werk der Nächstenliebe". Und das ganze Kapitel endet 1965: "Nach diesen Worten wußte ich, daß es auch unter den Deutschen noch Menschen gab, die sich Vorwürfe machten und nicht gleichgültig dem Morden zusahen." Diese Erkenntnis ist in der Buchausgabe ebenfalls weggelassen.[254]

---

[250]  Ebd. S. 37, 4. Zeile.
[251]  Ebd. S. 39.
[252]  Ebd. S. 39, 7. Zeile.
[253]  Ebd. S. 29, 12. Zeile.
[254]  Ebd. S. 40, 16. Zeile.

Was Marga Spiegel bewog, in der Buchausgabe den Namen Goethes bei dem bekannten Gedicht des Harfenspielers, den sie 1965 noch nennt, wegzulassen[255], ist ebenso wenig zu erhellen, wie der Grund für das Fehlen der Heinezitate in den Buchversionen.[256]

Wie weit die Autorin selbst für die Veränderungen verantwortlich war, ob diese auf Vorschlag der Verlagsredaktion zustande kamen, ist Marga Spiegel nach fast dreißig Jahren, die die erste Buchausgabe zurückliegt, nicht mehr erinnerlich. Auch dies ist ein Grund, auf die Urfassung der Erinnerungen zurückzugehen: Hier ist der "Originalton" der Autorin ohne Zweifel am besten bewahrt.

So ist nur an zwei Stellen bei offenkundig bewußten Verbesserungen auf die spätere Fassung im Text zurückgegriffen.[257]

Bei allen Abänderungen bleibt freilich festzuhalten, daß, wie feststellbar, in keinem einzigen Fall die Erlebnisse dem Sinne oder dem Inhalt nach verändert wurden, nie auch im Kerngehalt der Formulierungen und nur selten in den Wertungen. Die Absicht hat sich freilich verschoben: Der "Tatsachenbericht" über den "Leidensweg einer jüdischen Familie 1939-1945" von 1965 wird schon 1969 zum Dank an die selbstlose Menschlichkeit ihrer Retter, Abstattung der tief empfundenen Dankesschuld an Menschen, die ihr Leben "in der Nacht" der Barbarei aufs Spiel setzten, um "lebensunwerte Menschen" zu retten.

# 8. Zur Edition

Die dritte Auflage in Buchform unterscheidet sich vielfach von den beiden früheren Ausgaben:

Sie geht vor allem auf den ältesten Text zurück, der 1965 in der münsterischen Bistumszeitung in 17 Folgen veröffentlicht wurde.

Sie enthält weiter in den früheren Buchausgaben noch nicht vorhandene Erinnerungen Marga Spiegels an ihre Zeit in Oberaula und Bad Hersfeld. Diese Teile der Erinnerungen sind, weil sie die Jugendjahre Marga Rothschilds zum Inhalt haben, vor dem Rückblick auf die Zeit im Untergrund eingeordnet.

---

[255] Ebd. S. 50 Mitte.
[256] Ebd. S. 57, vgl. oben S. 104.
[257] Vgl. oben Anm. 139 und 146.

An das Ende der autobiographischen Äußerungen wurden "Nachgedanken" gestellt. Sie gehen ebenso wie die Jugenderinnerungen auf Tonbandaufzeichnungen zurück. Sie haben Gedanken zum eigenen Schicksal und den Holocaust zum Inhalt. Auch sie werden hier erstmals veröffentlicht.

Ein Dokumentenanhang bringt in chronologischer Reihenfolge noch nicht im Zusammenhang mit Marga Spiegel veröffentlichtes Archiv-, Zeitungs- und Zeitschriftenmaterial.

Die "Chronik der faschistischen Judenverfolgung" aus der Buchausgabe von 1987 ist ersetzt durch "Daten zur Familien- und Lebensgeschichte Marga Spiegels geb. Rothschild mit besonderer Berücksichtigung der NS-Zeit".

Alle Texte Marga Spiegels sind, soweit sie Anspielungen auf die Zeit und ihre Person enthalten, aufgeschlüsselt und mit z. T. weiterführendem Kommentar versehen.

Diese Ausgabe enthält schließlich die hier vorliegende textkritische, methodische und historische Einleitung unter Einordnung des Werkes in die westfälische Holocaustüberlieferung. Hierbei wurde versucht, die Besonderheit von "Retter in der Nacht" herauszuarbeiten.

Auf eine allgemeine Einordnung der Erinnerungen Marga Spiegels in die Hitlerära wurde verzichtet. Dies hätte die Einleitung überfrachtet. Zum damaligen geschichtlichen Hintergrund für die beiden preußischen Provinzen Hessen-Nassau und Westfalen sei auf die von der Historischen Kommission für die Geschichte der Juden in Hessen erarbeiteten Werke und den Sammelband: Verdrängung und Vernichtung der Juden in Westfalen verwiesen.[258]

Dagegen werden, um den spezifisch lokal- und familiengeschichtlichen Hintergrund der vorliegenden Erinnerungen ein wenig auszuleuchten, knappe Zusammenfassungen der Geschichte der Judenschaften in Oberaula und Ahlen unter besonderer Berücksichtigung der Familien Rothschild und Spiegel geboten, verbunden mit je einem Blick in den Umgang der lokalen Geschichtsforschung von Oberaula und Ahlen mit der lokalen Judenverfol-

---

[258] Vgl. besonders Ernst Noam und Wolf Arno Kropat: Juden vor Gericht 1933-1945. Eine Dokumentation aus hessischen Justizakten, Wiesbaden 1975, sowie Klaus Moritz und Ernst Noam: NS-Verbrechen vor Gericht 1945-1955, Wiesbaden 1978. Für Westfalen vgl. Verdrängung, wie Anm. 199.

gung in der NS-Zeit. Auch auf diesem Hintergrund erhält das Zeugnis Marga Spiegels sein besonderes Gewicht.

## 9. Die Zeitschichten von Marga Spiegels Erinnerungen – oder wie dieses Buch historisch zu lesen ist

So wie es vorliegt, ist dieses Buch über einen Zeitraum von weit über dreißig Jahren gewachsen: die ältesten Teile wurden 1964 verfaßt, die jüngsten entstammen dem Jahre 1998.

"Tempora mutantur, nos et mutamur in illis", sagt zutreffend ein lateinisches Sprichwort: "Die Zeiten verändern sich, und wir verändern uns in ihnen." 34 Jahre in einer kontinuierlichen Zeitspanne bräuchte vielleicht keine besondere Beachtung zu erheischen. Hier ist dies anders. Die Schoah, der Völkermord an Juden während des. 2. Weltkrieges, hat trotz der KZ-Prozesse erst durch die Ausstrahlung der amerikanischen Fernsehserie Holocaust im Januar 1979 in der Öffentlichkeit der Bundesrepublik bewußtseinsverändernde Wirkung gezeitigt. Seither ist der Judenmord ein zentrales Thema in den Medien geblieben. Hier sei nur an den sogenannten Historikerstreit erinnert, in dessen Mittelpunkt die Frage nach der Einzigartigkeit der NS-Verbrechen an den Juden stand[259], und an die Debatte um Daniel Goldhagens "Hitlers willige Vollstrecker."[260]

Es wäre verwunderlich, wenn diese Bewußtseinswende nicht auch von Marga Spiegel zur Kenntnis genommen und innerlich verarbeitet worden wäre. Sie nimmt denn auch in den "Nachgedanken" ausführlich Stellung dazu.

Für das Verständnis der Erinnerungen ist wesentlich, daß ihre ältesten Teile lange vor der Bewußtseinswende, die mit dem Jahre 1979 einsetzte, abgefaßt wurden. Die frühe Entstehungszeit noch vor dem neuen Nachdenken über den Holocaust auch im Judentum begründet den besonderen Wert von "Retter in der Nacht": Die Aufzeichnungen Marga Spiegels sind unabhängig von Moden und Tendenzen, ja widersprechen dem Zeitgeist, der damals von

---

[259] Vgl hierzu Peter Steinbach: Der Historikerstreit, in: Täter-Opfer-Folgen. Der Holocaust in Geschichte und Gegenwart, hrsg. v. Heiner Lichtenstein und Otto R. Romberg, Frankfurt 1995, S. 101-113.
[260] Julius H. Schoeps: Ein Volk von Mördern? Die Dokumentation zur Goldhagen-Kontroverse um die Rolle der Deutschen im Holocaust, Hamburg 1996.

jüdischen Erinnerungen noch nicht viel wissen wollte. Sie sind ein selbständiger, vorbildloser Entwurf von markanter Eigenständigkeit, ohne Zweifel der historisch wertvollste Teil dieses Buches. Wie der beibehaltene Titel ausdrückt, steht der Untergrundbericht auch im Mittelpunkt dieser Ausgabe.

In den hier vorliegenden Äußerungen lassen sich im ganzen vier Zeitschichten erkennen:

1. Die älteste Schicht des Buches stammt, wie erwähnt, aus den Jahren 1964/65. Hierbei handelt es sich um den Text, den Marga Spiegel für das münsterische Bistumsblatt in 17 Folgen verfaßte. Er wurde unverändert dem Hauptteil dieser Edition zugrundegelegt.

2. Die nächstfolgende Schicht beinhaltet die Änderungen und Ergänzungen der 2. Auflage der Erinnerungen Marga Spiegels, die in die erste Buchausgabe von 1969 eingegangen sind und unverändert in die zweite Buchausgabe von 1987 übernommen wurden. Zu dieser Schicht gehört auch der beibehaltene Titel "Retter in der Nacht".

   Die Veränderungen gegenüber der Zeitschriftenauflage sind, soweit es sich nicht um Korrekturen reiner Schreibversehen und Umformulierungen handelt, in Anmerkungen vermerkt. Wer die wortgetreuen Änderungen sucht, sei auf die noch vielfach greifbare Auflage von 1987 verwiesen.

3. Einige Ergänzungen sind einem Interview entnommen, das Hans W. Gummersbach am 9. August 1991 mit Marga Spiegel in Ahlen geführt hat. Es ist abgedruckt in seiner noch unveröffentlichten Dissertation von 1996. Diese Teile sind eigens gekennzeichnet und finden sich zum kleineren Teil am Ende der "Vorgeschichte", zum größeren Teil in einigen Anmerkungen zum Text.

4. Die zeitlich letzte Schicht hat die Erinnerungen Marga Spiegels an ihre Oberaulaer und Bad Hersfelder Zeit zum Inhalt sowie ihre nach der Befreiung sich entwickelnden Gedanken zum eigenen Schicksal und dem ihres jüdischen Volkes. Dieser Teil des Werkes beruht auf Tonbandaufnahmen um die Jahreswende 1996/97.

   Hierzu treten noch einige sich aus Fragen entwickelnden Ergänzungen und Präzisierungen, die aus Gesprächen Marga Spiegels mit dem Herausgeber im Frühsommer 1998 erwachsen sind und in die vorschriftlichen Tonbandaufnahmen integriert wurden. In diesem Buch finden sich diese von Marga Spiegel selbst durchgesehenen und von ihr freigegebenen Äußerungen in den Teilen, die den alten Kernbestand von "Retter in der Nacht" rahmen, d. h. in der "Vorgeschichte" und in den "Nachgedanken". Auch hier handelt es sich trotz der langen Zeitspanne von teilweise 70 Jahren zu den erwähnten Ereignissen um eine authentische Erinnerung einer Zeugin des Jahrhunderts.

## 10. Zur Geschichte der jüdischen Gemeinde Oberaula mit besonderer Berücksichtigung der Familie Rothschild

Die 1995 erschienene Chronik Oberaula enthält ein eigenes Kapitel zur Israelitischen Gemeinde des Ortes.[261] Es fußt auf archivalischen Forschungen, aus denen häufig wörtlich zitiert wird. Trotzdem bietet das Kapitel keine verarbeitete, in größere Zusammenhänge gestellte Geschichte der Gemeinde und ihrer Mitglieder. Die Darstellung ist uneinheitlich, sprunghaft und enthält größere Lücken. So fehlt etwa das halbe Jahrhundert zwischen der preußischen Inbesitznahme Oberaulas 1866 und dem 1. Weltkrieg fast völlig. Die nationalsozialistische Epoche mit dem Untergang der Gemeinde, der erzwungenen Emigration alteingesessener Familien, der Verschleppung und Ermordung der Verbliebenen wird, wie bereits erwähnt, in einer alle persönliche Verantwortung völlig verwischenden Anonymität auf nur anderthalb Seiten dargestellt.

Was verwundert, ist die Tatsache, daß die Chronik die detaillierte und facettenreiche Darstellung der zweibändigen Geschichte der Juden des Kreises Ziegenhain, zu dem Oberaula gehörte, überhaupt nicht erwähnt. Diese Geschichte ist zwei Jahre vor der Chronik erschienen[262] und geht, was Oberaula betrifft, zurück auf einen 1988 gegründeten Arbeitskreis. Dieser hatte sich zum Ziel gesetzt, "die Geschichte der Juden in Oberaula festzuhalten."[263] Es kann nur bedauert werden, daß es offenbar nicht zu einer Zusam-

---

[261]  Goletz, wie Anm. 20, S. 904-905.
[262]  Herget u.a., wie Anm. 1.
[263]  Ebd. S. 658.

menarbeit gekommen ist. Die Chronik hätte von den tiefergreifenden Erträgen des Arbeitskreises entscheidend profitieren können.

Dies beginnt schon bei den Anfängen. Barbara Greve kann die ersten Juden in Oberaula schon 1611 feststellen[264], weit über ein Jahrhundert früher als die Chronik. Vor allem gelingt es ihr trotz quellenmäßiger Schwierigkeiten und kleinerer Lücken durch die Auswertung der Grabsteininschriften des jüdischen Friedhofs von Oberaula, des größten und ältesten im Gebiet des ehemaligen Kreises Ziegenhain[265], eine genealogische Verbindung von Juda und Aron als den "Stammvätern der Juden von Oberaula"[266] bis zur Holocaustgeneration zu schlagen.

Hinzu trat 1622 noch Nathan, "des Arons Eydam". Auf Grund der Höhe ihrer Zahlungsverpflichtungen dürften alle drei als relativ wohlhabend einzuschätzen gewesen sein.[267].

Die weitere Geschichte der Juden in Oberaula ist in diesem Zusammenhang nicht zu referieren.[268] Was jedoch die Vorfahren Marga Spiegels betrifft, ersuchte 1825 Juda Rothschild, wohl der erste Vorfahre der Autorin, der ihren Mädchennamen als Nachnamen trug, die kurhessische Regierung um die Erlaubnis zur Verheiratung seines ältesten Sohnes Aron.[269]. Die sechs Kinder Judas, vier Jungen und zwei Mädchen, erscheinen in einer 1840 angefertigten Grundliste der Gemeinde.[270] Aus ihr geht auch hervor, daß Juda Rothschild 1778 geboren wurde und 1800 heiratete. Die Regierung vermerkt, "daß der Bittsteller [1825] notorisch der reichste Jude im Amte Oberaula und ohne Beschränkung seiner übrigen Kinder imstande ist, den ältesten Sohn angegebenermaßen auszustatten, wodurch er in den Stand gesetzt, einen erlaubten Handel zu treiben".[271]

---

[264]  Greve, wie Anm. 2, S. 561 f.
[265]  Barbara Greve: Nur noch die Steine geben Zeugnis. Der jüdische Friedhof Oberaula, in: Herget u.a., wie Anm. 1, S. 598.
[266]  Greve, wie Anm. 2, S. 561 f.
[267]  Ebd. 563.
[268]  Vgl. hier neben Greve, wie Anm. 2 auch Kropat, wie Anm. 11, S. 325-349, vor allen die Ausführungen zur kurhessischen Verordnung vom 14. Mai 1816, ebd. S. 328-331. Weiter Chronik, wie Anm. 20, S. 904-965.
[269]  Chronik, wie Anm. 20, S. 909. Dies hatte die kurhessische Regierung am 24. Dezember 1821 angeordnet, vgl. Kropat, wie Anm. 11, S. 331.
[270]  Chronik, wie Anm. 20, S. 915.
[271]  Ebd. S. 909. Juda Rothschild zahlte 18 Reichstaler. Die nächsthöchste Steuerlast eines Juden betrug 12 Reichstaler, vgl. Greve, wie Anm. 2, S. 577.

Aus einer Liste des Jahres 1842 geht hervor, daß von den damals 25 jüdischen Familien des Ortes 6 den Namen Rothschild führten.[272] Das Verhältnis blieb gleich, auch als die Gemeinde danach abnahm: von den 1858 registrierten 20 Familien trugen 5 den Geburtsnamen der Autorin.[273]

Die Rothschilds, wohl alle auf den erwähnten 1778 geborenen Juda Rothschild zurückgehend, bildeten im 19. Jahrhundert den wohl wichtigsten Familienverband in dem nordhessischen Dorf.

Juda Rothschild ist identisch mit dem 1801 genannten Juda Jud, der nach dem frühen Tod seines älteren Bruders Aron am 18. April 1801 um einen Schutzbrief an dessen Stelle ersuchte, da sein 71jähriger Vater nicht mehr geschäftsfähig sei. Die kurhessische Rentkammer bemerkt bei der Erteilung des Schutzbriefes am 5. September 1801, Juda habe "ein nicht unbeträchtliches Erbe zu erwarten". Er habe auch das gesetzmäßige Alter erreicht und "sich gut betragen".[274]

Das Vermögen des, wie erwähnt, "notorisch" reichen Juda Rothschild geht also im Kern schon auf die Lebensleistung seiner Vorfahren zurück, die wir über seinen Vater Joseph Jud, geboren 1731 in Oberaula, dessen Vater Judtmann Judt, wohl auch Süßmann Judt genannt, bis zu dem Stammvater Juda zurückverfolgen können, der 1598 geboren war[275], den ersten bekannten Ahnen Marga Rothschilds.[276]

Zwei Besonderheiten sind für die hier nur überblickshaft referierte Familiengeschichte der Oberauler Rothschilds festzuhalten. Zum einen ist die bis vor den Beginn des Dreißigjährigen Krieges zurückreichende Verwurzelung dieser Familie in dem nordhessischen Flecken zu betonen, in zehn Generationen über drei Jahrhunderte hinweg, in Freud und Leid mit der hessischen Heimat verbunden, bevor der verblendete Haß eines aus dubiosen Verhältnissen stammenden, erst 1931 in Deutschland naturalisierten Österreichers den fast erreichten Ausrottungsversuch des jü-

---

[272] Chronik, wie Anm. 20, S. 927.

[273] Ebd. S. 928.

[274] Greve, wie Anm. 2, S. 577.

[275] Ebd. S. 563; 568 f – Juda Rothschilds Vater, Joseph Jud, hatte am 11. 10. 1756 sein Geleitspatent erhalten, vgl. Chronik, wie Anm. 20, S. 907.

[276] Eine Nachkommenliste Juda Rothschilds, angefertigt von Ed und Emmy Rothschild, Deerfield, Illinois/USA, verschickt an ihre Verwandtschaft am 25. Juli 1984, befindet sich im Besitz von Marga Spiegel. Die Liste trägt den Titel: Rothschild-Family-History.

dischen Bevölkerungsteiles in Deutschland unternahm und auch die weitverzweigte Familie der Autorin vernichtend traf.

Ein zweites bleibt für die Familie festzustellen, ihre offenbar durchgängig gute wirtschaftliche Lage. 1622 lag der Ahnherr Juda an der Spitze der drei Judenfamilien des Ortes und auch im Vergleich zu anderen Zahlungsverpflichteten der Liste, auf der sie erwähnt werden, recht hoch.[277] 1825 galt Juda Rothschild "bekanntermaßen", wie man das heute meist anders gebrauchte Adjektiv "notorisch" wiedergeben sollte, als der reichste Jude Oberaulas[278], wobei die dortige Gemeinde im Vergleich zu anderen Synagogegemeinden "wohlhabend zu nennen war".[279] Und in den dreißiger Jahren wurde Margas Vater Siegmund Rothschild "als der reichste jüdische Geschäftsmann am Ort" angesehen.[280]

Marga Spiegel entstammt also einer sowohl uralt eingesessenen als auch beruflich besonders erfolgreichen Landjudenfamilie Nordhessens.

Gleichzeitig gehörte sie von ihrer Familientradition jener breiten Schicht deutscher Juden an, die den verführerischen Traum eines intimen besonderen Verhältnisses und einer fast deckungsgleichen Identität von Juden und Deutschen träumten und den Antisemitismus für eine Kinderkrankheit der erstrebten vollkommenen Assimilation hielten. Marga Spiegel drückte diese Verbundenheit mit Deutschland auch aus: "Wir waren doch auch gute pflichttreue Deutsche", "sogar deutsche Patrioten."[281]

# 11. Die Verfolgungszeit im 3. Reich im Spiegel der Chronik Oberaula

Gerade vor diesem Hintergrund mußte sie das, was ihr, ihrer Familie und ihren Religionsangehörigen nach 1933 widerfuhr, mit besonderer Härte treffen. Die Verdüsterung des Horizontes spiegelt sich, wie nachzulesen, bereits in ihren Erinnerungen an ihre Schulzeit auf dem Hersfelder Lyzeum. Vor allem registrierte sie die Veränderung der Atmosphäre im Heimatdorf, so einzelne Ereignisse, wie den Ausschluß der Mutter aus dem Heimatverein

---

[277] Greve, wie Anm. 2, S. 563.
[278] Chronik, wie Anm. 20, S. 909.
[279] Greve, wie Anm. 2. S. 589.
[280] Herget u. a., wie Anm. 1, S. 676, vgl. Greve, wie Anm. 1, S. 24.
[281] Vgl. oben S. 23 f.

schon in der Weimarer Zeit, Bemerkungen von Lehrern am Lyzeum und die für ein junges hübsches Mädchen deprimierende Erfahrung, beim Abschlußball in Hersfeld zusammen mit den anderen jüdischen Mädchen von keinem Jungen zum Tanzen aufgefordert zu werden, schließlich schon zu Beginn der Hitlerära die "Inschutzhaftnahme" des Vaters und den Ausschluß vom Studium in Marburg.

Von den persönlichen Erfahrungen Oberaulaer Juden findet sich in der Chronik kein Wort. Sie spricht nur in alles vernebelnder Verschwommenheit von einer "schrecklichen Zeit, in der sich auch die Bedrängnis, das stillehalten müssen (sic) und die allgegenwärtige Gefahr deutscher anders gesinnter Menschen widerspiegelt".[282] Auch was bei dem Novemberpogrom 1938 geschah oder auch später, verbleibt in völliger Anonymität. Kein Name fällt. Niemand aus Oberaula hat sich an Übergriffen oder gar an Ausschreitungen beteiligt, niemand auch etwas gesehen, niemand etwas erfahren. Erklärend wird auf die "strenge Geheimhaltung" gegenüber der Bevölkerung hingewiesen. "Deutschen Mitbürgern waren die Hände gebunden. Auch sie standen bereits unter der Bewachung von NS-Funktionären und der Gestapo." Mit diesen bösen Mächten hatte in dem Dorf niemand etwas zu tun, will die Chronik glauben machen. Die Verfolger kamen von außen. In Oberaula hielt man gezwungenermaßen still. "Die allgegenwärtige Gefahr" mußte jeden Widerstand ersticken. Freilich halfen die Menschen den Juden, wo sie konnten: "Kaum jemand sprach später von jenen Stillen im Lande, wie es sie immer gab – die auch damals, als es für sie selbst gefährlich war, beistanden, mittrugen, soweit dies möglich war." Oberaula war mithin, glaubt man der Chronik, eine von der Nachwelt verkannte Hochburg des inneren Widerstandes gegen ein fremdes aufgezwungenes Regime.

Unterschlagen wird dabei, daß Oberaula spätestens seit 1930, wie aus dem Wahlverhalten des Dorfes hervorgeht, völlig im Banne Hitlers stand: schon bei der Reichstagswahl am 14. September 1930, als die Nationalsozialisten im Reich 18,3% der Stimmen erreichten, wurde deren antisemitische Partei in dem Dorf von 44,7% der Bürger gewählt. Bei der Reichspräsidentenwahl vom 13. März 1932 erhielt Hitler in Oberaula mit 67,9% weit mehr als doppelt so viele Stimmen wie Hindenburg, der hier nur auf 28,6%

---

[282] Hierzu Chronik, wie Anm. 20, S. 957 f., vgl. oben S. 163.

kam. Im Reich war es umgekehrt: Hier verfehlte Hindenburg mit 49,6% nur knapp die absolute Mehrheit. Hitler kam auf 30,1%. Am 5. März 1933 konnte Hitler sogar 84,6% aller Stimmen für sich verbuchen: von 773 abgegebenen gültigen Wahlscheinen entfielen in Oberaula nicht weniger als 654 auf den Führer der NSDAP.[283]

Dies war allgemein bekannt. So verkündete denn auch Gauleiter Weinrich 1936 bei der Einführung des neuen Kreisleiters Schuchardt: "Der Kreis Ziegenhain war stets eine nationalsozialistische Hochburg", der, "wo es galt, dem Führer das Vertrauen auszusprechen und seinen Rücken zu stärken", "stets an der Spitze der kurhessischen Kreise gestanden" hat.[284] Dies wußten auch die Bürger, wenn sie es denn wissen wollten, denn so stand es in der Ziegenhainer Zeitung vom 27. Novemver 1936.

Wie bedingungslos ergeben der Kreis Ziegenhain Hitler schon in der sogenannten Kampfzeit war, zeigt das Wahlverhalten des Kreises bei der Reichstagswahl vom 6. November 1932, als der Anteil der Nationalsozialisten im Reich um 4,2% sank. Gerade jetzt hielt der Kreis Hitler die Treue. Er rückte in Deutschland damals an die 10. Stelle aller Kreise. Ohne Abstriche bleibt festzuhalten: der Kreis Ziegenhain und in ihm das Dorf Oberaula war stets eine absolute Hochburg Hitlers.[285]

Dieser für das Verständnis der NS-Zeit und auch der Judenverfolgung in Oberaula entscheidende Hintergrund wird den Lesern der Chronik Oberaula völlig verschwiegen, ja ein gegenteiliges Bild suggeriert, was einer Geschichtsverfälschung nahekommt.

Daß der alte Geist auch nach dem Krieg in Oberaula immer noch gepflegt wurde, freilich auch Widerspruch fand, zeigten die Auseinandersetzungen um die jährlichen Treffen ehemaliger SS-Angehöriger in Oberaula.[286]

---

[283]  Bernd Lindenthal: Der politische Wille im Kreis Ziegenhain 1930-1933, in: Nachbarn, wie Anm. 1, S. 221, vgl. auch S. 187 f.

[284]  Hans Gerstmann: Was Zeitungen gemeldet haben, in: Nachbarn, wie Anm. 1, S. 202. Ein Beispiel antisemitischen Verhaltens Schuchardts wird von Bernd Lindenthal: Zwischen Hoffnung und Wahnsinn, in: Nachbarn, S. 328, erwähnt. Dies setzte sich fort. So schrieb nach der Wahl Hitlers zum Staatsoberhaupt vom 19.8.1934 der Landrat des Kreises Ziegenhain stolz: "Der Kreis erreichte 99,64% Ja-Stimmen und dürfte... an erster Stelle im ganzen Deutschen Reiche stehen", zitiert nach Greve, wie Anm. 1, S. 222.

[285]  Lindenthal, wie Anm. 283, S. 218 f.

[286]  Herget u. a., wie Anm. 1, S. 657. Das Werk von Wilfried Bernhard: Oberaula 1984 - reserviert für nette Menschen? Eine Auseinandersetzung mit dem Rechts-

Vielleicht darf in diesem Zusammenhang auch an die Affaire um das Treffen der "SS-Leibstandarte Adolf Hitler" 1983 im nahen Bad Hersfeld erinnert werden, der Stadt, in der Marga Rothschild das Lyzeum besuchte. Die Weigerung des Ausschwitzüberlebenden Imo Moszkowicz, gleichzeitig mit SS-Organisationen in Bad Hersfeld zu gastieren, löste ein bundesweites Medienecho aus.[287]

Die von der Chronik Oberaula suggerierte Vorstellung einer heilen Welt "inmitten dieser schrecklichen Zeit" wird auch von den hier vorliegenden Erinnerungen der gebürtigen Oberaulaerin Marga Spiegel empfindlich gestört. Sie berichtet von ihrer Verhaftung, Verunglimpfungen, Bedrohungen, Gefängnisstrafe für den Vater. Den frühen Tod der Mutter "an gebrochenem Herzen" führt die Tochter auf die fast unerträglichen seelischen Belastungen der neuen gnadenlosen Zeit zurück. Dies alles, aber auch die durch die antisemitische Propaganda vergiftete Atmosphäre, die sogenannten Arisierungen, überhaupt alles, was vor dem Novemberpogrom den Juden angetan wurde, ist kein Thema der Chronik. Ob nach dem Krieg Prozesse geführt wurden, um das Unrecht etwa des Pogroms 1938 zu sühnen, erfahren wir nicht, obwohl hier gerade in Hessen vorbildliche Arbeit geleistet wurde[288]. Konkrete Erinnerungen von Zeitzeugen oder gar geflüchteter, vertriebener oder überlebender Opfer des Terrorregimes sind völlig ausgeblendet.

Daß zumindest die Wiedergutmachungsverfahren der Verfasserin bekannt waren, zeigt die chroniktypische Behandlung der genannten Arisierungen. Hier wird der schwierige Sachverhalt, bei dem grundsätzlich auf den Einzelfall abzuheben ist, pauschalisierend so dargestellt, als ob die Erwerber jüdischen Eigentums

---

extremismus in der Bundesrepublik am Beispiel eines SS-Treffens in Schwalm-Eder. Homberg 1985, war mir nicht zugänglich. Vgl. auch Chronik, wie Anm. 20, S. 1019, desgleichen Gerhard Kramschröder: "Die Schrotflinten sind geladen", in: Der STERN vom 29.3.1984, S. 220–222. Hier wird Marga Spiegel im Schlußsatz erwähnt.

[287] Gummersbach: Forschungen, wie Anm. 50, S. 305-308; vgl. Moszkowicz, wie Anm. 35, S. 6.

[288] Noam/Kropat, wie Anm. 258. S. 439. – Zur sogenannten Entnazifizierung vgl. grundsätzlich Clemens Vollnhals (Hrsg.): Entnazifizierung. Politische Säuberung und Rehabilitierung in den vier Besatzungszonen 1945-1949, München 1991. – Zur Wiedergutmachung vgl. Ludolf Herbst, Constantin Goschler (Hrsg.): Wiedergutmachung in der Bundesrepublik Deutschland, München 1989 und Constantin Goschler: Wiedergutmachung Westdeutschlands und die Verfolgten des Nationalsozialismus (1945-1954), München 1992.

wegen der erfolgten "Zahlung der Kaufsummen" grundsätzlich ein reines Gewissen haben konnten, zumal es sich "zum Teil" um "bekannte oder befreundete Familien der Oberaulaer Juden" gehandelt habe. Nach dem Krieg aber sei der rechtlich und moralisch, weil im Einvernehmen mit den Veräußerern getätigt, korrekte Erwerb unter dem "Aspekt früherer Zwangsverkäufe" aufgegriffen worden. So hatten "deutsche Käufer", "wenn sie von Juden gekauften Haus- und Grundbesitz nicht mehr zurückgeben wollten, nun ein zweites Mal den Preis hierfür zu zahlen." Im Klartext: den Oberaulaern Judenfreunden, die jüdisches Eigentum gutgläubig erworben hätten, sei in jedem Fall bitteres Unrecht geschehen, als sie für dieses Eigentum noch einmal zur Kasse gebeten wurden. Fest steht dagegen, daß die Profiteure der "Arisierungen" in der Regel jüdisches Eigentum in der NS-Zeit weit unter Preis erwerben konnten und zwar umso günstiger, je später dies geschah.[289] Marga Spiegel jedenfalls hat, was den "Verkauf" – sie setzt das Wort in Anführungszeichen – ihres Elternhauses angeht, nur ungute Erinnerungen an den Erwerber. Ein Judenfreund war es kaum.

In der negativen Sicht der Restitution jüdischen Eigentums in der Nachkriegszeit steht Oberaula freilich nicht allein. Vielerorts war gerade die Rückerstattung kleinerer Immobilien wie von Häusern und Gärten Ansatzpunkt für neuen Antisemitismus.[290]

## 12. Zur Geschichte der jüdischen Gemeinde Ahlen mit besonderer Berücksichtigung der Familie Spiegel

Die Geschichte der Juden in Ahlen reicht bis in 16. Jahrhundert zurück. Zwischen 1552 und 1581 ist in der Stadt ein "Bernt to Alen" bezeugt.[291] Wohl schon vor 1545 war er in Ahlen ein so erfolgreicher Geldverleiher, daß er erheblich steuerkräftiger war als Simon von Kassel in der Nachbarstadt Beckum, der Stammvater des noch blühenden Bankhauses Warburg in Hamburg und London. Während dieser sich aber 1559 nach Warburg in Sicherheit

---

[289]  Hierzu Wolf-Arno Kropat: Jüdische Gemeinden (in Hessen), Wiedergutmachung, Rechtsradikalismus und Antisemitismus nach 1945, in: Neunhundert Jahre, wie Anm. 11, S. 469-479.
[290]  Vgl. Bergmann/Erb, wie Anm. 210, S. 418.
[291]  Zu Bernd von Ahlen, vgl. D. Aschoff: Erste Spuren jüdischer Bewohner in Ahlen, in: Gummersbach, wie Anm. 16, S. 18-22.

bringen konnte, wurde Bernd wie damals alle im Stift Münster lebenden Juden Opfer der auf Ausweisung drängenden Stiftständen und lebte viele Jahre, freilich gedeckt von der Stadt Ahlen, im halb illegalen Untergrund. Hierin bildete Bernd, der erste Jude in der Stadt, gewissermaßen das Schicksal von Marga Spiegel ab, der letzten Vertreterin der Minderheit in Ahlen, freilich mit charakteristischen Unterschieden. Bernd wurde von der Stadt Ahlen gegen die Stände gedeckt, Marga Spiegel mit allen Juden schon vor der eigentlichen Holocaustzeit aus Ahlen vertrieben.

Trotzdem steht "Bernt to Alen", der erste Jude der Stadt, gewissermaßen beispielhaft für die Schwierigkeiten und Gefährdungen, mit denen seine Glaubensgenossen auch später zu kämpfen hatten. Seit spätestens 1683 kontinuierlich in Ahlen ansässig, lebten die Juden bis zum Ende des Alten Reiches unter denselben Bedingungen wie alle Angehörigen der Minderheit im Stift Münster: finanziell hoch belastet, in vielem den christlichen Nachbarn fremd, manchmal auch belästigt, lebten sie wie Bernd alle durchweg von Geldleihe gegen Pfänder ohne großen Wert, deren Verkauf, wenn sie nicht eingelöst wurden, Vermittlungen und kleinen Handelsgeschäften. In Ahlen fanden sie offenbar erträgliche Lebensbedingungen vor: während sich im Stift Münster die Zahl der Juden von 1683 bis 1795 von 50 Familien auf 203 Familien nur vervierfachte, wuchs deren Zahl in Ahlen von einer Familie auf acht an: als das Stift Münster 1803 säkularisiert wurde, dürften zwischen 40 und 50 Juden in der Stadt gelebt haben.[292]

Die positive zahlenmäßige Entwicklung setzte sich fort: in der Preußenzeit nach 1815 verdoppelte sich die Zahl der Juden innerhalb einer Generation, stagnierte dann bis zum Ersten Weltkrieg trotz der Ahlen schon erfassenden, auch von jüdischen Unternehmern mitgetragenen ersten Industrialisierungsphase[293] seit den späten 70er Jahren des 19. Jahrhunderts, um dann noch einmal kräftig anzusteigen. Im Jahre der nationalsozialistischen Machtergreifung erreichte die Zahl der Juden in Ahlen mit 160 Seelen ihren absoluten Höchststand.[294] Auch wenn die Geschichte der Juden in Ahlen für die Zeit zwischen Emanzipation und 1. Weltkrieg noch nicht im einzelnen aufgearbeitet ist[295], spielten die zahl-

---

[292] Ebd. S. 25.
[293] Gummersbach: Forschungen, wie Anm. 50, S. 24.
[294] Ebd. S. 45.
[295] Christian Janke: Befreiung und gleiches Recht auch für die Ahlener Juden. Die

reichen Träger des Namens Spiegel seit dem letzten Viertel des 19. Jahrhunderts eine bedeutsame Rolle unter den Juden der Stadt. Marga Spiegels Schwiegervater Simon Spiegel, geb. am 3. Januar 1846, war mit seinen Brüdern Abraham und Herz aus dem wenig mehr als 10 km nördlich Ahlens gelegenen Dorf Enniger zugewandert. In Enniger gab es bis zum Beginn des 2. Kaiserreiches zahlreiche Spiegels: 1846, als die münsterländischen Juden endgültig feste Familiennamen annehmen mußten, trugen drei der fünf damals in dem Dorf ansässigen jüdischen Familien den Namen Spiegel.[296], 1860 von den damals in Enniger gezählten 31 jüdischen Menschen nicht weniger als 18.[297] Welches Zutrauen die Juden des Ortes in die Zukunft der Gemeinde hatten, geht daraus hervor, daß sie 1870/71 eine Synagoge errichteten. Auch hieran waren Spiegels führend beteiligt.[298] Schon zwei Jahre später jedoch traf die kleine Gemeinde ein Verhängnis, das ihr Schicksal besiegelte. Am 22. April 1873 wurde die von einer Abendandacht heimkehrende Elisabeth Schütte unweit der Straße nach Vorhelm ermordet. Ihre Eltern setzten ihr nahe der Stelle, wo sie ermordet wurde, einen heute noch erhaltenen Bildstock.[299] Ein Jude aus Enniger, Herz Spiegel Junior, geb. 1829 in Enniger, ein Vetter des Schwiegervaters der Autorin, wurde des Mordes verdächtigt, auch vor Gericht gestellt, aber aus Mangel an Beweisen freigesprochen.[300] Trotzdem blieb der Mordverdacht an den Juden hängen. Vor allem an der Wiederkehr des Mordtages richtete sich der Haß der christlichen Bewohner auf Mitglieder der Gemeinde. Dabei kam es immer wieder auch zu Tätlichkeiten. So verlie-

---

Emanzipationsgesetze im 19. Jahrhundert, in: Gummersbach, wie Anm. 16, S. 38-55.

[296]   Bekanntmachung der Königlichen Regierung vom 25. Juli 1846, in: Staatsarchiv Münster, Oberpräsidium Nr. 2627, Band 2, fol. 328 r.

[297]   Egon Stutenkemper: Von der jüdischen Untergemeinde Enniger, in: Hier sin ick to Hus. Ein zweiter Beitrag zur Geschichte unseres Dorfes und der engeren Heimat, Enniger 1987, S. 247.

[298]   Von den 8 Deputierten für die Haussammlung zum Bau der Synagoge hießen 6 Spiegel: Herz sen. und jun., Nathan sen., Moses jun., Simon, der Schwiegervater Marga Spiegels, Levi jun., ebd. S. 248.

[299]   Egon Ahlmer: Bildstöcke und Wegekreuze in Ennigerloh, Schriftenreihe der Ämtersparkasse Oelde-Ennigerloh Nr. 7., Oelde 1984, S. 76 f; vgl. oben S. 150 f.

[300]   Ebd. S. 76. Stutenkemper, wie Anm. 297, S. 249. Neuerdings breit behandelt bei Urte Evert: Fußspuren, Blut und Samenflecken. Polizeiliche Ermittlungen am Beispiel eines Sexualmordes im Münsterland, in: Westfälische Forschungen 54, 2004, S. 177-208.

ßen binnen zweier Jahrzehnte alle Juden Enniger. 1891 wurde die kaum zwanzig Jahre alte Synagoge auf Abbruch verkauft.[301] Auf diesem Hintergrund kamen auch Marga Spiegels Schwiegervater Simon Spiegel (1846-1922) und seine beiden Brüder Herz und Abraham nach Ahlen.

Daß die Familie des Ehemannes von Marga Spiegel auf Grund eines nicht tilgbaren Verdachtes der Dorfbewohner den Ort verlassen mußten, in dem sie seit 1764 nachweisbar ist, wirft ohne Zweifel aus heutiger Sicht ein düsteres Licht auf die spätere Geschichte. Die Mordanschuldigung ist eine der hartnäckigsten und bösartigsten Legenden, die Juden in der Geschichte verfolgten. Die Familie der Autorin mußte sie hautnah erleben. Daß diesen Vorwurf noch der STÜRMER aufgriff, nimmt kein Wunder.

Zunächst aber etablierten sich die Spiegels in Ahlen. Eine Generation später zählten die drei Brüder aus Enniger und ihre Angehörigen zu den "stadtbekannten jüdischen Familien" Ahlens.[302]

Sie gehörten zwar nicht wie die Gebrüder Rosenberg und Josef Dreyer zur finanzstarken Oberschicht der Stadt, waren aber bekannte und geachtete Vertreter der zweiten Wählerklasse, die den gewerblichen Mittelstand repräsentierten. Unter den sieben jüdischen Familien, die hierzu gerechnet wurde, waren der Viehhändler Simon Spiegel und der Händler Herz Spiegel, die beide in der Südstraße wohnten. In der Hebeliste des Jahres 1932 befanden sich unter den 30 Veranlagten fünf, die den Namen Spiegel trugen.[303] Wie andere Juden auch waren die Spiegels gut in das städtische Leben integriert, zu festlichen Zeiten ebenso wie in den leidvollen der vier Weltkriegsjahre: drei Spiegels waren unter den 20 jüdischen Mitgliedern des Bürgerschützenvereins[304], zwei Träger des Namens unter den neun Opfern der jüdischen Gemeinde Ahlen im Krieg, Nathan Spiegel, gefallen am 14. Juli 1915, ein Bruder von Marga Spiegels Ehemann, und Julius Spiegel, gefallen am 27. September 1918.[305]

Die oft bezeugte gute Integration der Ahlener Juden in die mittelständische Gesellschaft[306], zumindest wenn sie, wie die Spie-

[301] Stutenkemper, wie Anm. 297, S. 249
[302] Gummersbach, wie Anm. 16, S. 39; 66f.
[303] Ebd. S. 6 f.
[304] Ebd. S. 67.
[305] Ebd. S. 73.
[306] Gummersbach: Forschungen, wie Anm. 50, S. 39-44.

gels dem mittleren und gehobenen Bürgertum angehörten, half ihnen freilich wenig, als die Nationalsozialisten 1933 die Macht ergriffen. In der wie allerorts sich immer mehr steigernden Einschnürung und Ausgrenzung verhielten sich die Ahlener Juden ähnlich wie die Verfolgten überall: sie zogen sich zurück, wanderten in größere Gemeinden ab und emigrierten trotz zum Teil jahrzehnte-, ja wohl auch jahrhundertelanger Verwurzelung in der Stadt. Unter den 47 registrierten jüdischen Auswanderern aus Ahlen finden sich auch fünf Trägerinnen des Namens Spiegel.[307] Das einzige Todesopfer der Ahlener Pogromnacht 1938 war Siegmund Spiegel, nicht Marga Spiegels Ehemann, der genau so hieß, sondern ein 62jähriger Namensträger, der einen wenig ertragreichen ambulanten Kleinhandel betrieb. Er war in der Nacht fast unbekleidet aus dem Bett gerissen und von einer SA-Meute zur Werse getrieben worden. Auf dem Weg zurück verstarb er nachts um vier Uhr "auf dem Bürgersteig in der Wilhelmstraße", wie es im Polizeibericht vom 14. 11. 1938 hieß.[308]

Mit der sogenannten Kristallnacht[309] beginnt der Tatsachenbericht Marga Spiegels von 1965 und die Buchausgabe von "Retter in der Nacht". Ihre Erinnerungen heben an mit der fast rhetorischen Frage, ob Ahlen für ihren Ehemann noch Heimatstadt sein könne, wenn er dort nachts in seiner Wohnung überfallen und geschlagen und seine junge Frau mißhandelt worden sei.[310]

Schon vorher hatte Marga Spiegel in Ahlen schlimme Erfahrungen gemacht: auf Betreiben Konrad Wettlaufers, des Ortsgruppenleiters von Oberaula, war ihr Vater, der nach dem Tod der Ehefrau zu seiner Tochter nach Ahlen gezogen war, am 14. Juni 1938 verhaftet und ins KZ Sachsenhausen-Oranienburg verbracht worden.

Dort starb er keinen Monat später am 12. Juli 1938 "an inneren Blutungen", wie es hieß. In seinem Bleisarg unter Bewachung zurückgekommen, eine "Sondervergünstigung", wie seiner Tochter gesagt wurde, liegt nun Siegmund Rothschild aus Oberaula in Ahlen begraben. Hier schließt sich der Oberaulaer und Ahlener Kreis der Vorgeschichte von Marga Spiegels "Retter in der Nacht".

---

[307]  Ebd. S. 148 f.
[308]  Gummersbach, wie Anm. 16, S. 195 f.
[309]  Gummersbach: Forschungen, wie Anm. 50, S. 154-169.
[310]  Vgl. oben S. 45.

Ein Jahr nach dem Novemberpogrom wurden die letzten Juden aus Ahlen vertrieben. "Der Wegzug unter dem schrecklichen Kommando: 'Ahlen muß judenfrei werden', war, wie sich ein unmittelbar Betroffener nach dem Kriege erinnerte, "ein ungeheuer schmerzlicher Vorgang".[311] Eine Ausweisung zu so frühem Zeitpunkt war, wie vergleichende Recherchen ergaben, "äußerst ungewöhnlich".[312] Die meisten Vertriebenen gingen ins Ruhrgebiet, so 11 nach Essen und 16 nach Dortmund , unter diesen auch Marga Spiegel mit Mann und Tochter.[313] Der Verlust der Heimat bedeutete viel. Die vertraute Umgebung war ihnen genommen, die Zufluchtsstätte vor Diffamierungen und Diskriminierungen der feindlich gewordenen Umwelt, liebe Erinnerungen.

Zwei Jahre später begannen die Deportationen. Unter den 98 aus Ahlen verschleppten und ermordeten Juden finden sich nicht weniger als 25, die den Namen Spiegel trugen oder vor ihrer Verehelichung getragen hatten[314], eine auch von der Verfasserin bestätigte Zahl. "Keiner unserer Verwandten kehrte zurück", faßt Marga Spiegel am Ende ihres Berichtes das für die wenigen Überlebenden so entsetzliche Ergebnis der Verfolgung zusammen. Wie die Gemeinde Oberaula, so hatte auch die viel größere von Ahlen als Folge des Holocaust aufgehört zu bestehen. Für beide Orte gehört Marga Spiegel geb. Rothschild zu den ganz wenigen Überlebenden. Dies verdankt sie den "Rettern in der Nacht".

## 13. Die "Bewältigung" der jüdischen Vergangenheit in Ahlen

Daß drei Angehörige der jüdischen Gemeinde 1945 nach Ahlen zurückgekehrt waren, nahm die Bevölkerung der Stadt erst allmählich wahr.[315] Im September 1945 wurde gegen die Hauptta-

---

[311] Gummersbach, wie Anm. 16, S. 223.
[312] Gummersbach: Forschungen, wie Anm. 50, S. 206.
[313] Gummersbach, wie Anm. 16, S. 224f.
[314] Ebd. S. 294 f.
[315] Hierzu und zum Folgenden Gummersbach, ebd. S. 293-295, und oben Dokumentenanhang Nr. 10, S. 152 – 158.
Anders erinnert sich I. Moszkowicz, wie Anm. 35, S. 192: "Meine Rückkehr hatte sich wie ein Lauffeuer in Ahlen herumgesprochen; später sagte man mir, daß die Nazis sich für Tage verkrochen hatten, in der Annahme, daß ich mit einer Pistole um mich schießen würde." Vgl. die Darstellung der Pogromnacht bei Moszkowicz S. 70-72.

ter der Ausschreitungen beim Novemberpogrom 1938 Anzeige erstattet. Sechs ehemalige Angehörige der Ahlener SA wurden schwer belastet, zwei verhaftet. Nach weiteren Ermittlungen erstellte die Oberstaatsanwaltschaft Münster am 13. 2. 1948 die Anklageschrift. Am 6. Juli 1948 wurden die sechs Beschuldigten zu unterschiedlich langen Gefängnisstrafen verurteilt. Beim Revisionsverfahren vor dem OLG Hamm am 18. 11. 1948 wurde ein Urteil aufgehoben und dem Antrag auf Wiederaufnahme des Verfahrens für alle Angeklagten stattgegeben. In der erneuten Hauptverhandlung wurden alle Beschuldigten von der Anklage wegen Verbrechens gegen die Menschlichkeit und wegen Hausfriedensbruches am 8. 9. Oktober 1949 freigesprochen, nur einer wegen einfachen Landfriedensbruches zu vier Monaten Gefängnis verurteilt, wogegen er Revision einlegte. Endgültig wurde die Strafverfolgung nach dem Straffreiheitsgesetz vom 31. 12. 1949 ausgesetzt. Obwohl die Strafkammer des Landgerichts Münster bei der Überprüfung des Urteils gegen den erkannten Haupttäter der Verwüstungsorgie in der Spiegelschen Wohnung am 1. Februar 1950 noch die Strafvollstreckung für zulässig erklärt hatte, stellte das OLG Hamm mit seinem 2. Strafsenat am 23. Februar des Jahres endgültig fest, "daß die gegen den Verurteilten erkannte Gefängnisstrafe unter 2 Abs. II S. 1 des Straffreiheitsgesetzes vom 31. 12. 1949 fällt." Damit war das juristische Nachspiel der Ausschreitungen anläßlich des Novemberpogroms in Ahlen abgeschlossen.

Inhaltlich können trotz unterstellter formaler Richtigkeit die Ergebnisse der Strafverfolgung jedoch kaum befriedigen. Sie mußten, wie schon erwähnt, vor allem die Opfer des Pogroms enttäuschen. Marga Spiegel vermißte vor allem eine ihrem Rechtsgefühl genügende Entsprechung von Tat und Strafe.[316]

Obwohl die "Ausschreitungen in Ahlen ein besonderes Maß von Brutalität und Grausamkeit gezeigt haben", wie die Strafkammer des Landgerichts Münster am 6. Juli 1948 selbst festgestellt hat[317], war die Justiz nicht in der Lage, diese strafrechtlich unanfechtbar aufzuklären. Selbst den Mord an Siegmund Spiegel aufzuhellen, erwies sich die Justiz als unfähig. Widersprüche in den Zeugenaussagen vor allem Imo Moszkowiczs vermochte

---

[316]   Vgl. oben S. 120.
[317]   Dies bemerkt auch Imo Moszkowicz, wie Anm. 35, S. 126.

die Verteidigung der Angeklagten als Hebel zu benützen, um die Glaubwürdigkeit dieses wichtigsten Zeugen der Ahlener Pogromnacht nachhaltig zu erschüttern.[318] Dem hierbei bis an die Grenze der Diffamierung gehenden münsterischen Strafverteidiger Dr. N. war die Anklage nicht gewachsen. Dr. N. scheute dabei nicht zurück, antisemitische Gefühle anzusprechen. Hiermit erzielte er durchaus Eindruck. So bezeichnete er es unter anderem als "sehr gewagt", seine Mandanten "auf Grund einer solchen Aussage" – gemeint waren Ausführungen Imo Moszkowiczs über die Pogromnacht in Ahlen – "und zwar eines Juden", als überführt anzusehen.[319] Aussagen jüdischer Zeugen waren für diesen Strafverteidiger offenbar eo ipso bedenklich, ja unglaubwürdig. Gerügt wurde diese fatale Einlassung, soweit dies aus den Akten ersichtlich ist, weder von der Anklage noch von dem Gericht. Beide waren auch nicht in der Lage, höchst fragwürdige Behauptungen über das Erinnerungsvermögen von Jugendlichen und Erwachsenen als solche zu erkennen und zurückzuweisen, von nicht beweisbaren massiven Unterstellungen über die Beeinflussung der Zeugen ganz abgesehen. Weiter nahm der Verteidiger für sich eine "Beweisnot" in Anspruch, die "sich nicht gegen die Angeklagten auswirken" dürfe, forderte aber gleichzeitig von den Zeugen, zehn Jahre nach den Ereignissen und furchtbaren Erlebnissen in der Zwischenzeit, bei Imo Moszkowicz etwa eine mehrjährige KZ-Haft in Auschwitz unter ständiger Todesdrohung, daß die "Angaben in allen Einzelheiten und Nebenpunkten hinsichtlich der beteiligten Personen, der Reihenfolge der Ereignisse, der Zeit und sonstigen Umstände"[320] korrekt zu sein hatten.

Ganz offensichtlich reichte weder das Einfühlungsvermögen in die Pogromsituation noch die Verhandlungsführung der um Aufklärung bemühten Staatsanwaltschaft aus, das tatsächliche Geschehen angemessen zu eruieren und den Besonderheiten der Zeugen gerecht zu werden.[321] Möglicherweise spielte auch die personelle Kontinuität der bundesdeutschen Justiz[322] bei der weit-

---

[318]  Staatsarchiv Münster, Staatsanwaltschaft Münster, Nr. 162 I fol. 193 v.

[319]  Ebd. fol. 193 v.

[320]  Ebd. fol. 193 r.

[321]  Vgl. hierzu Werle/Wadras: Auschwitz vor Gericht, München 1995, S. 64 f; vgl. Gummersbach: Forschungen, wie Anm. 50, S. 294.

[322]  Zu der Durchseuchung der Justiz mit NS-Vorstellungen im 3. Reich und der personellen Kontinuität der bundesdeutschen Justiz zwischen Hitlerreich und

gehenden Ergebnislosigkeit der Ahlener Pogromnachtprozesse eine Rolle. Es gibt zu denken, daß bis zum Ende der fünfziger Jahre mehrfach antisemitische Vorfälle in schwere Justizskandale mündeten, die auch die "ideologische Kontinuität in der Judikative" deutlich machten.[323]

Wie in Oberaula regte sich erst in den 80er Jahren das Bedürfnis, die Vorgänge bei der lokalen Judenverfolgung aufzuarbeiten. Den Beginn hierfür stellte in Ahlen die Ausstellung anläßlich der 50. Wiederkehr der "Machtergreifung" im Herbst 1983 dar: 30. Januar 1933: Die Welt verändert sich – auch in Ahlen.[324]

Im Zusammenhang mit der 1984 erfolgten Aufstellung einer Gedenkstele dort, wo früher die Synagoge gestanden hatte, wurden Kontakte zu den in aller Welt lebenden ehemaligen Juden Ahlens geknüpft. Hierbei spielte Marga Spiegel eine wichtige Rolle.[325]

Am Ort des alten jüdischen Friedhofs war schon im Dezember 1980 eine Steinstele errichtet worden. Wichtiger noch war, daß am 11. November 1985 am Platz der ehemaligen Synagoge eine Skulptur "Fingerzeig der Geschichte" für die Ahlener Opfer des Holocaust in Anwesenheit von neun Mitgliedern der ehemaligen jüdischen Gemeinde der Stadt enthüllt wurde. Dies eindrucksvolle Mahnmal, in dessen Sockel die Namen der Ahlener Opfer der Schoah eingraviert wurden, bietet heute "einen realen Punkt des Erinnerns", wie sich Imo Moszkowicz ausdrückte, dessen Mutter und sechs Geschwister, darunter sein Zwillingsbruder, hier verzeichnet sind.[326]

In anderer der jüdischen Gedächtniskultur vielleicht noch mehr entsprechenden Weise halten zwei Bücher Hans W. Gummersbachs, eines gebürtigen Ahleners, die Erinnerung an die Gemeinde wach: Der Weg nach Auschwitz begann auch in Ahlen. Vergessene Spuren der jüdischen Gemeinde einer westfälischen

---

Bundesrepublik vgl. mit bezeichnenden Fallbeispielen den Katalog: Im Namen des Deutschen Volkes. Justiz und Nationalsozialismus, hrsg. vom Bundesminister der Justiz, Köln 1989, bes. S. 272-306: Die Justiz – gelenkt, bedroht und gleichgeschaltet? S. 272-306 und S. 353-388: Die Rechtsanspruch auf Wiedereinsetzung – die personelle Kontinuität der bundesdeutschen Justiz.

[323] Bergmann/Erb, wie Anm. 210, S. 420 f. Der "Fall Deckert" wurde sogar noch 1994 zu einem Justizskandal, vgl. ebd S. 432.

[324] Gummersbach: Forschungen, wie Anm. 50, S. 309.

[325] Ebd. S. 309.

[326] Ebd. S. 314, vgl. S. 316.

Stadt, Ahlen 1988, und die auf dieser Grundlage weiterbetriebene und zur Doktorarbeit ausgestaltete Studie: Forschungen zur jüdischen Minderheit in der westfälischen Stadt Ahlen, 1996.[327]

---

[327] Genauer Titel vgl. Anm. 16.

# Register

## 1. Daten zur Familiengeschichte Marga Spiegels

Hier sind vor allem die Ereignisse aufgenommen worden, die Marga Spiegel in ihrem Bericht erwähnt.

*1598- vor 1671* Juda, erster feststellbarer Ahnherr der Familie Rothschild geboren, seit etwa 1621 in Oberaula

*1764 September 11* Moyses Hertz, der frühest feststellbare Vorfahre von Siegmund Spiegel, erhält einen fürstbischöflichen Geleitsbrief nach Enniger

*vor 1823:* Sein Sohn, Simon Moses (1767-1843), nimmt den erblichen Familiennamen Spiegel an

*1774-1847* Juda Jud. Er nahm den Namen Rothschild an, 1825 "notorisch der reichste Jude im Amt Oberaula"

*1808 Januar 7* Die Juden des Königreichs Westfalen, zu dem damals auch Oberaula gehörte, erhalten das volle Staatsbürgerrecht und die uneingeshränkte Gleichberechtigung mit der christlichen Bevölkerung. 1813 mit der Rückkehr des Kurfürsten Wilhelm wieder aufgehoben

*1813/1833* Gesetze und Verordnungen für die kurhessischen Juden, zuletzt weitgehende Gewerbefreiheit, vom sogenannten Nothandel abgesehen

*1815* Die münsterländischen Juden werden endgültig preußische Untertanen

*1866* Kurhessen wird preußische Provinz (Hessen-Nassau)

*1882-1938* Siegmund Rothschild, verheiratet mit Cilly geb. Rosenstock, Eltern Marga Spiegels

*1899-1982* Siegmund Spiegel, Ehemann Marga Spiegels

*1912 Juni 21* Marga Rothschild geboren

*1914-1918* 1. Weltkrieg

Sowohl der Vater wie auch der spätere Ehemann Marga Spiegels sind Frontsoldaten

1914 September 3: Benno Rosenstock, Bruder der Mutter, fällt im Weltkrieg

*1918-1931/32* Schulbesuch Marga Rothschilds: Privatschule Adele Dippel, Lyzeum in Hersfeld, Gymnasium in Frankfurt

## 1932/1933

*1932/33(?)* Ein Semester Studium der Mathematik und Physik an
der Universität Marburg
*1933 Januar 30* "Machtergreifung" Hitlers
*März 19* Schächtverbot durch den Landrat des Kreises Ziegenhain
erzwingt Änderung der Essensgewohnheiten
*April 1* Boykott jüdischer Geschäfte

## 1935/1936

*1935 August 31* "Offensive gegen das Judentum" in Ahlen eröff-
net: "nicht eher zu ruhen und zu rasten, bis Ahlen frei von
Juden ist"
*September 15* "Nürnberger Gesetze": Reichsbürgergesetz und
"Gesetz zum Schutze des deutschen Blutes und der deut-
schen Ehre"
*November 14* Aberkennung des Wahlrechtes und der öffentlichen
Ämter. Definition des "Juden"
*1936 Juli 12* Einrichtung des KZ Sachsenhausen, in dem genau
zwei Jahre später Marga Spiegels Vater umkommt

## 1937

*Januar 8* Heirat Marga Rothschilds mit Siegmund Spiegel in
Oberaula, dann Übersiedlung nach Ahlen
*März 18* Tod von Cilly Rothschild, der Mutter. Sie wird zusammen
mit David Wallach als letzte auf dem jüdischen Friedhof von
Oberaula bestattet
*1937/38* "Arisierung" der Wirtschaft, darunter auch des elterli-
chen Geschäftes in Oberaula

## 1938

*Januar 14* Geburt der Tochter Karin
*März 13* Anschluß Österreichs an das Reich
*Juni 23* Zwangsnamen Sara und Israel für Juden beschlossen, die
ab 1. September 1938 zu tragen waren
*Juli 12* Tod von Siegmund Rothschild im KZ Sachsenhausen-
Oranienburg
*Oktober 5* Einziehung der Reisepässe, Ausstellen neuer Pässe nur
mit Aufdruck "Jude"

*November 9/10* Novemberpogrom auch in Oberaula und Ahlen
*November 12* "Sühneleistung" für die deutschen Juden in Höhe von 1 Milliarde Mark.
Verordnung zur Ausschaltung der Juden aus dem Wirtschaftsleben
Verbot des Besuches von Theatern, Kinos, Konzerten und kulturellen Veranstaltungen


## 1939

*Januar 30* Hitler prophezeit vor dem Reichstag im Falle eines Krieges "die Vernichtung der jüdischen Rasse in Europa"
*April 30* Gesetz über Mietverhältnisse mit Juden: Vorbereitung zur Zusammenlegung von Juden in "Judenhäusern"
*September 1* Überfall Hitlers auf Polen: Beginn des 2. Weltkrieges.
*Oktober 5* Ausweisung aller Juden aus Ahlen innerhalb einer Woche. Die Familie Spiegel übersiedelt nach Dortmund ins "Judenhaus" Westenhellweg 91-93


## 1940/1941

*Februar 10/12* Erste Deportationen aus dem "Altreich" nach Polen
*1941* Einrichtung von Ghettos im Osten. Deportationen und vielerorts Judenmassaker
*Frühjahr* Familie Spiegel in einer Baracke in Dortmund-Deusen Oesterholzstraße 80
*Juli 31* Göring beauftragt Heydrich mit der Evakuierung aller europäischen Juden: Beginn der "Endlösung"
*September 1* Polizeiverordnung über Einführung des Judenstern im Reich ab 19. September
*Oktober* Marga Spiegel im Krankenhaus Kirchlinde: Leichenvergiftung infolge Fehlgeburt
*Oktober 23* Verbot der Auswanderung für Juden
*Oktober 27* Inge Johanna Spiegel geb. Rothschild, die einzige Schwester Marga Spiegels, wird von Essen aus nach Lodz deportiert. Ihre Spur verliert sich in Lodz
*Dezember 13* Beginn der Deportationen auch aus Westfalen
*Dezember 17* Die Alliierten versprechen, die Ausrottung der Juden zu sühnen

*Januar 20* Sog. Wannseekonferenz zur Durchführung der "Endlösung"

*April 29* Judenstern in den Niederlanden eingeführt

*Mai 27* Attentat auf Reinhard Heydrich, Reichsprotektor in Prag

*Juni 7* Judenstern in den besetzten Gebieten Frankreichs eingeführt

*Juni 10* Lidice, Dorf 15 km nw von Prag dem Erdboden gleichgemacht als Rache für die Ermordung von Heydrich, alle Männer ermordet, dazu 71 Frauen. Die übrigen Frauen kommen
ins KZ Ravensbrück, die Kinder in "Erziehungsanstalten".

## 1943

*1943 Januar 31/Februar 2* Der Kampf um Stalingrad endet mit der
Kapitulation der 6. Armee: Wende des Krieges im Osten

*Februar 28* Aufforderung an die Familie Spiegel, sich (für den
Transport nach Auschwitz) zu melden. Die Familie taucht
im südlichen Münsterland unter

*März 17* Siegmund Spiegel muß erstmals das Quartier wechseln:
er geht von Dolberg nach Nordkirchen (Bauer Pentrop)

*April 19/Mai 16* Aufstand und Vernichtung des Warschauer Ghettos

*November 2* Siegmund Spiegel wechselt von Nordkirchen (Bauer
Pentrop) nach Ascheberg (Bauer Sickmann)

*Dezember 23* Siegmund Spiegel geht von Ascheberg (Bauer Sickmann) nach Nordkirchen (Bauer Silkenbömer)

## 1944

*Mai 23* Nächtliche Hausdurchsuchung durch zwei Gendarmen
bei Pentrops in Nordkirchen nach einer "unangemeldeten
Person" durch die Kaltblütigkeit des Bauern verhindert.

*Mai 24* Marga Spiegel fährt mit dem Rad samt Tochter zu Sickmanns nach Werne

*Juni 6* Beginn der Invasion der Alliierten in der Normandie

*Juli 20* Attentat auf Hitler

*Oktober 27* Marga Spiegel erhält in Münster Papiere und damit eine offizielle Identität

## 1945

*Januar 27* Auschwitz wird befreit
*Ostersonntag* Befreiung der Familie Spiegel durch amerikanische
Truppen. Rückkehr nach Ahlen
*Mai 8* Bedingungslose Kapitulation Hitlerdeutschlands

### Nachkriegszeit

*1945 September 25* Anklageerhebung gegen die Haupttäter der Pogromnacht in Ahlen
*1946 Mai 28* Sohn Daniel geboren
*1948 Juli 6* Verurteilung der Täter von der Ia Strafkammer des
Landgerichts Münster
*1950 Februar 23* Auf Grund des Straffreiheitsgesetzes vom
31. 12. 1949 wird der Haupttäter vom OLG Hamm amne-
stiert

# 2. Abbildungsnachweis

Die Teilnehmer von unten links
1. Reihe sitzend: Rena (Irene) und Günter (Harry) Stern, Brückenau;
2. Reihe: Inge Johanna Rothschild, Margas Schwester; Siegmund Rothschild, der Vater; Fanny Rothschild, geb. Katz, die Großmutter; Juda Rothschild, der Großvater; davor Eduard Rothschild, Hersfeld; Cilly Rothschild, geb. Rosenstock, die Mutter;
3. Reihe: Sitta Oppenheim, Hersfeld; Ernst Schuster, Sterbfritz; Marga Rothschild, die Autorin; Leo Oppenheim, Hersfeld; Alma Schuster, Sterbfritz; Ricka Prager; Emma Schuster, geb. Rothschild, Sterbfritz; Kalman Schuster, Sterbfritz; Salomon Stern, Brückenau;
4. Reihe: Hanny Rothschild, geb. Linz, Rothenburg/ Fulda; Jakob Rothschild, Hersfeld; Herta Stern, Kirchhain; Moses Blumenfeld, Neustadt; Siegmund Stern, Kirchhain;
5. Reihe: Rose Rothschild, Bamberg; unbekannt; unbekannt; Sara Blumenfeld, geb. Rothschild, Neustadt; Siegfried Oppen-

# 3. Orts- und Namensverzeichnis

Namen aus den Abbildungen und aus dem Register sind nicht aufgenommen, desgleichen nicht die Namen Marga Spiegel und Marga Rothschild.

Drensteinfurt, 137

Eichmann, Adolf, 39, 173
Enniger, 147–151, 199, 200, 207
Essen, 32, 42, 43, 47, 54, 62, 117,
    129, 135, 160, 202, 209
Europa, 56, 123, 209

Fackenheim, Emil Ludwig, 167,
    168
Falkenstein, 136
Focke, Vera Dr. (A), 12
Frankenberg, 143
Frankfurt, 132
Frankreich, 86, 100, 123, 210
Fritzlar-Homberg-Ziegenhain
    (A), 17

Galen, Kardinal Graf Clemens
    August von, 139, 181
Goebbels, Josef (A), 57
Goethe, Johann Wolfgang von,
    16, 93, 186
Goldhagen, Daniel J., 188
Goldschmidt, F., 10
Grüber, Probst, 178
Grynszpan, Herschel (A), 38
Gummersbach, Hans W., 16, 29,
    35, 36, 39, 42–44, 47,
    50, 166, 167, 171, 174,
    189, 196–202, 204, 205

Hamburg, 188, 197
Hamm, 157, 203, 211
Harsewinkel, 148
Heddersdorf, 11
Hegel, Georg Friedrich, 167
Heilbrunn II, Jakob, 10, 18, 175
Heimann, Sofie vgl. Spiegel,
    148
Heine, Heinrich, 104
Herbern (vgl. Aschoff), 44, 52,
    55, 82, 97, 99, 108,
    111, 116, 178

Hersfeld, 7, 12, 23, 25, 27, 174,
    176, 186, 194, 196, 207
Hertz, Henriette, 170
Hessen, vgl. Nordhessen, Kur-
    hessen, Hessen-
    Nassau, 8, 17, 187,
    196, 197
Heydrich, Reinhard, 123, 176,
    209, 210
Hildebrand, Elisabeth, 11
Himmler, Heinrich, 123
Hindenburg, Paul von, 14, 194,
    195
Hitler, Adolf, 14, 24, 42, 68, 96,
    97, 100, 107, 124, 127,
    128, 167, 188, 194–
    196, 208–210
Hochhuth, Rolf, 173
Holland, vgl. Niederlande, 56,
    100, 123
Homberg (A), 196

Isaak, Max/Moritz, 10
Israel, 35, 46, 125, 133, 140, 159,
    167, 172, 178, 180, 208

Jakob, Hirsch Sohn, 10, 24
Juda vgl. Rothschild, 191, 192
Judtmann Judt vgl. Rothschild,
    140

Köln, 182, 183, 205
Kambodscha, 125
Kassel, 141, 142, 197
Katz vgl. Rothschild, 20, 141
Kirchlinde vgl. Dortmund, 49,
    209
Kreisleiter vgl. Schuchardt, 18,
    27, 28, 33, 128, 195
Kurhessen vgl. Hessen, 8, 207

Langbein, Hermann, 178
Leimbach, Heinrich, 23
Lessing, Gotthold Ephraim, 108

Hannelore Fröhlich
**Judenretter – Abenteurer – Lebemann: Mein Vater Josef Schleich**
Spurensuche einer Tochter
Josef Schleich rettete mehr Juden als der weltbekannte Schindler und doch blieb er völlig unbekannt. Zwischen 1938 und 1941 schmuggelte er mit Unterstützung der jüdischen Kultusgemeinde und mit Duldung der Behörden zahlreiche Juden ins Ausland. Unter dem Namen „Reisebüro Schleich" war seine Tätigkeit für viele bedrängte Juden die letzte Hoffnung. Seine Tochter Hannelore Fröhlich hat sich auf eine persönliche Suche nach ihrem Vater begeben. Neben der Vatergestalt wird erstmals die Geschichte von Josef Schleich dargestellt.
2007, 176 S., 17,90 €, gb., ISBN 978-3-8258-0923-2

LIT Verlag Berlin – Münster – Wien – Zürich – London

Auslieferung Deutschland / Österreich / Schweiz: siehe Impressumsseite

Marga Spiegel
**Bauern als Retter**
Wie eine jüdische Familie überlebte

1943. Die Familie Spiegel gehört zu den letzten jüdischen Familien in Nazideutschland. Nun steht auch sie vor dem Abtransport. Doch Spiegels haben sich für einen anderen Weg entschieden. Dem einst erfolgreichen Pferdehändler Spiegel ist es gelungen, unter seinen Freunden – westfälischen Bauern – Retter zu finden. Marga Spiegel schildert in bewegender Weise ihr Leben in Deutschland. Sie schildert eine Zeit des Wartens und der ständigen Angst: Sie lebt mit ihrer Tochter als Frau Krone auf einem Hof. Ihr Mann ist bei einem anderen Bauern versteckt. Er darf auf keinen Fall gesehen werden. Die Familie überlebt durch den Rettermut vieler. Das Buch von Marga Spiegel diente als Grundlage für den Film UNTER BAUERN – RETTER IN DER NACHT. Marga Spiegel wird von Veronica Ferres gespielt.

2009, 184 S., 19,90 €, br., ISBN 978-3-8258-0942-3

L I T Verlag Berlin – Münster – Wien – Zürich – London

Auslieferung Deutschland / Österreich / Schweiz: siehe Impressumsseite